AF173698

Psychologie in Bildung und Erziehung: Vom Wissen zum Handeln

Herausgegeben von
G. Steins, Essen, Deutschland

Weitere Bände in dieser Reihe
http://www.springer.com/series/10707

Die Akteure im Bildungssystem verfügen zusammen genommen über ein immenses Wissen. Das Wissen aus den unterschiedlichen Perspektiven wird aber nicht immer zusammengebracht: Praktiker/innen wenden ihr Wissen nicht immer lehrbuchmäßig an und Wissenschaftler/innen schaffen Erkenntnisse, die nicht immer praktisch umgesetzt werden können. Das erste Ziel dieser Schriftenreihe besteht darin, die Erkenntnisse aus der wissenschaftlichen Psychologie und Praxis zu mannigfaltigen und relevanten Aspekten des Bildungs- und Erziehungskontextes zusammenzutragen.

Allerdings reicht Wissen alleine nicht aus um dann auch in Handlung umgesetzt werden zu können. Die Diskrepanz zwischen Wissen und Handeln ist jedem bekannt, sowohl theoretisch als auch praktisch arbeitenden Menschen. Hier verfolgt die Schriftenreihe ein zweites Ziel: Das in einem Band zu einem Thema zusammengetragene Wissen aus Forschung und Praxis soll aus praxisorientierter Perspektive durch Praktiker/innen selber handlungsleitend reflektiert werden, so dass die Leser/innen die Erkenntnisse konkret umsetzen können.

Beide Ziele zusammengenommen regen an, das Forschungsfeld und Berufsfeld im Erziehungs- und Bildungskontext aus neuen Perspektiven zu betrachten und mit neuen Ideen zu gestalten.

Herausgegeben von
Prof. Dr. Gisela Steins, Universität Duisburg-Essen, Deutschland

Wissenschaftlicher Beirat
Prof. Dr. Stephan Dutke, Westfälische Wilhelms-Universität Münster, Deutschland
Prof. emr. Dr. Maria Limbourg, Universität Duisburg-Essen, Deutschland
Prof. Dr. Marcus Roth, Universität Duisburg-Essen, Deutschland
Prof. Dr. Birgit Spinath, Ruprecht-Karls-Universität Heidelberg, Deutschland

Tanja Jungmann · Katja Koch
(Hrsg.)

Professionalisierung pädagogischer Fachkräfte in Kindertageseinrichtungen

Konzept und Wirksamkeit des KOMPASS-Projektes

 Springer

Herausgeber
Tanja Jungmann
Universität Rostock
Institut für Sonderpädagogische
Entwicklungsförderung
und Rehabilitation (ISER)
Rostock
Deutschland

Katja Koch
Universität Rostock
Institut für Sonderpädagogische
Entwicklungsförderung
und Rehabilitation (ISER)
Rostock
Deutschland

Psychologie in Bildung und Erziehung: Vom Wissen zum Handeln
ISBN 978-3-658-10269-2   ISBN 978-3-658-10270-8 (eBook)
DOI 10.1007/978-3-658-10270-8

Die Deutsche Nationalbibliothek verzeichnet diese Publikation in der Deutschen Nationalbibliografie; detaillierte bibliografische Daten sind im Internet über http://dnb.d-nb.de abrufbar.

Springer
© Springer Fachmedien Wiesbaden 2017

Gedruckt auf säurefreiem und chlorfrei gebleichtem Papier

Springer Fachmedien Wiesbaden ist Teil der Fachverlagsgruppe Springer Science+Business Media (www.springer.com)

Vorwort

Der Kindertageseinrichtung wird als erstem institutionellem Bildungsort von Kindern ein immer höherer Stellenwert beigemessen. Damit steigen die Anforderungen an die Professionalität von pädagogischen Fachkräften und es ist wichtiger denn je, Fortbildungsmaßnahmen zu konzipieren und zu erproben. In diesem Zusammenhang macht die Professionalisierungsforschung auf das Problem aufmerksam, dass Inhalte von Fortbildungen häufig nur unzureichend in der pädagogischen Praxis übertragen werden. Somit besteht eine wichtige Aufgabe darin, den Theorie-Praxis-Transfer zu optimieren. In diesem Kontext werden neben Fortbildungen zusätzliche Individualcoachings pädagogischer Fachkräfte als vielversprechende Methode diskutiert. Diese Kombination von Professionalisierungsmaßnahmen wird in dem Projekt „Kompetenzen alltagsintegriert schützen und stärken" (KOMPASS) der Universität Rostock in die Praxis umgesetzt und auf ihre Wirksamkeit hin überprüft. Die gewonnenen Erfahrungen im Rahmen der Durchführung unseres Projektes leisten einen Beitrag zur erfolgreichen Implementierung ähnlicher Professionalisierungsmaßnahmen in die (früh-)pädagogische Praxis.

Es ist uns ein Bedürfnis, denjenigen zu danken, die uns tatkräftig unterstützt haben: Allen voran dem Ministerium für Bildung, Wissenschaft und Kultur Mecklenburg-Vorpommern für die finanzielle Unterstützung dieses Projektes. Ein besonderer Dank gilt den pädagogischen Fachkräften, den Kinder und Eltern, die am Projekt KOMPASS mitgewirkt und damit einen wertvollen Beitrag zur Optimierung des Transfers von Professionalisierungsmaßnahmen in die Praxis geleistet haben. Unser herzlicher Dank geht an die Herausgeberin der Schriftenreihe „Psychologie in Bildung und Erziehung", Prof. Dr. Gisela Steins, für ihr Interesse an unserem Forschungsprojekt und die Möglichkeit, zu dieser Schriftenreihe beizutragen. Weiterhin möchten wir Eva Brechtel-Wahl, Lisa Bender, Sonja Trautwein und Rohit Patwardhan vom Springer-Verlag für ihre stets kompetente Betreuung des Buchprojektes sowie für das Lektorat und die Herstellung des Buches danken.

Abschließend danken wir Renate Bauerfeld, Ulrike Bruhn, Lisa Taddiken und Beate Prange für die kritische Durchsicht des Manuskripts.

Rostock, im September 2015   Tanja Jungmann
                                                             Katja Koch

Inhaltsverzeichnis

Mitarbeiterverzeichnis

Julia Böhm Berlin, Deutschland

Tanja Jungmann ISER, Universität Rostock, Mecklenburg- Vorpommern, Deutschland

Katja Koch ISER, Universität Rostock, Mecklenburg- Vorpommern, Deutschland

Ulrike Morawiak ISER, Universität Rostock, Mecklenburg- Vorpommern, Deutschland

Andrea Schulz ISER, Universität Rostock, Mecklenburg- Vorpommern, Deutschland

Jule Stelter ISER, Universität Rostock, Mecklenburg- Vorpommern, Deutschland

Die Herausgeber

Prof. Dr. Tanja Jungmann (Jahrgang 1972) Diplom-Psychologin, Professorin für Sonderpädagogische Frühförderung und Sprachbehindertenpädagogik am Institut für Sonderpädagogische Entwicklungsförderung und Rehabilitation (ISER) der Universität Rostock. Forschungsschwerpunkte: Professionalisierung pädagogischer Fachkräfte im Bereich Sprache und Literacy, Sprachentwicklungsdiagnostik, alltagsintegrierte Sprach- und Kommunikationsförderung, Frühe Hilfen.

Prof. Dr. Katja Koch (Jahrgang 1970) Sonderpädagogin, Professorin für Frühe Sonderpädagogische Entwicklungsförderung – Kognitive Entwicklung am Institut für Sonderpädagogische Entwicklungsförderung und Rehabilitation (ISER) der Universität Rostock. Forschungsschwerpunkte: Vorschulische und frühe schulische Förderung, Entwicklung inklusiver Bildungssysteme, soziologische Aspekte bei Behinderungen

Abbildungsverzeichnis

Tabellenverzeichnis

Einleitung

1

Tanja Jungmann und Katja Koch

Inhaltsverzeichnis

Ergebnisse entwicklungspsychologischer und neurowissenschaftlicher Studien belegen, dass bei Kindern die Grundlagen für späteres erfolgreiches Lernen und damit für gute Entwicklungs-, Teilhabe- und Aufstiegschancen bereits in den ersten Lebensjahren gelegt werden. Gerade in der Lebensphase von null bis sechs Jahren sind Kinder neugierig, entdecken ständig Neues und lernen jeden Tag etwas dazu. Obgleich der familiäre Einfluss auf die Entwicklungs- und Lernmöglichkeiten der Kinder sehr groß ist, haben Längsschnittstudien gezeigt, dass Kinder, die früher und länger eine Kindertageseinrichtung besucht haben, sich kognitiv positiver entwickeln (z. B. Tietze et al. 2005, im Überblick Roßbach 2005). Dies gilt insbesondere für Kinder aus Familien in sozialen Problemlagen, allerdings nur dann, wenn die pädagogische Qualität der Betreuung hoch ist. Unter einer unzureichenden oder niedrigen Betreuungsqualität leiden gerade sozial benachteiligte Kinder deutlich mehr als Kinder, die aus Familien mit mittlerem oder hohem sozio-ökonomischen Status stammen (Engstler und Menning 2003). Somit kann konstatiert werden, dass eine qualitativ gute frühkindliche Bildung einer der entscheidenden

T. Jungmann (✉) · K. Koch
ISER, Universität Rostock, August-Bebel-Str. 28, Rostock, Mecklenburg-Vorpommern 18051, Deutschland
E-Mail: tanja.jungmann@uni-rostock.de

K. Koch
E-Mail: katja.koch@uni-rostock.de

© Springer Fachmedien Wiesbaden 2017
T. Jungmann, K. Koch (Hrsg.), *Professionalisierung pädagogischer Fachkräfte in Kindertageseinrichtungen,* Psychologie in Bildung und Erziehung: Vom Wissen zum Handeln, DOI 10.1007/978-3-658-10270-8_1

1

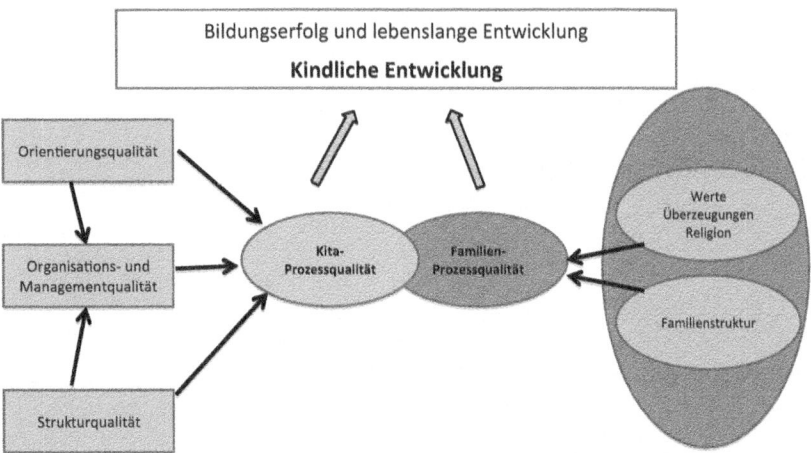

Abb. 1.1 Einflussfaktoren auf die Förderung von Kindern in Kindertageseinrichtungen und Familie (in Anlehnung an Viernickel 2006, zit. in Strehmel 2008)

Faktoren für mehr Chancengerechtigkeit in Schule und Beruf ist. Das Zusammenwirken der Qualitätsdimensionen in Kindertageseinrichtung und Familie im Hinblick auf den Bildungserfolg und die kindliche Entwicklung illustriert Abb. 1.1.

Nach Tietze et al. (2005) werden bei der Qualität der Kindertagesbetreuung die Prozess-, Orientierungs-, Struktur-, Organisations- und Managementqualität unterschieden. Hinzu kommt die Kontextqualität. Aus dem Zusammenwirken dieser Dimensionen ergibt sich die Ergebnisqualität. Die einzelnen Dimensionen und ihre wechselseitigen Bezüge werden im Folgenden kurz beleuchtet, da Professionalisierungsmaßnahmen, wie sie im Rahmen des KOMPASS-Projektes durchgeführt wurden, in dieses bestehende, komplexe Wirkgefüge implementiert werden müssen.

Der Begriff **Prozessqualität** bezieht sich vor allem auf die Fachkraft-Kind-Interaktionen, aber auch auf die Peer-Interaktionen und die Kommunikation innerhalb des pädagogischen Teams. Die Qualität dieser Prozesse zeigt sich in der Bildungsatmosphäre und in den Lern- und Erfahrungsmöglichkeiten des Kindes. Sie wirkt sich unmittelbar auf die Entwicklungsprozesse der Kinder und damit auf die Ergebnisqualität aus. Um eine optimale Prozessqualität zu erreichen, sind eine ausgeprägte, durch ein hohes Maß an Reflexion gekennzeichnete Orientierungsqualität, eine gute, durch ausreichende Ressourcen getragene Strukturqualität sowie ein professionelles Management notwendige Voraussetzungen.

Mit der **Orientierungsqualität** der Kindertageseinrichtung ist zum einen gemeint, wie klar und differenziert die pädagogischen Ziele einer Einrichtung konzeptionell formuliert sind. Zum anderen sind die Orientierungen der Fachkräfte durch deren Menschenbilder, insbesondere das Bild vom Kind, und ihre Haltungen, die das pädagogische Handeln im Sinne eines generativen Prinzips leiten, begründet. Schriftliche Leitlinien für die pädagogische Arbeit in Kindertageseinrichtungen gibt es im Überfluss (z. B. nationale Qualitätskriterien, Bildungsprogramme und -empfehlungen der Länder, Rahmenkonzepte von Verbänden und Trägern). Die meisten Kindertageseinrichtungen formulieren die Leitlinien ihrer pädagogischen Arbeit spezifisch in ihren Konzepten aus. Als elementare Bestandteile einer umfassenden Bildung in der Kindertageseinrichtung gelten neben der altersgerechten Sprach- und Wissensvermittlung auch musisch-ästhetische Angebote, Bewegungserziehung sowie die feinfühlige Begleitung beim Erwerb von sozialen Kompetenzen und Werten durch die erwachsenen Bezugspersonen. Dadurch – sowie durch eine qualitativ hochwertige Betreuung – können individuelle Fähigkeiten gefördert und besondere Förderbedarfe frühzeitig erkannt werden. Hier bieten die Bildungspläne der Länder allgemeine Anhaltspunkte, wie die Bildungs- und Entwicklungsförderung in der Kindertageseinrichtung gestaltet werden sollte (Kap. 2).

In der sächlichen, räumlichen und personellen Ausstattung einer Einrichtung zeigt sich deren **Strukturqualität**. Sie wird über Gruppengrößen und die Fachkraft-Kind-Relation bestimmt, bemisst sich aber auch nach der Vorbereitungszeit, die für die direkte Arbeit mit den Kindern zur Verfügung steht und dem Ausbildungsniveau der pädagogischen Fachkräfte. Internationale Längsschnittstudien belegen den Einfluss der strukturellen Ressourcen von Kindertageseinrichtungen auf die Qualität der pädagogischen Prozesse (z. B. ECCE 1999). In der Untersuchung von Tietze et al. (2005) ließ sich beinahe die Hälfte der Varianz in der *Prozessqualität* zwischen den Kindergartengruppen auf Unterschiede in der *Struktur- und Orientierungsqualität* zurückführen. In diesem Zusammenhang wird immer wieder die zu schlechte Ausstattung der Kindertageseinrichtungen mit Personal sowie Ausbildungsstandards, die weit hinter dem Niveau anderer europäischer Länder zurückbleiben, moniert (z. B. Strehmel 2010). Vielen pädagogischen Fachkräften fehlt aufgrund des ungünstigen Personalschlüssels die notwendige Zeit dafür die kindliche Entwicklung zu beobachten und zu dokumentieren, individuelle Förderpläne zu erstellen und Elterngespräche zu führen. Die Potenziale der vorliegenden Instrumente und die zahlreichen Empfehlungen für eine optimale Bildungs- und Entwicklungsförderung im Alltag der Kindertageseinrichtungen für die pädagogische Praxis können daher häufig nicht ausgeschöpft werden.

Ein weiteres Merkmal der Strukturqualität ist die *Qualifikation der Fachkräfte*. Mit neuen Studien- und modularisierten Ausbildungsgängen werden Wege beschritten, die Deutschland ein Stück näher an die Selbstverständlichkeit von Akademisierung und Bildungsförderung im Altersbereich von null bis sechs Jahren in anderen europäischen Ländern heranführen sollen. Die derzeit in der Praxis tätigen Fachkräfte sollen durch Fort- und Weiterbildungen besser befähigt werden, Bildungsförderung für alle Kinder im Alltag zu praktizieren. Die Professionalisierungsangebote, die im Rahmen des KOMPASS-Projektes zu diesem Zweck entwickelt wurden, werden in Kap. 3 dieses Buches vorgestellt. Inwiefern es gelingt, diese Angebote in die Praxis zu implementieren, wie diese von den Fachkräften rezipiert werden und welche Umsetzungspotenziale im Theorie-Praxis-Transfer auf der Ebene der Prozessqualität damit verbunden sind, wird in Kap. 4 dargestellt.

Zur **Organisations- und Managementqualität** gehören schließlich neben der fachlichen Leitung beispielsweise die Bewirtschaftung und Personalführung, die Kooperation mit den Eltern, die Öffentlichkeitsarbeit und die Kontakte mit dem Träger, den Behörden. Ein gutes Management gilt als Voraussetzung für die Leistungsfähigkeit des Personals in der Gestaltung der pädagogischen Prozesse mit den Kindern.

Nach Strehmel (2010) fallen u. a. die drei großen Themenkomplexe in den Verantwortungsbereich der Leitungen, die im Folgenden auch für den Theorie-Praxis-Transfer von besonderer Relevanz sind:

- Die bessere Nutzung der Potenziale der vorliegenden Instrumente zur Beobachtung und Dokumentation des kindlichen Entwicklungsstandes und darauf abgestimmte alltagsintegrierte Förderung der Bildung und Entwicklung aller Kinder.
- Der Umgang mit Heterogenität durch äußere Differenzierung, wie die Eröffnung von Möglichkeiten zur Arbeit mit bildungs- und entwicklungsstandhomogenen Kleingruppen, sowie durch die Vermittlung der Fähigkeit zur inneren Differenzierung der angebotenen Förder- und Spielanregungen sowie des dafür benötigten Materials.
- Weiterhin ist der bedeutsame Einfluss der Familie auf die kindliche Entwicklung und Bildung zu beachten, der durch zahlreiche nationale und internationale Studien für unterschiedliche Bereiche, insbesondere die häusliche sprachliche, literale und mathematische Lernumgebung sehr gut belegt ist (z. B. Burgess et al. 2002; Melhuish et al. 2008; Payne et al. 1994). Daher ist eine enge Zusammenarbeit mit den Eltern der Kinder geboten, um Informationen und Einschätzungen über das Kind sowie über Erziehungsvorstellungen auszutauschen und gemeinsam über die bestmögliche Förderung zu beraten.

Unter **Kontextqualität** werden die Impulse aus dem Umfeld der Kindertageseinrichtung verstanden. Diese kommen aus dem Stadtteil mit seinen spezifischen

Angeboten, die auch von der Einrichtung genutzt werden können bzw. mit denen diese vernetzt ist (z. B. Frühförderangebote).

Die **Ergebnisqualität** schließlich bezieht sich auf die Entwicklungs- und Bildungsergebnisse in der kognitiven, motorischen, sprachlichen Entwicklung, den sozialen Kompetenzen und der emotionalen Ausgeglichenheit sowie den Bewältigungskompetenzen im Alltag, aber auch den frühen literalen und mathematischen Kompetenzen der Kinder. Hierbei geht es insbesondere um die Prävention auffälliger Entwicklungsverläufe. Aktuell werden für den sprachlichen Bereich Prävalenzraten zwischen 15 und 25 % der Kindergarten- und Vorschulkinder mit Förderbedarf angegeben (Adler 2011), 13 % der Kinder zeigen Auffälligkeiten im emotional-sozialen Bereich (Hölling et al. 2007). Für das Land Mecklenburg-Vorpommern konnten Gottschling et al. (2012) mit 17,1 % sprachlich und 12 % sozial-emotional auffälligen Vorschulkindern diese Prävalenzraten bestätigen. Vergleichbare Angaben liegen für die Bildungsbereiche frühe literale Kompetenzen und mathematische Kompetenzen nicht vor. Dies ist darauf zurückzuführen, dass Kindertageseinrichtungen erst seit dem „PISA-Schock" im Jahr 2001 in Deutschland verstärkt als Bildungseinrichtungen definiert werden (siehe auch Kap. 2). Der Erwerb der Kulturfertigkeiten Lesen, Schreiben und Rechnen wurde insbesondere in den alten Bundesländern traditionell als Aufgabe der Schulen gesehen. Entsprechend müssen Auffälligkeiten im Erwerb dieser Fertigkeiten auch erst dann thematisiert werden, wenn sie erkennbar sind, also wenn ein Kind lesen und schreiben bzw. rechnen soll. Da diese Anforderung im Vorschulalter nicht gestellt wird, kann auch nicht von einer Lese-Rechtschreibschwäche oder -störung bzw. einer Rechenschwäche oder -störung gesprochen werden. Allerdings sind die zugrundeliegenden Probleme im Bereich der phonologischen Bewusstheit, die als Frühindikatoren späterer Probleme im Erwerb der Schriftsprache gelten, ebenso erkennbar, wie Probleme beim Erwerb des Konzepts von Mengen und Zahlen als Frühindikator späterer mathematischer Probleme. Krajewski (2003) konnte z. B. zeigen, dass 60 % der Kinder, die am Ende der ersten Klasse als rechenschwach galten, schon vor Schulbeginn in mehr als einem der Bereiche Seriation, Mengenvergleich, Zahlwissen, Zähl- und Rechenfertigkeiten zu den 15 % der Leistungsschwächsten gehörten.

Die Ursachen für Schwierigkeiten beim Erwerb der Kulturfertigkeiten können sehr unterschiedlich sein und liegen entweder im Kind selbst oder in seiner Lernumwelt. So zeigen Kinder mit spezifischen Spracherwerbsstörungen (SSES) häufig Probleme beim Schriftspracherwerb. Diese sind als späte Begleiterscheinungen einer Sprachstörung aufgrund phonologischer Defizite zu interpretieren. Bei der Einschulung unterscheiden sich Kinder aber auch hinsichtlich ihrer Vorerfahrungen, die den späteren Erfolg beim Lesen- und Rechtschreiben vorhersagen (Küspert 2004). So wirkt sich ein anregungsarmes Umfeld nicht nur auf den Spracherwerb aus, auch die lernaktivierenden Vorerfahrungen mit Schrift sind eingeschränkt. Das Ausmaß, in dem Kinder sprachliche und schriftsprachliche Anregungen im Elternhaus erfahren, bestimmt die frühen schriftsprachlichen Kompetenzen der Kinder zu Schulbeginn (Lehrl et al. 2012). Einer Untersuchung von Krajewski und Schneider (2006) zufolge lassen sich 18 % der Varianz des Schulerfolgs im Fach Mathematik in der vierten Klasse durch die soziale Herkunft erklären. Insbesondere Kinder aus sozial benachteiligten Familien, die zu Hause wenig Gelegenheiten haben, lernwirksame Vorerfahrungen mit der Schrift oder mit Mengen, Zahlen und Operationen zu machen, profitieren vom Besuch qualitativ guter Kindertageseinrichtungen (Sylva et al. 2003), die ihnen andere Lernanlässe bieten können als ihre Familien. Institutionelle Bildungseinrichtungen stellen daher eine wichtige Ergänzung zur familiären Betreuung, Erziehung und Bildung dar und leisten einen eigenen Beitrag zur Förderung der Kinder (Roßbach 2005). Für Kinder mit Migrationshintergrund, die in ihren Familien kaum Lerngelegenheiten für die deutsche Sprache haben und deren Familien kulturell geprägt andere Erziehungseinstellungen sowie einen anderen Umgang mit Zugangsmöglichkeiten zu frühen literalen Erfahrungen haben, bieten Kindertageseinrichtungen häufig den ersten Zugang zur deutschen Sprache und Schrift. Kindzentrierte Erziehungseinstellungen und Arbeitsformen sowie eine gute pädagogische Prozessqualität entfalten einen positiven Einfluss auf den Spracherwerb und den Zugang zu anderen Bildungsangeboten über die Sprache (Tietze et al. 2005). Somit wird die Ergebnisqualität wiederum über das Ausmaß der *Prozessqualität* vermittelt. Die Effekte der Professionalisierungsmaßnahmen im KOMPASS-Projekt auf das Wissen und das Verhalten der Fachkräfte sowie die kindliche Bildung und Entwicklung werden in Kap. 5 dieses Buches dargestellt.

Literatur

Adler, Y. (2011). *Kinder lernen Sprache(n). Alltagsorientierte Sprachförderung in der Kindertagesstätte.* Stuttgart: Kohlhammer.
Burgess, S. R., Hecht, S. A., & Lonigan, C. J. (2002). Relations of the home literacy environment (HLE) to the development of reading-related abilities: A one-year longitudinal study. *Reading Research Quarterly, 37*(4), 408–426.
ECCE (European Child Care and Education Study Group). (1999). *European child care and education study: School-age assessment of child development: Long-term impact of pre-school experiences in school success, and family-school relationships.* Berlin: FU.
Engstler, H., & Menning, S. (2003). Die Familie im Spiegel der amtlichen Statistik. http://www.bmfsfj.de/RedaktionBMFSFJ/Broschuerenstelle/Pdf-Anlagen/PRM-24184-Gesamtbericht-Familie-im-Spieg,property=pdf.pdf. Zugegriffen: 04. Sept. 2015.

Gottschling, A., Franze, M., & Hoffmann, W. (2012). Entwicklungsverzögerungen bei Kindern: Screening als Grundlage für eine gezielte Förderung. *Deutsches Ärzteblatt, 3,* 123–125.

Hölling, H., Erhart, M., Ravens-Sieberer, U., & Schlack, R. (2007). *Verhaltensauffälligkeiten bei Kindern und Jugendlichen. Erste Ergebnisse aus dem Kinder- und Jugendgesundheitssurvey (KiGGS). Robert-Koch-Institut.* Berlin: Springer Medizin Verlag.

Krajewski, K. (2003). *Vorhersage von Rechenschwäche in der Grundschule.* Hamburg: Dr. Kovac.

Krajewski, K., & Schneider, W. (2006). Mathematische Vorläuferfertigkeiten im Vorschulalter und ihre Vorhersagekraft für die Mathematikleistungen bis zum Ende der Grundschulzeit. *Psychologie in Erziehung und Unterricht, 53*(4), 246–262.

Küspert, P. (2004). Möglichkeiten der frühen Prävention von Lese-Rechtschreib-Problemen. Das Würzburger Trainingsprogramm zur Förderung der phonologischen Bewusstheit bei Kindern. In G. Thomé (Hrsg.), *Lese Rechtschreibschwierigkeiten (LRS) und Legasthenie. Eine grundlegende Einführung* (S. 144–149). Weinheim: Beltz.

Lehrl, S., Ebert, S., Roßbach, H.-G., & Weinert, S. (2012). Die Bedeutung der familiären Lernumwelt für Vorläufer schriftsprachlicher Kompetenzen im Vorschulalter. *Zeitschrift für Familienforschung, 24*(2), 115–133.

Melhuish, E. C., Phan, M. B., Sylva, K., Sammons, P., Siraj-Blatchford, I., & Taggart, B. (2008). Effects of the home learning environment and preschool center experience upon literacy and numeracy development in early primary school. *Journal of Social Issues, 64*(1), 95–114.

Payne, A. C., Whitehurst, G. J., & Angeli, A. L. (1994). The role of home literacy environment in the development of language ability in preschool children from low income families. *Early Childhood Research Quarterly, 9*(3–4), 427–440.

Roßbach, H.-G. (2005). Effekte qualitativer guter Betreuung, Bildung und Erziehung im frühen Kindesalter auf die Kinder und ihre Familien. In L. Ahnert, H.-G. Roßbach, U. Neumann, J. Heinrich, & B. Koletzko (Hrsg.), *Bildung, Betreuung und Erziehung von Kindern unter sechs Jahren* (S. 55–174). München: Deutsches Jugendinstitut.

Strehmel, P. (2008). Wovon hängt gute Bildung tatsächlich ab? *Kindergarten heute, 1/2008,* 8–13.

Strehmel, P. (2010). Einführungsbeitrag: Sprachförderung in Kindertagesstätten – Theorien, empirische Befunde, Anforderungen an die Praxis. In K. Fröhlich-Gildhoff, I. Nentwig-Gesemann, & P. Strehmel (Hrsg.), *Forschung in der Frühpädagogik III, Schwerpunkt: Sprachentwicklung & Sprachförderung. Materialien zur Frühpädagogik* (Bd. 5.). Freiburg: FEL.

Sylva, K., Melhuish, E., Sammons, P., Siraj-Blatchford, I., Taggart, B., & Elliott, K. (2003). The effective provision of pre-school education (EPPE) project: Findings from the preschool period. http://eppe.ioe.ac.uk/eppe/eppepdfs/RBsummaryfindingsfromPreschool. pdf. Zugegriffen: 04. Sept. 2015.

Tietze, W., Roßbach, H.-G., & Grenner, K. (2005). *Kinder von 4 bis 8 Jahren. Zur Qualität der Erziehung und Bildung im Kindergarten, Grundschule und Familie.* Weinheim: Beltz.

Viernickel, S. (2006). *Qualitätskriterien und -standards im Bereich der frühkindlichen Bildung und Betreuung. Studienbuch zum Bildungs- und Sozialmanagement.* Remagen: ibus-Verlag.

Prof. Dr. Tanja Jungmann (Jahrgang 1972) Diplom-Psychologin, Professorin für Sonderpädagogische Frühförderung und Sprachbehindertenpädagogik am Institut für Sonderpädagogische Entwicklungsförderung und Rehabilitation (ISER) der Universität Rostock. Forschungsschwerpunkte: Professionalisierung pädagogischer Fachkräfte im Bereich Sprache und Literacy, Sprachentwicklungsdiagnostik, alltagsintegrierte Sprach- und Kommunikationsförderung, Frühe Hilfen.

Prof. Dr. Katja Koch (Jahrgang 1970) Sonderpädagogin, Professorin für Frühe Sonderpädagogische Entwicklungsförderung – Kognitive Entwicklung am Institut für Sonderpädagogische Entwicklungsförderung und Rehabilitation (ISER) der Universität Rostock. Forschungsschwerpunkte: Vorschulische und frühe schulische Förderung, Entwicklung inklusiver Bildungssysteme, soziologische Aspekte bei Behinderungen.

Professionalisierung pädagogischer Fachkräfte

2

Julia Böhm, Tanja Jungmann und Katja Koch

Inhaltsverzeichnis

Kinder sind vom Beginn ihres Lebens an auf Fürsorge und individuelle Förderung angewiesen. Ihnen bestmögliche Bildungs- und Entfaltungschancen zu eröffnen, ist eine der wichtigsten gesellschaftlichen Aufgaben, da in den ersten Lebensjahren das Fundament für die gesamte Lebens- und Lernzeit gelegt wird (Bertelsmann Stiftung 2012). Diese Erkenntnis ist nicht neu, sondern geht bereits auf Friedrich Fröbel zurück, der den Kindergarten als unterste Stufe eines neu und demokratisch organisierten Bildungssystems verankern wollte (Ebert 2006). Das Verständnis

J. Böhm (✉)
Berlin Deutschland
E-Mail: julia.boehm2@uni-rostock.de

T. Jungmann · K. Koch
Universität Rostock, ISER, August-Bebel-Str., 28, Rostock, Mecklenburg-Vorpommern 18051, Deutschland
E-Mail: tanja.jungmann@uni-rostock.de

K. Koch
E-Mail: katja.koch@uni-rostock.de

© Springer Fachmedien Wiesbaden 2017   9
T. Jungmann, K. Koch (Hrsg.), *Professionalisierung pädagogischer Fachkräfte in Kindertageseinrichtungen,* Psychologie in Bildung und Erziehung: Vom Wissen zum Handeln, DOI 10.1007/978-3-658-10270-8_2

von Kindertageseinrichtungen als *Bildung*seinrichtungen setzt sich indes in der Bundesrepublik Deutschland nur langsam durch. Obwohl das Kinder- und Jugendhilfegesetz bereits 1990/1991 den Bildungsauftrag von Kindertageseinrichtungen festschrieb, werden Kindertageseinrichtungen nach wie vor eher als Betreuungs-, denn als Bildungseinrichtung verstanden.

Mit der Diskussion der Ergebnisse der PISA-Studie der OECD (2001) und dem damit verbundenen Schock über das schlechte Abschneiden deutscher Schülerinnen und Schüler wurde Bildung in der frühen Kindheit neu und explizit als gesellschaftlich relevantes und wissenschaftlich bedeutsames Thema fokussiert. Obwohl sich die Befunde der PISA-Studie (OECD 2001, 2006, 2011) weder auf die Entwicklung von Kindern im Vorschulalter noch auf das Setting Kindergarten bezogen, wurde nunmehr öffentlich thematisiert, was und wie Kinder in Kindertageseinrichtungen lernen sollen. Gleichzeitig wurde, insbesondere vor dem Hintergrund internationaler Vergleiche, das Ausbildungsniveau der pädagogischen Fachkräfte hinterfragt (Wildgruber und Becker-Stoll 2011).

Auf politischer Ebene wurde auf die PISA-Kritik mit der Entwicklung von Bildungsplänen und -konzeptionen reagiert, die den Bildungsauftrag der Kindertageseinrichtungen verbindlich festlegen und hohe Bildungsqualität für alle Kinder im vorschulischen Bereich sicherstellen sollen. Die Bildungspläne sind als eine Orientierungshilfe für pädagogische Fachkräfte gedacht, bilden eine Grundlage zum Verständnis der Bildungsinhalte, sollen zwischen Familien und Bildungseinrichtungen vermitteln und zu einer gesellschaftlichen Aufwertung der in Kindertageseinrichtungen stattfindenden Bildungsprozesse beitragen (Fthenakis 2009).

Bildungspläne stellen die pädagogischen Fachkräfte vor die Herausforderung, einem hochkomplexen berufsspezifischen Aufgabenspektrum professionell gerecht zu werden. Die Fachkräfte bewegen sich dabei in einem Spannungsfeld „aus kindfokussierter Wahrnehmung und Bereitstellung kindgerechter Handlungssituationen, eigener Wissensaktualisierung, ständiger Selbstreflexion sowie kollegialem Austausch und den vielfältigen familiären, sozialen und gesellschaftlichen Bedingungen" (Hogrebe et al. 2012, S. 253). In Folge der stetig steigenden Aufgabenvielfalt und deren Komplexität im pädagogischen Alltag weisen zahlreiche Studien auf quantitative und qualitative Faktoren der Überforderung hin (z. B. GEW 2007), die mit negativen Konsequenzen nicht nur für den Gesundheitszustand der pädagogischen Fachkräfte verbunden sein können, sondern sich auch vermindernd auf die Qualität ihrer Arbeit und damit negativ auf die Entwicklung der Kinder auswirken können (Hogrebe et al. 2012). Die Bildungspläne wurden somit auch wesentliche Bezugspunkte und Auslöser für die fachliche Diskussion um die Qualität frühkindlicher Bildung, Betreuung und Erziehung und folglich auch um die

Professionalisierung des pädagogischen Personals. Im Kap. 2.1 wird zunächst auf die Relevanz frühkindlicher Bildung bei der Professionalisierung von Fachkräften eingegangen. Das Kap. 2.2 widmet sich den verschiedenen Professionalisierungsmodellen und deren Komponenten. Daran schließt sich ein Überblick zum Stand der Professionalisierungsforschung in Kap. 2.3 an. Vor diesem Hintergrund wird in Kap. 2.4 ein Überblick des KOMPASS-Projektes gegeben, das auf die Professionalisierung der Fachkräfte in den Bildungsbereichen Sprache/Literacy, frühe mathematische Kompetenzen und sozial-emotionale Entwicklung abzielt.

2.1 Relevanz frühkindlicher Bildung bei der Professionalisierung von Fachkräften

Frühkindliche Bildung in den Bildungsplänen und -konzeptionen. Der Grundgedanke der Bildungspläne besteht in der gezielten Nutzung früher Lernpotenziale, um die Entwicklung von Kindern zu unterstützen und nicht zuletzt „um lokale Ungleichheiten bezüglich Bildungschancen zu vermeiden" (Fthenakis 2009, S. 87). Vor diesem Hintergrund finden sich in den Bildungsplänen für den Früh- und Elementarbereich Ausführungen zur Optimierung der Erziehung und Bildung in Kindertageseinrichtungen, die verstärkt den inklusiven Gedanken betonen. Hierbei wird unter dem allumfassenden Begriff der frühkindlichen Bildung der gesamte Entwicklungsprozess berücksichtigt, den Kinder vollziehen, „um ihre Wahrnehmungen der Wirklichkeit zu strukturieren, zu klären, zu deuten und weiter zu denken" (Schäfer 2001, S. 12). Zur Bewältigung dieses komplexen (eigen-) dynamischen Aneignungsprozesses müssen Kinder vielfältige Beziehungen zur sozialen und sachlichen Umwelt aufnehmen und komplexe Wahrnehmungen und Erfahrungen zulassen. Diese müssen zu komplexitätserhaltenden ästhetischen Mustern strukturiert und in (bildungs-)biografische Erfahrungszusammenhänge eingebettet werden, was es dem Kind ermöglicht, bildhafte Zusammenhänge und Wahrnehmungsmodelle (Prototypen) zu finden. Dabei werden die neuen Erfahrungsmuster immer wieder mit früheren Erfahrungen abgeglichen. Aus den eigenen Erfahrungszusammenhängen muss das Kind Annahmen ableiten, die es in seiner Umgebung weiter verfolgt und untersucht. Schließlich müssen die eigenen Selbst- und Weltbilder sowie die eigenen Wahrnehmungs- und Denkstrategien entsprechend der neuen Erfahrungsnuancen sukzessive verändert und weiterentwickelt werden.

Vor diesem Hintergrund verstehen die aktuellen Bildungskonzeptionen frühkindliche Bildung als einen sozialen Prozess, der bereits mit der Geburt beginnt und von den Kindern und ihren Bezugspersonen (v. a. Eltern und pädagogische Fachkräfte) in einer jeweils konkreten Situation in einem interaktionalen Prozess gemeinsam konstruiert wird (Ko-Konstruktivismus). Damit werden die Qualität der Fachkraft-Kind-Beziehung, der Zusammenhang formell und informell organisierter Lernprozesse und die Erziehungs- und Bildungspartnerschaften mit den Eltern zu bedeutsamen Themen. Weiterhin ist mit diesem Verständnis von frühkindlicher Bildung ein Paradigmenwechsel vom defizitorientierten Denken, in dessen Zentrum das Erkennen von Entwicklungsauffälligkeiten steht, zu einer ressourcenorientierten Sichtweise verbunden. Es kommt nunmehr darauf an, die Stärken der Kinder zu identifizieren, diese zu festigen und die Entwicklung eines positiven Selbstbildes zu fördern. Damit werden der Bildungsgedanke und die Förderung zum Ausgleich von Defiziten allerdings nicht obsolet, sondern alltagsintegrierte Förderung vielmehr zu einer Selbstverständlichkeit für alle Kinder.

Von den pädagogischen Fachkräften wird in diesem Zusammenhang „eine Internalisierung der Grundsätze und Prinzipien sowie der gesamten Philosophie" (Fthenakis 2009, S. 99) der Ressourcenorientierung und des Ko-Konstruktivismus erwartet, denn die vielfältigen Neuerungen des bestehenden Bildungssystems werden zuvörderst vor dem Hintergrund eines Perspektivwechsels des sich wandelnden Verständnisses von Bildung und im Umgang mit Kindern vollzogen.

Fort- und Weiterbildungen zur Förderung der frühkindlichen Bildung. Im letzten Jahrzehnt ist der Fort- und Weiterbildungssektor im Bereich der Pädagogik der frühen Kindheit durch eine deutliche Dynamik gekennzeichnet:

„Eine zentrale Diskussion wird darüber geführt, ob und in welchem Ausmaß Kinder ganzheitlich oder verstärkt in spezifischen Bildungsbereichen – wie Naturwissenschaften oder Sprache – in ihrer Entwicklung gefördert und gebildet werden sollen" (Kasüschke und Fröhlich-Gildhoff 2008, S. 80).

Während Vertreterinnen und Vertreter einer sozialpädagogischen Tradition eher für ein generalisiertes Berufsprofil plädieren, fordern Vertreterinnen und Vertreter bildungsbereichsspezifischer Positionen mit eher grundschulpädagogischen, fachdidaktischen Ursprüngen die stärkere Spezialisierung des Berufsprofils auf Bildungsthemen. Die verschiedenen Sichtweisen führen auch zu unterschiedlichen Empfehlungen für das Handeln von pädagogischen Fachkräften, z. B. im **Handlungsbereich Beobachtung und Diagnostik** (früh-)kindlicher Bildungs- und Entwicklungsprozesse. Während die erstgenannte Gruppe den Einsatz praxisorientierter Beobachtungsverfahren favorisiert, empfiehlt die andere die verstärkte Nutzung standardisierter Screenings oder Tests (Fröhlich-Gildhoff 2009).

Die bisher umfangreichsten Professionalisierungsbestrebungen beziehen sich auf den **Bereich Sprache**. Dabei werden sprachliche und kommunikative Kompetenzen als elementare Voraussetzungen für Bildungsprozesse verstanden. Zudem sollte der Spracherwerbsprozess bis zum Eintritt in die Schule erfolgreich abgeschlossen sein, weil dann das Sprachlernen von dem Lernen durch gesprochene und geschriebene Sprache abgelöst wird. Infolgedessen haben 14 Bundesländer Verfahren zur Erhebung des Sprachstandes bei Kindern mit Deutsch als Erst- und Zweitsprache eingeführt, deren Anwendung in nahezu allen Bundesländern verpflichtend ist (Jungmann und Albers 2013). Dasselbe gilt für die Teilnahme an Maßnahmen zur Sprachförderung, wenn Kinder als verzögert oder auffällig in ihrer sprachlichen Kompetenz eingestuft wurden. In ersten systematischen Evaluationen strukturierter Sprachförderprogramme konnten kaum positive Effekte auf die kindliche Entwicklung nachgewiesen werden (z. B. Hofmann et al. 2008). Da sie eine zeitlich festgelegte Umsetzung vorgeschriebener Inhalte erfordern, sind sie wenig flexibel und häufig mit hohem Organisationsaufwand für die pädagogischen Fachkräfte verbunden. Dem gegenüber steht eine alltagsintegrierte Förderung, die sich im Unterschied zu strukturierten Programmen an alle Kinder richtet, an deren aktuellen Bedürfnissen und Interessen anknüpft und Sprachförderung als durchgängiges Prinzip zur Gestaltung des Alltags versteht. Erste Befunde hierzu zeigen eine Verbesserung der Sprachfähigkeiten, obgleich Differenzen zu Kindern ohne Förderbedarf bestehen bleiben (Buschmann et al. 2010). Dabei kann ein Einfluss der erhöhten Professionalität der pädagogischen Fachkräfte in der sprachförderlichen Gestaltung der Bilderbuchsituation belegt werden (Jungmann et al. 2013). Transfereffekte auf andere Situationen wurden aber zumeist nicht untersucht.

Neben der Professionalisierung der Bildungsprozesse im Bereich der Sprache ist im Vergleich zu den Entwicklungen vor 2000 der *mathematisch-naturwissenschaftlich-technische Bereich (MINT)* hervorzuheben. Vor dem empirischen Hintergrund der hohen Prädiktionsgüte früher mathematischer Kompetenzen für spätere Rechenleistungen ist die Förderung mathematischer Basiskompetenzen mittlerweile fester Bestandteil der Bildungspläne aller Bundesländer geworden. Die Förderung erfolgt zumeist im Kontext alltäglicher Fachkraft-Kind-Interaktion. Baroody (2004) stellte fest, dass pädagogische Fachkräfte für eine gelingende Vermittlung mathematischer Inhalte über eine breite Wissensbasis verfügen müssen, die entwicklungspsychologische Erkenntnisse zum Erwerb mathematischer Kompetenzen beinhaltet. Obwohl zur Weiterentwicklung der kognitiv aktivierenden Verhaltensweisen in Alltagssituationen zahlreiche Fortbildungsmöglichkeiten bestehen, ist die Qualität der frühen mathematischen Förderung in Kindertageseinrichtungen gegenwärtig noch immer als gering einzuschätzen (Thiel 2009).

In ihrer Metaanalyse untersuchten Fukkink und Lont (2007) eine Vielzahl von Interventionsstudien zur Fortbildung pädagogischer Fachkräfte in den Bereichen allgemeine kognitive Förderung und Sprachförderung, um den Wirkungsprozess von Professionalisierungsmaßnahmen nachzuweisen. Die Form der Fortbildung (mit und ohne Individualcoaching) und die methodischen Ansätze der einbezogenen Studien variierten dabei stark. Obwohl sich in der Meta-Analyse ein mittlerer Effekt von Fortbildungen auf Fachkraftebene nachweisen ließ, blieben Effekte auf Kindebene aus. Somit sind Auswirkungen auf die Entwicklung der Kinder offenbar keine zwingende Konsequenz der Qualifizierung der Fachkräfte, sondern können nur Resultat eines gelungenen Transfers in die pädagogische Alltagspraxis und somit verbesserter Interaktionsgestaltung sein. Infolgedessen sollten die Professionalisierungsmaßnahmen dahingehend verbessert werden, dass neben der Wissensvermittlung auch der Transfer des Wissens in die Praxis gesichert wird und damit eine erfolgreiche Förderung der Kinder erzielt werden kann (Tresp et al. 2014).

Neben den Themengebieten Beobachtung, Dokumentation und bildungsbereichsspezifische Förderung ist eine Konzentration auf die *Gestaltung von Übergängen, Zusammenarbeit mit Eltern* und die *Vernetzung mit dem Umfeld* zu beobachten. Dies sind Tätigkeitsbereiche, in denen pädagogische Fachkräfte traditionell einen Weiterentwicklungsbedarf haben, der sich entweder aus einer mangelnden Vorbereitung durch die bisherige Ausbildung oder durch veränderte Leitbilder des Handelns ergibt (Wildgruber und Becker-Stoll, 2011). Die positiven Effekte gelungener Vernetzung im Übergang von der Kindertageseinrichtung zur Grundschule dokumentiert der Modellversuch „Kindergarten der Zukunft in Bayern – KIDZ" (Roßbach et al. 2010). Hier wurden die Bildungsbereiche frühe Literacy, Mathematik und Naturwissenschaften alltagsintegriert unter Einbeziehung von Grundschullehrkräften mit ihren spezifischen, akademisch erworbenen Kompetenzen gefördert. Die Befunde des Modellversuchs ließen auf deutliche Vorteile für die kindliche Entwicklung besonders im mathematischen und sprachlichen Bereich schließen. Zudem zeigten die an der Studie teilnehmenden Kinder, entgegen den Erwartungen, emotional stabile Verhaltensweisen sowie eine Verbesserung des Wohlbefindens und der Lernfreude.

Insgesamt ist davon auszugehen, dass Effekte auf die kindliche Entwicklung sowohl auf die Prozess- als auch die Strukturqualität der Einrichtungen zurückzuführen sind. In diesem Zusammenhang weisen internationale Studien (z. B. EPPE 1-3, Sylva et al. 2004) darauf hin, dass auch strukturelle Rahmenbedingungen, wie die Gruppengröße, die Fachkraft-Kind-Relation, am deutlichsten aber ein höheres Ausbildungsniveau der pädagogischen Fachkräfte positive Auswirkungen auf die kindliche Kompetenzentwicklung haben. Die Qualität der Bildungseinrichtungen liegt in Deutschland im Mittel im oberen Durchschnitt (Kuger und Kluczniok 2008). Dieses zunächst zufriedenstellend anmutende Niveau ist insofern bedenklich, als dass längerfristige positive Effekte auf die kindliche Entwicklung nur von einer hohen Qualität der frühkindlichen Bildungsinstitutionen unterstützt werden. Folglich lässt der Besuch einer Kindertageseinrichtung durchschnittlicher Qualität keine längerfristig positiven Effekte erwarten (vbw 2012).

2.2 Professionalisierung

Zentrale Begriffe. Eine *Profession* ist u. a. durch eine wissenschaftliche Ausbildung mit dem entsprechenden Expertenwissen, Autonomie hinsichtlich der Regelung der Ausbildung und der Berufsausübung sowie durch die Orientierung am Gemeinwohl und eine geteilte disziplinäre Kommunikationspraxis definiert (z. B. Thole 2008). In Abgrenzung davon werden mit dem Begriff *Professionalisierung* die Prozesse benannt, die zu weitgehend individuell definierten Formen von professionellem Handeln führen, was kollektiv betrachtet in die Herausbildung einer Profession mündet (Nittel 2004).

> Die Entwicklung [bzw. Beibehaltung] von Professionalität beginnt in der Regel mit dem Besuch von institutionalisierten Angeboten zur Aus-, Fort- und Weiterbildung, der zur Entwicklung von berufsrelevanten Kompetenzen beitragen soll. (Mischo und Fröhlich-Gildhoff 2011, S. 6).

Bei derartigen Maßnahmen besteht jedoch häufig eine „Transferlücke" zwischen Kenntnissen und Wissen der Fachkräfte sowie deren Umsetzung in das praktische Handeln im Kindergartenalltag.

Hierbei stellt sich nicht zuletzt die Frage, welches Wissen und welche Handlungskompetenzen pädagogische Fachkräfte denn erwerben müssen, um die vielfältigen Arbeitsanforderungen in der Kindertageseinrichtung gut erfüllen zu können.

Modellvorstellungen von Professionalisierung. Einen ersten Aufschluss darüber geben Professionalisierungsmodelle. Hierbei lassen sich je nach Orientierungspunkten für die vielfältigen Arbeitsanforderungen pädagogischer Fachkräfte Struktur-, Stufen-, Prozess- und Mischmodelle unterscheiden (Anders 2012).

- *Strukturkompetenzmodelle* haben vor allem in der Professionswissenschaft weite Verbreitung gefunden, wurden aber auch in pädagogischen Settings implementiert (Baumert und Kunter 2006). In diesen Modellen wird Handlungskompetenz in ihre Teildimensionen, zumeist Fach-, Methoden-, Human- und Personalkompetenz sowie Sozialkompetenz, zerlegt und die zugrunde liegenden Fähigkeiten, Kenntnisse und Fertigkeiten beschrieben und hierarchisiert. Bei diesen steht „im Mittelpunkt, wie die Bewältigung unterschiedlicher Anforderungen miteinander zusammenhängt und auf welchen und wie vielen Dimensionen interindividuelle Unterschiede in Kompetenzen angemessen beschrieben werden können" (Hartig und Klieme 2007, S. 11).

- *Stufen- bzw. Kompetenzentwicklungsmodelle* bilden den Erwerbsverlauf von professionellen Kompetenzen in einer bestimmten inhaltlichen Domäne ab. Dabei werden bestimmten Aufgabenbereichen Niveaustufen zugeordnet, wodurch der Stand des Kompetenzerwerbs analysiert werden kann. Fachliches Wissen äußert sich beispielsweise auf Stufe 1 in einem ersten Orientierungswissen, auf Stufe 3 im erfahrungsbasierten Wissen, das auf Stufe 5 mit der Entwicklung der Handlungsfähigkeit verknüpft wird (z. B. Dreyfus und Dreyfus 1986).

- In *Prozessmodellen* wird die pädagogische Situation als Ausgangspunkt für die Abbildung von Prozessen professionellen Handelns und Verstehens gesehen. Dabei werden Wissen und Verstehen, Analyse und Einschätzung, Recherche und Forschung, Planung und Konzeption, Organisation und Durchführung sowie Evaluation als Prozesse unterschieden. Durch ihre Eignung zur Definition von Handlungsanforderungen in konkreten pädagogischen Situationen sind Prozessmodelle von besonderer Relevanz für die Frühpädagogik geworden.

- Mischmodelle sind **Kompetenzentwicklungsmodelle** mit Prozesscharakter. Hiernach müssen Qualifizierungsmaßnahmen insbesondere auf die pädagogische Prozessqualität abzielen, die „Interaktionen der Kinder mit anderen Kindern, dem Fachpersonal und der gegenständlichen Umwelt" (Tietze et al. 1998, S. 39) umfasst. Beispiele sind der Orientierungsrahmen für die Entwicklung frühpädagogischer Studiengänge und das Qualifikationsprofil der Weiterbildungsinitiative für Frühpädagogische Fachkräfte WiFF (2011).

Ein solches (Misch-)Modell stellt auch das „Structure-Process-Outcome"-Paradigma dar, das in Abb. 2.1 dargestellt ist. Hier wird die Qualität der Interaktionsgestaltung als Mediator zwischen den fachlichen Kompetenzen der pädagogischen Fachkräfte und dem spezifischen Wissen der Kinder verstanden (Fukkink und Lont 2007). Eine Verbesserung der pädagogischen Prozessqualität kann diesem

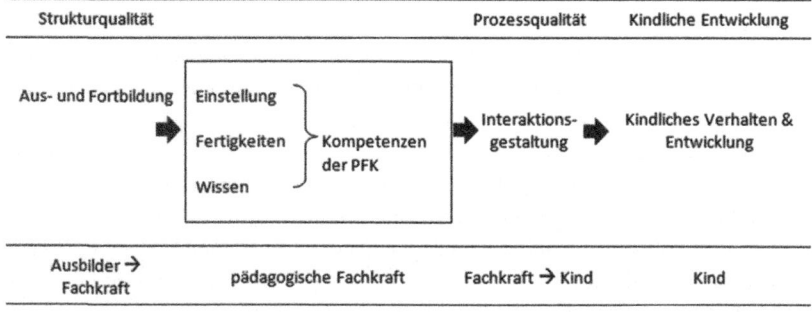

Abb. 2.1 Pfadmodell zur Übertragung von Kompetenzen auf die kindliche Entwicklung (nach Fukkink und Lont 2007)

Pfadmodell zufolge nur über die Kompetenzentwicklung der Fachkräfte erreicht werden. Hierfür ist es notwendig, dass im Sinne einer zweigliedrigen Kausalkette mehrere Aspekte ineinandergreifen: Zunächst müssen durch Professionalisierungs-maßnahmen (Strukturqualität) die Kompetenzen der Fachkräfte verändert werden. Diese spiegeln sich über eine verbesserte Interaktionsgestaltung (Prozessqualität) in konkreten Alltagssituationen dann auch in der kindlichen Entwicklung wider (Ergebnisqualität) (Tresp et al. 2014).

Das Kompetenzentwicklungsmodell nach Fröhlich-Gildhoff et al. (2011) vereint ebenfalls Struktur- und Prozessmodelle (siehe Abb. 2.2).

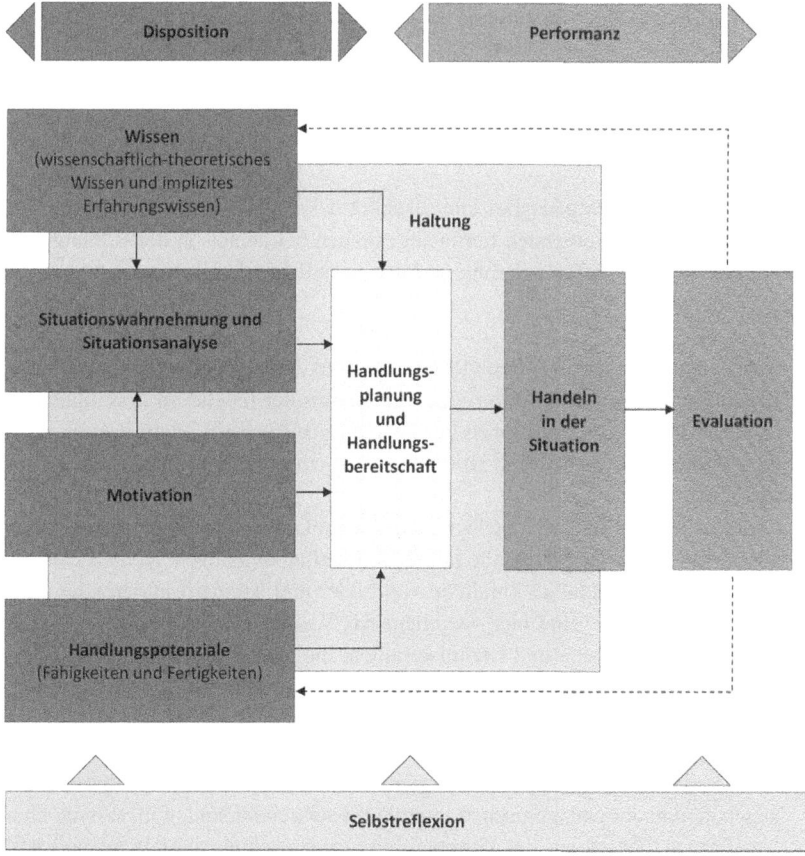

Abb. 2.2 Kompetenzentwicklungsmodell für pädagogische Fachkräfte (Fröhlich-Gildhoff et al. 2011)

Die Ebene der Disposition ist als Äquivalent der Kompetenzen pädagogischer Fachkräfte bei Fukkink und Lont (2007) anzusehen, während die Ebene der Performanz der Interaktionsgestaltung entspricht (Prozessqualität), die durch Professionalisierungsmaßnahmen, wie Fort- und Weiterbildungen oder auch Individualcoachings im pädagogischen Alltag positiv beeinflusst werden soll.

Situationen in Kindertageseinrichtungen sind durch hohe Komplexität, Mehrdeutigkeit und fehlende Standardisierung gekennzeichnet, in denen die professionellen Fachkräfte kreativ und selbstreflexiv handeln müssen. Es stellt sich hierbei die Frage, „welches Wissen, welche Einstellungen, Haltungen und Fertigkeiten nötig sind, um professionelles Verhalten zeigen zu können (Performanz)" (Mischo und Fröhlich-Gildhoff 2011). Die Kompetenzen auf den verschiedenen Betrachtungsebenen dieses Kompetenzentwicklungsmodells dienen im Folgenden der Strukturierung der Darstellung des Forschungsstandes zur Professionalisierung.

2.3 Stand der Professionalisierungsforschung

Das *Professionswissen* pädagogischer Fachkräfte wird als eine Voraussetzung für die Gestaltung von anregenden Lerngelegenheiten betrachtet. In der Bildungsforschung hat sich die Differenzierung von drei grundlegenden Kategorien durchgesetzt (Anders 2012, S. 18).

* Als Fachwissen („content knowledge", CK) werden das vertiefte, konzeptuelle Hintergrundwissen und das vertiefte Verständnis der Inhalte im jeweiligen Bereich der Bildungskonzeptionen bezeichnet (z. B. Sprache, Naturwissenschaften, Mathematik, ästhetische Bildung, sozial-emotionale Entwicklung, Motorik).
* Fachdidaktisches Wissen („pedagogical content knowledge", PCK) bezieht sich auf das Wissen, wie Fachinhalte Lernenden verfügbar gemacht werden können. Neben der Kenntnis über kindliche Weltbilder und daraus resultierender typischer „Denkfehler" sind hier vor allem das Wissen über das Förderpotenzial von Alltagssituationen und Lernmaterialien, die Gestaltung von Lerngelegenheiten sowie das Wissen über effektive Instruktionsstrategien zur Begleitung des Lernprozesses im jeweiligen Inhaltsbereich zu nennen.
* Das allgemeine pädagogische Wissen („pedagogical knowledge", PK) bezieht sich auf die fachübergreifenden Wissensfacetten, die zur Gestaltung der Lernangebote und der pädagogischen Interaktion notwendig sind, d. h. Wissen über Lernformen, Strategien der Gruppenführung, Beziehungsgestaltung und entwicklungspsychologische Kenntnisse.

Die empirische Befundlage zu Struktur und Bedeutung des Professionswissens von pädagogischen Fachkräften im frühpädagogischen Bereich ist schmal. Internationale Studien weisen bei pädagogischen Fachkräften auf Wissensdefizite im Bildungsbereich *mathematische Basiskompetenzen* hin (z. B. Lee 2010). Der Befund legt nahe, dass sich die Lage für andere Bildungsbereiche ähnlich darstellt. *Pädagogische Orientierungen und Einstellungen* umfassen nach Tietze et al. (1998) z. B. allgemeine pädagogische Vorstellungen, Haltungen, Werte und Überzeugungen der Fachkräfte bezüglich der eigenen Rolle, der kindlichen Entwicklung sowie der Aufgaben des Kindergartens. Sie stellen eine wichtige Entscheidungsgrundlage im alltäglichen Handeln dar und sind zeitlich relativ stabil (Anders 2012). Im Folgenden werden zum einen die epistemologischen Einstellungen in Bezug auf den Erwerb von Kompetenzen in verschiedenen Bildungsbereichen und zum anderen der Stellenwert, der diesen Bildungsbereichen beigemessen wird, exemplarisch näher betrachtet.

- *Epistemologische Einstellungen.* Behavioristisch-transmissive Überzeugungen (z. B. Kinder empfangen im Lernprozess eher passiv Wissen) lassen sich nach Kleickmann et al. (2013) von konstruktivistischen (z. B. Lernende konstruieren ihr Wissen im Lernprozess eigenaktiv) und praktizistischen Überzeugungen (z. B. die Bereitstellung von Lernmaterial hat einen lernförderlichen Effekt) abgrenzen.
  In engem Zusammenhang damit stehen Einstellungen in Bezug auf die Adaptivität bei der Gestaltung von Lernprozessen. So stimmt eine pädagogische Fachkraft mit eher entwicklungspsychologisch orientierten Einstellungen die Lernangebote und -materialien auf den individuellen Entwicklungsstand des Kindes ab. Dem gegenüber stehen Überzeugungen, bei denen sich die Lernprozesse an fachlichen Standards orientieren. Domänenspezifisch erfasst haben sich epistemologische Einstellungen in der internationalen Forschung als eine Kompetenzfacette erwiesen, für die ein Zusammenhang mit der Qualität der Gestaltung der Lernprozesse und der Kompetenzentwicklung nachweisbar ist (z. B. Brown et al. 2008). Eine konstruktivistische und an kindlichen Entwicklungsbedingungen orientierte Einstellung scheint demnach mit einer höheren Prozessqualität und positiven Effekten auf die kindliche Kompetenzentwicklung einherzugehen.
- *Stellenwert verschiedener Bildungsbereiche.* In der Kindertageseinrichtung ist das Spektrum der Bildungsbereiche – wie bereits ausgeführt – breit. Welche Bedeutung die pädagogische Fachkraft den einzelnen Bereichen beimisst, entscheidet maßgeblich über die Interaktions- und Förderangebote im Alltag. Zahlreiche Studien weisen darauf hin, dass in Deutschland die Förderung so-

zial-emotionaler Kompetenzen im Kindergarten für weitaus wichtiger gehalten wird als die schulischer Vorläuferfähigkeiten (Tietze et al. 2005). Weiterhin herrschen in Bezug auf die Förderung kognitiver Kompetenzen unrealistische Vorstellungen vor, so berichtet Benz (2008) für den Bereich der mathematischen Basiskompetenzen im Kindergarten, dass Lernziele definiert werden, die den Schulstoff der ersten vier Grundschuljahre abdecken.

Eng verwandt mit den pädagogischen Einstellungen und Orientierungen sind die *motivationalen und emotionalen Aspekte* des professionellen Handelns. Eigene schulische Erfahrungen bzw. biografische Lernerfahrungen beeinflussen nachhaltig die emotionalen Einstellungen zu verschiedenen Bildungsbereichen und können sich sowohl mit positiver als auch mit negativer Färbung auf die Kinder übertragen. Während Interesse und Freude der Fachkräfte die intrinsische Lernmotivation fördern können, führen negative Emotionen einem Bildungsbereich (zumeist Mathematik und Naturwissenschaften) gegenüber unter Umständen dazu, dass die Kinder diesen Bereichen später selbst mit Vorbehalten begegnen. Kluczniok et al. (2011) untersuchten in ihrer Arbeit, wie Einstellungen gegenüber pädagogischer Förderung (Orientierungsqualität), die über das pädagogische Handeln der Fachkräfte (Prozessqualität) vermittelt werden, die Entwicklung früher numerischer Kompetenzen der Kindern beeinflussen. Die Befunde zeigen, dass die Fördereinstellung in engem Zusammenhang mit der Prozessqualität steht. Weiterhin steht die positive Haltung zu grundlegender Förderung mit der Entwicklung früher numerischer Kompetenzen im Zusammenhang.

Selbstregulatorische Fähigkeiten. Aktuelle Modelle professioneller Handlungskompetenz weisen schließlich den selbstregulatorischen Fähigkeiten in Bezug auf einen effektiven Umgang mit den beruflichen Anforderungen im pädagogischen Umfeld eine große Bedeutung zu (z. B. Baumert und Kunter 2006). Diese Facette professioneller Handlungskompetenz wurde bei pädagogischen Fachkräften in vorschulischen Einrichtungen zwar international (z. B. Kelly und Berthelsen 1995), in Deutschland allerdings kaum systematisch untersucht. Studien mit Lehrkräften geben Anhaltspunkte dafür, dass hohe selbstregulative Fähigkeiten mit einem geringeren Belastungserleben im beruflichen Kontext einhergehen (Schaarschmidt 2005). Selbstregulatorische Fähigkeiten sind daher insbesondere für die Vermeidung von Burnout-Symptomen bedeutsam.

Das „wechselseitige Zusammenspiel von explizitem, wissenschaftlich-theoretischem Wissen, implizitem Erfahrungswissen, Fertigkeiten, Motivation sowie der Wahrnehmung und Analyse der Situation" (Anders 2012, S. 15) stellt die Grundlage der Handlungsfähigkeit dar, da sie die Planung und Bereitschaft zur Handlung beeinflussen. Auf der Handlungsebene wird zwischen Handlungsgrundlagen, Handlungsbereitschaft und Handlungsrealisierung differenziert. Die Handlung in einer spezifischen Situation wird von der Fachkraft evaluiert, reflektiert und bildet wiederum die Basis für folgende Handlungen. Bei der Betrachtung des Kompetenzentwicklungsmodells muss aber berücksichtigt werden, dass die professionelle Handlungskompetenz nicht auf einzelne Prozessschritte eingegrenzt werden darf, sondern vielmehr als generatives Prinzip zu verstehen ist, welches das Handeln der pädagogischen Fachkräfte insgesamt strukturiert (Nentwig-Gesemann et al. 2011).

Studien zur Selbsteinschätzung von Fachkräften belegen zwar einerseits deren positive Fortbildungsbereitschaft (Schneewind et al. 2012), der grundsätzlich bestehenden Motivation zur Teilnahme an Fortbildungsmaßnahmen stehen aber andererseits zeitlich knappe Ressourcen, z. B. durch den erhöhten Bedarf an Vor- und Nachbereitung der dokumentierenden Tätigkeiten entgegen (Thinschmidt 2010). Daher werden häufig die fehlenden Möglichkeiten zur Realisierung von weiterqualifizierenden Maßnahmen beklagt (GEW 2007). Hinzu kommt, dass bisher kaum positive Evidenzen zur Qualität und langfristigen Effektivität der Fortbildungsangebote für die Professionalität der Arbeit pädagogischer Fachkräfte vorliegen (Baumeister und Grieser 2011; vgl. dazu auch Kap. 2.1).

Weiterhin stellt sich die Frage, in welcher Struktur Fortbildungen angeboten werden müssen, um zu einer Professionalisierung der Pädagogischen Fachkräfte zu führen. Hier wäre insbesondere das Potenzial zusätzlicher Individualcoachings im Alltag zur Schließung der sog. Transferlücke (z. B. Mischo und Fröhlich-Gildhoff 2011) zu prüfen.

2.4 Das KOMPASS-Projekt im Überblick

Vor dem Hintergrund der Bildungskonzeption für Kinder von 0 bis 10 Jahren in Mecklenburg-Vorpommern, aktuellen Modellvorstellungen zur Professionalisierung und den Befunden zu den Einflussfaktoren und Wirkmechanismen auf den Ebenen der Struktur- und Prozessqualität wurde im Rahmen des KOMPASS-Projektes ein umfassendes Professionalisierungskonzept für pädagogische Fachkräfte entwickelt. Ziel ist es, die Qualität der Fachkraft-Kind-Interaktionen in bildungsrelevanten Alltagssituationen zu erhöhen und damit die Entwicklungs- und Bildungschancen der Kinder zu verbessern und deren Übergang in die Schule zu optimieren.

In den Bildungs- und Erziehungsplänen der Bundesländer sind verschiedene Anforderungen an die Handlungskompetenzen der Fachkräfte formuliert. Dazu gehören insbesondere die angemessene Beurteilung des kindlichen

Entwicklungsstandes, die adäquate individuelle Förderung, aber auch die aktive Elternarbeit und deren Einbindung in die kindlichen Bildungsprozesse. Zweifelsohne zählen diese Arbeitsanforderungen zu den anspruchsvollsten und komplexesten im Bildungssystem, wie Liegle (2006, S. 102) pointiert zusammenfasst: „Die hundert Kinder in einer Tageseinrichtung... brauchen hundert Bildungsprogramme". Entsprechend besteht das primäre Ziel des KOMPASS-Projektes darin, die pädagogische Arbeit in Kindertageseinrichtungen im Sinne einer alltagsintegrierten Förderung aller Kinder zu optimieren. Hierfür wurde auf der Grundlage des Kompetenzentwicklungsmodells von Fröhlich-Gildhoff et al. (2011) ein Professionalisierungsangebot für pädagogische Fachkräfte konzipiert, das Fortbildungsveranstaltungen in den Bereichen Sprache/Literacy, frühe mathematische Bildung sowie sozial-emotionale Entwicklung umfasst. Die Hälfte der teilnehmenden pädagogischen Fachkräfte erhält zudem fünf bis sieben Individualcoachings über einen Zeitraum von sechs bis neun Monaten, um den Transfer der Fortbildungsinhalte in die Praxis zu optimieren.

Zentrales Anliegen der Professionalisierung im Rahmen des KOMPASS-Projektes ist die Verbesserung des *wissenschaftlich-theoretischen Wissens* der Fachkräfte, ihrer Fähigkeit zur *Situationswahrnehmung und -analyse*, ihrer *Handlungspotenziale* sowie der *selbstreflexiven Aufarbeitung* der in Kap. 2.3 genannten Dispositionen. Hierdurch soll einerseits das wissenschaftlich-theoretische Wissen der Fachkräfte weiterentwickelt und andererseits der Transfer dieses Wissens in den pädagogischen Alltag mit dem Ziel der Verbesserung der pädagogischen Prozessqualität (Performanz) gefördert und unterstützt werden.

Im Fokus der Vermittlung expliziten *wissenschaftlich-theoretischen Wissens* steht die Entwicklung sprachlicher, früher literaler und mathematischer sowie sozial-emotionaler Kompetenzen im Vorschulalter. Die konkreten Inhalte der Grundlagenfortbildungen, der fachspezifischen Fortbildungen sowie der Individualcoachings in diesen Entwicklungsbereichen werden ausführlicher in Kap. 3 dargestellt. Um Möglichkeiten der alltagsintegrierten Förderung aller Kinder für die pädagogischen Fachkräfte sichtbar zu machen, wird in den Fortbildungen und Individualcoachings deren *Situationswahrnehmung und -analyse* anhand von Fall- und Situationsbeispielen aus der Begrüßungs-, der Mittags- und der Bilderbuchsituation thematisiert. Weiterhin wird die Förderung lernmethodischer Kompetenzen erarbeitet, um die *Handlungspotenziale* der Fachkräfte zu verbessern.

Die *Selbstreflexion* des eigenen pädagogischen Handelns soll die Implementierung der erlernten Inhalte in die Alltagspraxis erleichtern. Es ist anzunehmen, dass die gezielte selbstreflexive Betrachtung eigener Fallbeispiele den Transfer in die Praxis positiv unterstützt und damit die Ebene der Performanz verbessert. Im Sinne des Pfadmodells nach Fukkink und Lont (2007) ist eine höhere

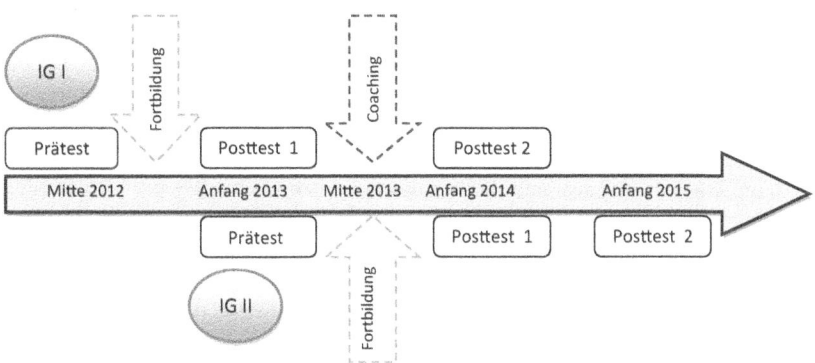

Abb. 2.3 Übersicht des Untersuchungsverlaufs, -designs und der Messzeitpunkte im KOMPASS-Projekt

Handlungskompetenz in der Fachkraft-Kind-Interaktion in Alltagssituationen eine wesentliche Bedingung, um die kindliche Entwicklung positiv zu beeinflussen.

Zur Überprüfung der Effektivität des Professionalisierungskonzeptes wird die Umsetzungsqualität der Fortbildungen und Coachings ebenso evaluiert, wie deren Effekte auf a) das Wissen und das entwicklungsförderliche Alltagshandeln der Fachkräfte und b) die Entwicklung der Kinder in den unterschiedlichen Bereichen. Ein besonderer Fokus liegt dabei auf der Erfassung der differentiellen Effekte von Fortbildungen mit (Interventionsgruppe I) und ohne anschließende pädagogische Coachings (Interventionsgruppe II). Eine Übersicht des Untersuchungsdesign und der Messzeitpunkte gibt Abb. 2.3.

Um Informationen über die Güte der Implementierung der Professionalisierungsmaßnahmen in die Praxis zu erhalten, werden begleitend Dokumentationsbögen sowie am Ende der Fortbildungen und der Coachings Fragebögen und verschiedene Interviewformen eingesetzt (Kap. 4 und 5).

Zur Evaluation der Effekte der Professionalisierungsmaßnahmen auf der Ebene der Fachkräfte werden in Anlehnung an das Pfadmodell von Fukkink und Lont (2007) sowie das Kompetenzentwicklungsmodell von Fröhlich-Gildhoff et al. (2011) das Wissen und die Einstellungen der Fachkräfte zu drei Messzeitpunkten erfasst. Die Handlungskompetenzen in standardisierten oder halbstandardisierten Alltagssituationen in der Kindertageseinrichtung (Bilderbuchsituation, Begrüßungssituation, gemeinsames Mittagessen) videografiert und sowohl qualitativ als auch quantitativ ausgewertet. Die Effekte der Professionalisierungsmaßnahmen auf die kindliche Entwicklung werden ebenfalls zu drei Messzeitpunkten mit standardisierten Tests (Sprache, frühe literale Kompetenzen, mathematische Basiskompetenzen) direkt bei den Kindern erfasst bzw. es erfolgt eine Einschätzung des sozial-emotionalen Entwicklungsstandes über die Fachkräfte und die Eltern. Um der Komplexität des Bedingungsgefüges gerecht zu werden, werden zahlreiche Einflussfaktoren auf der Ebene der Kindertageseinrichtung (z. B. Struktur- und Prozessqualität) bei den Fachkräften (z. B. Persönlichkeit, pädagogische Orientierung, Arbeitsbelastung) und den Kindern (nonverbale Intelligenz, sozioökonomischer Status) erhoben, um diese bei der Beantwortung der Frage, ob die Professionalisierungsmaßnahmen zu einer verbesserten kindlichen Entwicklung und Bildung führen, mit berücksichtigen zu können. Eine ausführliche Darstellung der qualitativen und quantitativen Forschungsmethoden und -ergebnisse enthalten die Kap. 4 und 5. Im Kap. 6 werden die Ergebnisse sowie das zugrundeliegende Wirkmodell mit dem Fokus auf den Theorie-Praxis-Transfer diskutiert und Implikationen für die weitere Professionalisierungspraxis und -forschung abgeleitet.

Literatur

Anders, Y. (2012). *Modelle professioneller Kompetenzen für frühpädagogische Fachkräfte. Aktueller Stand und ihr Bezug zur Professionalisierung.* München. http://www.aktionsratbildung.de/fileadmin/Dokumente/Expertise_Modelle_professioneller_Kompetenzen.pdf. Zugegriffen: 24. Okt. 2014.
Baroody, A. J. (2004). The role of psychological research in the development of early childhood mathematics standards. In D. H. Clements & J. Sarama (Hrsg.), *Engaging young children in mathematics: Standards for early childhood mathematics instructions* (S. 149–172). New York: Lawrence Erlbaum Associates.
Baumeister, K., & Grieser, A. (2011). *Berufsbegleitende Fort- und Weiterbildung frühpädagogischer Fachkräfte: Analyse der Programmangebote.* http://www.weiterbildungsinitiative.de/uploads/media/Baumeister_Grieser_pdf.pdf. Zugegriffen: 19. Okt. 2014.
Baumert, J., & Kunter, M. (2006). Stichwort: Professionelle Kompetenz von Lehrkräften. *Zeitschrift für Erziehungswissenschaft, 9*(4), 469–520.
Benz, C. (2008). Mathe ist ja schön – Vorstellungen von Erzieherinnen über Mathematik im Kindergarten. *karlsruher pädagogische beiträge, 69,* 7–18.
Bertelsmann Stiftung. (2012). *Wirksame Bildungsinvestitionen.* http://www.laendermonitor.de/laendermonitor/aktuell/index.html. Zugegriffen: 10. Dez. 2014.
Brown, E. T., Molfese, V., & Molfese, P. (2008). Preschool student learning in literacy and mathematics: Impact of teacher experience, qualifications, and beliefs on an at-risk sample. *Journal of Education for Students Placed at Risk, 13*(1), 106–126. doi:10.1080/10824660701860474.
Buschmann, A., Jooss, B., Simon, S., & Sachse, S. (2010). Alltagsintegrierte Sprachförderung in der Krippe und Kindergarten. Das „Heidelberger Trainingsprogramm". *L.O.G.O.S Interdisziplinär, 18*(2), 84–95.
Dreyfus, H. L., & Dreyfus, S. E. (1986). *Mind over machine. The power of human intuition and expertise in the era of computer.* New York: Free Press.

Ebert, S. (2006). *Erzieherin – Ein Beruf im Spannungsfeld von Gesellschaft und Politik.* Freiburg: Herder Verlag.

Fröhlich-Gildhoff, K. (2009). Resilienzförderung und Bildungsgerechtigkeit – zentrale Aufgaben der Kindertageseinrichtung und Grundschule. In H. Rupp & C. T. Schielke (Hrsg.), *Gerechtigkeit in der Bildung. Jahrbuch für kirchliche Bildungsarbeit 2010* (S. 145–164). Stuttgart: Calwer Verlag.

Fröhlich-Gildhoff, K., Nentwig-Gesemann, I., & Pietsch, S. (2011). *Kompetenzorientierungen in der Qualifizierung frühpädagogischer Fachkräfte. Weiterbildungsinitiative Frühpädagogische Fachkräfte (WiFF).* München: Verlag Deutsches Jugendinstitut.

Fthenakis, W.-E. (2009). *Frühkindliche Bildung und Konsistenz im Bildungsverlauf.* http://www.kas.de/upload/dokumente/verlagspublikationen/Chancen_fuer_alle/Chancen_fthenakis.pdf. Zugegriffen: 15. April 2015.

Fukkink, R. G., & Lont, A. (2007). Does training matter? A meta-analysis and review of caregiver training studies. *Early Childhood Research Quarterly, 22*(3), 294–311. doi:10.1016/j.ecresq.2007.04.005.

Gewerkschaft Erziehung und Wissenschaft (GEW). (2007). *Wie geht's im Job? GEW Kita-Studie.* http://www.gew.de/Binaries/Binary35437/GEW-Kitastudie.pdf. Zugegriffen: 26. Sept. 2014.

Hartig, J., & Klieme, E. (2007). *Möglichkeiten und Voraussetzungen technologiebasierter Kompetenzdiagnostik.* Berlin: BMBF.

Hofmann, N., Polotzek, S., Roos, J., & Schöler, H. (2008). Sprachförderung im Vorschulalter – Evaluation dreier Sprachförderkonzepte. *Diskurs Kindheits- und Jugendforschung, 3,* 291–300.

Hogrebe, N., Schulz, S., & Böttcher, W. (2012). Professionalisierung im Elementarbereich – Personalentwicklung im Spannungsfeld von Anspruch und Wirklichkeit. *Soziale Passagen, 4,* 247–261.

Jungmann, T., & Albers, T. (2013). *Frühe sprachliche Bildung und Förderung.* München: UTB. Ernst Reinhardt.

Jungmann, T., Koch, K., & Etzien, M. (2013). Effektivität alltagsintegrierter Sprachförderung bei ein- und zwei- bzw. mehrsprachig aufwachsenden Vorschulkindern. *Frühe Bildung, 2*(3), 110–121.

Kasüschke, D., & Fröhlich-Gildhoff, K. (2008). *Frühpädagogik heute. Herausforderungen an Disziplin und Profession.* Köln: Carl Link Verlag.

Kelly, A. L., & Berthelsen, D. C. (1995). Preschool teachers' experiences of stress. *Teaching and Teacher Education, 11*(4), 345–357.

Kleickmann, T., Richter, D., Kunter, M., Elsner, J., Besser, M., Krauss, S., & Baumert, J. (2013). Pedagogical content knowledge and content knowledge: The role of structural differences in teacher education. *Journal of Teacher Education, 64,* 90–106. doi:10.1177/0022487112460398.

Kluczniok, K., Anders, Y., & Ebert, S. (2011). Fördereinstellung von Erzieherinnen. Einflüsse auf die Gestaltung von Lerngelegenheiten im Kindergarten und die kindliche Entwicklung früher numerischer Kompetenzen. *Frühe Bildung, 0*(0), 13–21.

Kuger, S., & Kluczniok, K. (2008). Prozessqualität im Kindergarten – Konzept, Umsetzung und Befunde. *Zeitschrift für Erziehungswissenschaft. Sonderheft, 11,* 159–178.

Lee, J. (2010). Exploring kindergarten teachers' pedagogical content knowledge of mathematics. *International Journal of Early Childhood, 42*(1), 27–41. doi:10.1007/s13158-010-0003-9.

Mischo, C., & Fröhlich-Gildhoff, K. (2011). Professionalisierung und Professionsentwicklung im Bereich der frühen Bildung. *Frühe Bildung, 0*(0), 4–12.

Nentwig-Gesemann, I., Fröhlich-Gildhoff, K., Harms, H., & Richter, S. (2011). *Professionelle Haltung – Identität der Fachkraft für die Arbeit mit Kindern in den ersten drei Lebensjahren.* München: Deutsches Jugendinstitut e. V. http://www.weiterbildungsinitiative.de/uploads/media/WiFF_Expertise_Nentwig-Gesemann.pdf. Zugegriffen am 24. Oktober 2014.

Nittel, D. (2004). Die Pioniergeneration der Diplompädagogen als „knowledge worker"? Individuelle und kollektive Prozesse der Professionalisierung im Feld des außerschulischen Bildungswesens. In M. Fabel & S. Tiefel (Hrsg.), *Biographische Risiken und neue professionelle Herausforderungen* (S. 93–104). Wiesbaden: VS Verlag für Sozialwissenschaften.

OECD. (2001). Starting Strong: Early Childhood Education and Care. www.oecd-library.org. Zugegriffen: 2. Juli 2015.

OECD. (2006). Starting Strong II: Early Childhood Education and Care. Online www.oecd-library.org. Zugegriffen: 2. Juli 2015.

OECD. (2011). Starting Strong III: A Quality Toolbox for Early Childhood Education and Care. www.oecd-library.org. Zugegriffen: 2. Juli 2015.

Roßbach, H. G., Sechtig, J., & Freund, U. (2010). *Empirische Evaluation des Modellversuchs „Kindergarten der Zukunft in Bayern – KIDZ". Ergebnisse der Kindergartenphase.* Bamberg: University of Bamberg Press.

Schaarschmidt, U. (2005). *Halbtagsjobber? Psychische Gesundheit im Lehrerberuf – Analyse eines veränderungsbedürftigen Zustandes* (2. Aufl.). Weinheim: Beltz.

Schäfer, G. E. (2001). *Prozesse frühkindlicher Bildung.* https://www.hf.uni-koeln.de/data/eso/File/Schaefer/Prozesse_Fruehkindlicher_Bildung.pdf. Zugegriffen: 15. April 2015.

Schneewind, J., Böhmer, N., Granzow, M., & Lattner, K. (2012). *Abschlussbericht des Forschungsprojektes "Studie zur Kompetenz und Zufriedenheit von Erzieherinnen in Niedersachsen". Projekt der Forschungsstelle: Professionalisierung frühpädagogischer Fachkräfte an der Hochschule Osnabrück.* http://www.nifbe.de/pdf_show_projects.php?id=118. Zugegriffen: 19. Okt. 2014.

Sylva, K., Melhuish, E. C., Sammsons, P., Siraj-Blatchford, I., Taggert, B., & Elliot, K. (2004). The Effective Provision of Pre-School Education Project – Zu den Auswirkungen vorschulischer Einrichtungen in England. In G. Faust, M. Götz, H. Hacker & H. G. Roßbach (Hrsg.), *Anschlussfähige Bildungsprozesse im Elementar- und Primarbereich.* Bad Heilbrunn: Julius Klinkhardt.

Thiel, O. (2009). Prozessqualität mathematischer Bildung im Kindergarten. In M. Neubrand (Hrsg.), *Beiträge zum Mathematikunterricht 2009* (S. 395–398). Münster: WTM.

Thinschmidt, M. (2010). Belastungen am Arbeitsplatz Kindertagesstätte – Übersicht zu zentralen Ergebnissen aus vorliegenden Studien. In Gewerkschaft Erziehung und Wissenschaft (Hrsg.), *Ratgeber. Betriebliche Gesundheitsförderung im Sozial- und Erziehungsdienst* (S. 17–26). Coburg: Druckerei Leutheußer. http://www.kita-bildungsserver.de/downloads/download-starten/?did=1029. Zugegriffen: 21. Okt. 2014.

Thole, W. (2008). „Professionalisierung" der Pädagogik der Kindheit. Fachliches Potenzial und Forschungsbedarf. In W. Thole, H.-G. Rossbach, M. Fölling-Albers, & R. Tippelt (Hrsg.), *Bildung und Kindheit. Pädagogik der Kindheit in Wissenschaft und Lehre* (S. 271–294). Opladen: Barbara Budrich.

Tietze, W., Meischner, T., Gänsfuss, R., Grenner, K., Schuster, K.-M., Völkel, P., Rossbach, H.-G. (1998). *Wie gut sind unsere Kindergärten?: Eine empirische Untersuchung zur pädagogischen Qualität in deutschen Kindergärten.* Neuwied: Luchterhand.

Tietze, W., Roßbach, H.-G., & Grenner, K. (2005). *Kinder von 4 bis 8 Jahren. Zur Qualität der Erziehungs- und Bildungsinstitution Kindergarten, Grundschule und Familie.* Weinheim: Beltz.

Tresp, T., Stockheim, D., Koch, K., & Jungmann, T. (2014). Effekte mathematischer Prozessqualität sowie pädagogischer Professionalisierungsmaßnahmen auf die mathematischen Basiskompetenzen von Kindern in Kindertageseinrichtungen. *Empirische Sonderpädagogik, 4*(3), 227–242.

Wildgruber, & Becker-Stoll, F (2011). Die Entdeckung der Bildung in der Pädagogik der Frühen Kindheit. *Zeitschrift für Pädagogik, 57,* 60–76.

Vereinigung der bayrischen Wirtschaft e.V. (vbw). (2012). *Professionalisierung in der Frühpädagogik. Qualifikationsniveau und -bedingungen des Personals in Kindertagesstätten.* Münster: Waxmann. http://www.aktionsratbildung.de/fileadmin/Dokumente/Gutachten_Professionalisierung_in_der_Fruehpaedagogik.pdf. Zugegriffen: 4. März 2015.

Professionalisierungsangebote im KOMPASS-Projekt

3

Ulrike Morawiak, Andrea Schulz, Tanja Jungmann und
Katja Koch

Inhaltsverzeichnis

In diesem Kapitel werden die Professionalisierungsmaßnahmen im Rahmen des KOMPASS-Projektes in den Bildungsbereichen Sprache und Literacy, frühe mathematische Bildung und sozial-emotionale Entwicklung beschrieben. Das in Kap. 2.4 dargestellte gestufte Interventionsdesign umfasst für die erste Interven-

U. Morawiak (✉) · A. Schulz · T. Jungmann · K. Koch
ISER, Universität Rostock, August-Bebel-Straße 28, 18051 Rostock, Mecklenburg
Vorpommern, Deutschland
E-Mail: ulrike.morawiak@uni-rostock.de

A. Schulz
E-Mail: andrea.schulz4@uni-rostock.de

T. Jungmann
E-Mail: tanja.jungmann@uni-rostock.de

K. Koch
E-Mail: katja.koch@uni-rostock.de

© Springer Fachmedien Wiesbaden 2017
T. Jungmann, K. Koch (Hrsg.), *Professionalisierung pädagogischer
Fachkräfte in Kindertageseinrichtungen,* Psychologie in Bildung und Erziehung:
Vom Wissen zum Handeln, DOI 10.1007/978-3-658-10270-8_3

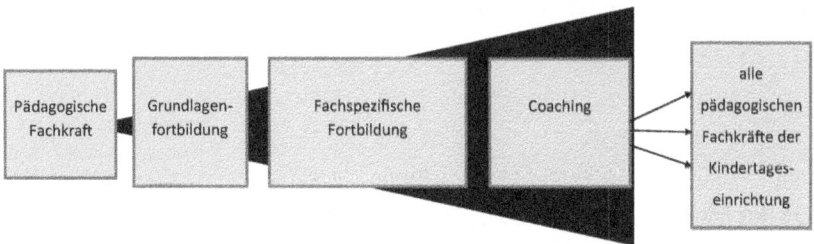

Befähigung zur Multiplikatorinnen- und Multiplikatorentätigkeit

Abb. 3.1 Interventionsablauf für die IG I im KOMPASS-Projekt

tionsgruppe (IG I) eine Grundlagenfortbildung, fachspezifische Fortbildungen sowie darauf aufbauende Individualcoachings. Die zweite Interventionsgruppe (IG
II) erhielt lediglich die Grundlagenfortbildung sowie die fachspezifischen Fortbildungen.

Nach dem Absolvieren der Fortbildungen sowie der Individualcoachings fun-
gieren die Teilnehmerinnen und Teilnehmer der IG I als Multiplikatorinnen und
Multiplikatoren für den jeweiligen Bildungsbereich. In dieser Funktion stoßen sie
Lernprozesse an und tragen letztlich zur Teamentwicklung und zur Etablierung ge-
meinsamer Strukturen für die zielgerichtete ganzheitliche Förderung der Kinder im
Alltag bei (Zacher et al. 2008). Für ihre Tätigkeit werden ihnen die Praxisbücher
„Überall steckt Sprache drin" (Jungmann et al. 2015a), „Überall steckt Mathe drin"
(Koch et al. 2015) und „Überall stecken Gefühle drin" (Jungmann et al. 2015b)
sowie die Foliensätze der KOMPASS-Fortbildungen zur Verfügung gestellt.

Abbildung 3.1 gibt einen zusammenfassenden Überblick der zeitlichen Abfolge
der einzelnen Interventionsbausteine für die Fachkräfte in der IG I.

An dieser orientiert sich im Folgenden auch der Aufbau dieses Kapitels. Zunächst wird in Kap. 3.1 auf die Inhalte der Grundlagenfortbildung eingegangen. Im
Anschluss daran werden im Kap. 3.2 die Inhalte der bereichsspezifischen Fortbildungsveranstaltungen beschrieben und abschließend wird das Coaching-Konzept
in Kap. 3.3 bildungsbereichsübergreifend dargestellt.

3.1 Grundlagenfortbildung

Die Grundlagenfortbildung umfasst elf 60-minütige Fortbildungsstunden und wur-
de an je zwei Alternativterminen für alle am KOMPASS-Projekt teilnehmenden
Fachkräfte angeboten. Darin werden Themenkomplexe angesprochen, die für alle
Fachkräfte – unabhängig von ihren späteren Schwerpunkten – von Bedeutung sind.

- Zunächst werden die *Aufgaben und die Rolle der pädagogischen Fachkräfte* in den Bereichen Betreuung, Erziehung, Bildung und Beziehung herausgearbeitet, in Bezug zur Träger-, Leitungs-, Eltern- und Kindebene gesetzt und diskutiert (vgl. Kap. 2).
- Im Themenkomplex *Fachkraft-Kind-Beziehung* werden die Gemeinsamkeiten und Unterschiede von Beziehung und Bindung beleuchtet und die Gestaltung der Fachkraft-Kind-Beziehung als Basis erfolgreichen ko-konstruktiven Lernens herausgearbeitet. Die Fachkräfte werden für Einflussfaktoren auf die Erzieher-Kind-Beziehung und deren Auswirkungen auf die kindliche Entwicklung sensibilisiert (Ahnert 2007). Möglichkeiten einer guten Beziehungsgestaltung, wie aktives Zuhören, unbedingte Wertschätzung, Echtheit und das Einführen von Ritualen, Strukturen und Grenzen im pädagogischen Kontext, werden eingehender beleuchtet (Jungmann und Reichenbach 2013).
- Im thematischen Schwerpunkt *Erziehung und Bildung in der Erzieher-Kind-Beziehung* wird der Begriff der Erziehung und seine Entwicklung kontrovers betrachtet. Danach werden verschiedene Erziehungsstile und -ziele mit den Teilnehmerinnen und Teilnehmern besprochen und Erziehungsprozesse in Bezug zur Fachkraft-Kind-Beziehung diskutiert. Weiterhin wird erarbeitet, welche direkten und indirekten Wirkungen die Fachkräfte mit ihrem Verhalten erzielen, wie aber auch die Kinder bewusst und unbewusst das Erziehungsverhalten der Bezugspersonen beeinflussen (Ostermayer 2006). Anschließend werden verschiedene Erziehungsmittel dargestellt und alternative Handlungsmöglichkeiten gemeinsam erarbeitet.
  Die frühe Kindheit wird als lernintensivste Zeit im Leben in den Fokus gestellt und Bedingungen, Anregungen und Unterstützungsmöglichkeiten für eine gelingende Erzieher-Kind-Interaktion auf Basis der Ko-Konstruktion von Bildungs- und Lernprozessen entwickelt (Fthenakis 2009). Der Praxisbezug wird durch die exemplarische Darstellung von selbstgewählten Alltagssituationen und ihrem Lernpotential hergestellt.
- Im Themenbereich *Alltagsintegrierte Förderung und Resilienz* werden Alltagssituationen in der Kindertageseinrichtung eingehender hinsichtlich des in ihnen steckenden Förderpotentials betrachtet (Peter-Koop et al. 2008). Da Kindertageseinrichtungen sowohl Zugang zu einer großen Anzahl von Kindern und Elternhäusern als auch einen Rahmen für positive Peer- und Freundschaftsbeziehungen bieten, kommt dieser frühen institutionellen Bildungseinrichtung zudem eine besondere Bedeutung für die Resilienzförderung zu (Wustmann 2004).
- Im Themenkomplex *Erziehungspartnerschaften* wird der Bildungs- und Erziehungsprozess der Kinder als in der gemeinsamen Verantwortung des primären Sozialisationsortes Familie und des institutionalisierten Bildungssettings der Kindertageseinrichtung liegend betrachtet. Dafür sind eine gegenseitige

respektvolle und wertschätzende Grundhaltung, die Gestaltung eines aktiven, regelmäßigen Austausches zu den Entwicklungsfortschritten des Kindes sowie deren Vorstellungen über Erziehung und Bildung grundlegend. Die pädagogischen Fachkräfte und die Eltern sollen den kindlichen Entwicklungsprozess optimal als „Ko-Konstrukteure" gestalten und die Lebens- und Lernorte Familie und Kindertageseinrichtung zum Wohle des Kindes verknüpfen (Textor 2014). Durch Bildung von Erziehungspartnerschaften mit den Eltern sollen aber auch die elterlichen Kompetenzen, deren aktive Beteiligung am kindlichen Bildungs- und Entwicklungsprozess und die Rolle der Väter bei der Förderung der sprachlichen, kognitiven und sozial-emotionalen Fähigkeiten der Kinder gestärkt werden. Es wird besprochen, wie Möglichkeiten der aktiven Mitwirkung und Mitgestaltung vor allem für überforderte oder entmutigte Eltern eröffnet werden können.

• Durch die alltäglichen Tätigkeiten des *Beobachtens und Dokumentierens* sollen Stärken und Kompetenzen der Kinder herausgestellt werden, auf deren Grundlage möglichst passgenaue pädagogische Angebote für die einzelnen Kinder, aber auch die Gruppe entwickelt werden (Roos et al. 2007). Die Fachkräfte erhalten einen systematischen Überblick der verschiedenen Verfahren zur *Beobachtung und Dokumentation von Erziehungs- und Bildungsprozessen.* Dabei wird unterschieden zwischen:

1. Verfahren mit Fokus auf den Aktivitäten und Bildungsprozessen von Kindern, z. B. Bildungs- und Lerngeschichten (Leu 2007),
2. Verfahren zum Erfassen der kindlichen Entwicklung in einem/mehreren Bereichen, z. B. Kuno Bellers Entwicklungstabelle (Beller und Beller 2005),
3. Verfahren zum Erkennen möglicher Entwicklungsrisiken, z. B. Grenzsteine der Entwicklung (Laewen 2009),
4. Portfolios.

Die in den teilnehmenden Kindertageseinrichtungen tatsächlich eingesetzten Verfahren werden zusammengetragen und in diese Systematik eingeordnet. Gründe für den Einsatz von Beobachtungs- und Dokumentationsverfahren werden dargestellt und diskutiert (Viernickel und Völkel 2009). Die Handlungskompetenzen des bzw. der Beobachtenden werden anhand von Fallbeispielen in Alltagssituationen analysiert und mögliche Beobachtungsfehler benannt.

• Abschließend wird die Bedeutung der *Netzwerkarbeit* thematisiert. Die pädagogischen Fachkräfte nennen bereits bestehende und genutzte Netzwerkstrukturen in ihrer Kommune. Diese werden z. B. auf ihre Effektivität in Bezug auf einen lückenlosen Austausch im Falle eines Verdachts auf Entwicklungsverzögerungen oder -störungen bei einem Kind oder auf das Vorliegen einer Kindeswohlgefährdung hin beleuchtet. Bei Verdacht auf eine Gefährdung des Kindeswohls wird insbesondere auf die Bedeutung von Beobachtung und Dokumentation von auffälligen oder veränderten Verhaltensweisen eines Kindes eingegangen (Deegener und Körner 2005). Nach § 8a SGB VIII empfohlene Vorgehensweisen bei mittlerer und hoher Gefährdung ergeben sich aus der Nutzung der Einschätzskala Kindeswohlgefährdung (KIWo-Skala, KVJS 2012), die den Teilnehmenden als Instrumentarium vorgestellt wird. Auf regionale Beratungsstellen, Ämter und Therapieeinrichtungen, die im Falle einer Kindeswohlgefährdung mit zu Rate gezogen werden können, wird hingewiesen.

3.2 Fachspezifische Fortbildungen

Aufbauend auf der Grundlagenfortbildung wurde jeweils eine Fachkraft aus jeder Kindertageseinrichtung in einem der drei Bildungsbereiche Sprache und Literacy, frühe mathematische Bildung oder sozial-emotionale Entwicklung fortgebildet, sodass idealerweise Expertise für alle drei Bildungsbereiche in den KOMPASS-zertifizierten Einrichtungen vorliegt.

Die Fortbildungseinheiten verteilen sich auf drei Blockveranstaltungen, die wiederum jeweils elf 60-minütige Fortbildungsstunden umfassen. Um die Organisation innerhalb der Kindertageseinrichtungen zu erleichtern, wurden die fachspezifischen Fortbildungen wochenweise versetzt angeboten (vgl. Tab. 3.1).

Die fachspezifischen Fortbildungen dienen der Vermittlung von theoretischem Wissen mit vielseitigem Praxisbezug, um die Handlungspotenziale zur alltagsintegrierten Förderung in dem jeweiligen Förderschwerpunkt zu erweitern (Fröhlich-Gildhoff et al. 2011). Dabei werden die Fachkräfte zur Selbst- und Fremdreflexion ihres pädagogischen Handelns angeregt. Die alltagsnahe Vermittlung des Wissens erfolgt unter Verwendung verschiedener Medien und Methoden (z. B. Präsentationen, Filmbeispiele, Einzelarbeit, Gruppenarbeiten und -diskussionen) und durch die Bereitstellung von Übungs- und Fördermaterialien für die pädagogische Praxis.

Tab. 3.1 Schematischer Ablauf der fachspezifischen Fortbildungen

Frühe mathematische Bildung	Sozial-emotionale Entwicklung	Sprache und Literacy
Block 1		
	Block 1	
		Block 1
Block 2		
	Block 2	
		Block 2
Block 3		
	Block 3	
		Block 3

Sie sind in den drei Bildungsbereichen parallel aufgebaut. Den theoretischen Darstellungen in jedem Themenblock folgt jeweils ein praktischer Teil, in dem Möglichkeiten der alltagsintegrierten Förderung vorgestellt und erprobt werden. Im Verlauf der Fortbildungen werden bisherige Inhalte erneut aufgegriffen bzw. Rückbezüge hergestellt, um vorhandenes Wissen zu festigen und die Verknüpfung neuer Inhalte mit vorhandenem Vorwissen zu fördern.

3.2.1 Bildungsbereich Sprache und Literacy

In der Fortbildung im Bildungsbereich Sprache und Literacy werden die Themenschwerpunkte 1) Sprachentwicklung und -förderung, 2) Mehrsprachigkeit und Zweitspracherwerb sowie 3) Vorläuferfähigkeiten zum Schriftspracherwerb und Schriftsprachentwicklung in drei Blockveranstaltungen erarbeitet. Diese werden in der Abb. 3.2 zusammenfassend dargestellt und im Folgenden ausführlicher erläutert.

Block 1: Sprachentwicklung und -förderung

- Voraussetzungen für den gelingenden Spracherwerb
- Meilen- und Grenzsteine des Spracherwerbs
- Störungen der Sprache und des Sprechens und deren Konsequenzen
- Beobachtung und Dokumentation
- Sprachförderung in der Kita

Block 2: Frühe Mehrsprachigkeit

- Verschiedene Arten von Zweisprachigkeit
- Erfolgreicher Zweitspracherwerb
- Störungen beim Zweitspracherwerb
- Förderung der Sprache bei mehrsprachig aufwachsenden Kindern
- Zusammenarbeit mit den Eltern

Block 3: Früher Schriftspracherwerb

- Voraussetzungen für einen erfolgreichen Schriftspracherwerb
- Frühe literale Kompetenzen in Modellen des Schriftspracherwerbs
- Störungen des Schriftspracherwerbs
- Früherkennung von Risikofaktoren
- Förderung der frühen literalen Kompetenzen in der Kita
- Zusammenarbeit mit den Eltern

Abb. 3.2 Übersicht der Fortbildungsinhalte im Bereich Sprache und Literacy

3.2.1.1 Fortbildungsblock 1: Sprachentwicklung und -förderung

Zum Einstieg in das Thema Sprachentwicklung wird die Bedeutung von Sprache und Kommunikation als Ausdrucksmittel und zum Austausch von Informationen, Gedanken und Gefühlen erarbeitet. Ergänzend dazu wird die Rolle sprachlicher und kommunikativer Kompetenzen für die Entwicklung der kindlichen Persönlichkeit, für die gesellschaftliche Integration und Teilhabe verdeutlicht. Mit zunehmender Fähigkeit, Sprache zu verarbeiten, zu verstehen und sie als Ausdrucks- und Steuerungsmittel in der Interaktion mit anderen zu nutzen, erweitert das Kind sein Wissen über die Welt, wächst in die menschliche Kultur hinein und bildet seine gesellschaftliche und persönliche Identität aus. Die Sprachentwicklung ist von Prozessen und Erfahrungen in verschiedenen Entwicklungsbereichen sowie von Einflüssen aus der Umwelt des Kindes abhängig. Neben den biologischen, kognitiven und sozialen Voraussetzungen werden die verschiedenen theoretischen Modelle zum Spracherwerb kurz vorgestellt und erläutert (Jungmann 2012).

Die *Voraussetzungen und Bedingungen für die gelingende sprachliche Entwicklung* werden anhand des Sprachbaums von Wendlandt (2011) erläutert und im Plenum gemeinsam erarbeitet. Der Sprachbaum verdeutlicht das Zusammenwirken verschiedener Faktoren, die zum Gelingen des Spracherwerbs führen. Er weist aber auch auf die Störanfälligkeit des Spracherwerbsprozesses hin, wenn einer oder mehrere dieser Faktoren nicht ausreichend vorhanden sind. Die Rolle der pädagogischen Fachkräfte als wichtige Bezugsperson und sprachliches Vorbild für die Kinder wird dabei besonders hervorgehoben.

Zur Darstellung markanter Entwicklungsschritte in der Sprachentwicklung werden die *Meilensteine* als Richtwerte für die Einschätzung der Altersadäquatheit der Sprachentwicklung erläutert. Die Meilensteine werden von allen Kindern in der gleichen Reihenfolge – wenn auch individuell auf verschiedenen Wegen und zu unterschiedlichen Zeitpunkten – erworben. Daher werden die Komponenten der Sprache – Phonologie/Phonetik, Lexikon/Semantik, Morphologie/Syntax und Pragmatik im Einzelnen betrachtet und besprochen, wie eine alltagsintegrierte Förderung der jeweiligen Komponenten in Alltagssituationen aussehen könnte (Jungmann et al. 2015a). Der Zusammenhang zwischen sprachlicher und kognitiver Entwicklung wird anhand von Beispielen aus dem Alltag der Kindertageseinrichtung erläutert. Für die entsprechenden Entwicklungsstufen werden das Erfahrungswissen, die Entwicklung des Selbst-Andere-Konzepts, die Fähigkeit zur Perspektivübernahme und zu Rollenspielen als charakteristisch herausgestellt.

Im Anschluss daran werden *Grenzsteine der Sprachentwicklung* und mögliche Störungen der Sprache und des Sprechens aufgezeigt. Die Grenzsteine markieren den Übergang von individuellen Unterschieden in der Entwicklung zu abweichenden Entwicklungsverläufen, die ohne adäquate Förderung in eine Störung münden und sich auf andere Entwicklungsbereiche ausweiten können (Michaelis et al. 2013). *Verschiedene Sprach- und Sprechstörungen* werden exemplarisch vorgestellt und gemeinsam sinnvolle und entwicklungsförderliche Verhaltensweisen im Umgang mit betroffenen Kindern erarbeitet. Dabei kommt den Sprachentwicklungsverzögerungen (SEV) und der spezifischen Sprachentwicklungsstörung (SSES) eine besondere Aufmerksamkeit zu, da ein verspätetes Erkennen dieser Kinder zu schwerwiegenden Folgeproblemen (z. B. spätere Lernbeeinträchtigungen, soziale Isolation, weil diese Kinder nicht als attraktive Spielpartner wahrgenommen werden) führen kann.

Auf den Meilen- und Grenzsteinen aufbauend werden von den pädagogischen Fachkräften verwendete sprachspezifische *Beobachtungs- und Dokumentationsverfahren* erfragt und Vorgehensweisen und Erfahrungen im Plenum diskutiert. Unterschiedliche Zugänge zur Erfassung des Sprachstandes in Form von Tests, Screenings oder Beobachtungen sollen sowohl einen umfassenden Einblick in die sprachliche Entwicklung der Kinder als auch eine frühzeitige Erfassung von Risikokindern und damit eine Zuordnung von notwendigen Fördermaßnahmen ermöglichen. Beobachtungsverfahren erfassen darüber hinaus die kontinuierliche Entwicklung und können somit Entwicklungsfortschritte sichtbar machen (Kany und Schöler 2007). Außerdem bieten sie Hinweise für die Begleitung und Unterstützung der sprachlichen Entwicklung im Alltag. Abschließend werden verschiedene Arten des Portfolios als Dokumentationsverfahren thematisiert (Bostelmann 2007) und ihre Eignung für den Bildungsbereich Sprache und Literacy diskutiert.

Das zentrale Thema der *Sprachförderung* wird ebenfalls im ersten Block der fachspezifischen Fortbildung thematisiert und in den beiden folgenden Blöcken immer wieder themenspezifisch aufgegriffen. Voraussetzung für eine gelingende Sprachförderung in der Kindertageseinrichtung ist der Aufbau einer vertrauensvollen, professionellen Beziehung der Fachkräfte zu den Kindern. Feinfühligkeit und Responsivität sind die Basis dafür, dass das Kind sich verstanden und ernst genommen fühlt und die Möglichkeit hat, sich als sprachlich erfolgreich zu erleben (Jampert et al. 2009). Die Bedeutung dieser Haltung im Dialog wird im Rahmen von Übungen und Rollenspielen erfahrbar gemacht.

Um das Verständnis der alltagsintegrierten Förderung zu erhöhen, werden zuerst verschiedene Formen von Sprachförderung voneinander abgegrenzt und im Folgenden die Vorteile der alltagsintegrierten Förderung thematisiert. Die alltagsintegrierte Förderung knüpft an die Bedürfnisse, Kompetenzen und Interessen der Kinder an und kann jeder Zeit ohne organisatorischen und materiellen Aufwand stattfinden. Als Ergänzung zu den Grundprinzipien der sprachförderlichen Kommunikation (Buschmann und Jooss 2007) werden die Sprachlehrstrategien in Anlehnung an Dannenbauer (1999) vorgestellt. Darüber hinaus werden weitere sprachförderliche Verhaltensweisen, wie die sprachliche Begleitung von Handlungen, offene Fragen, Aufgreifen und Erweitern der kindlichen Äußerung sowie

Überleitung zum Erzählen von eigenen Erlebnissen, eingeführt und anhand von Beispielen und Übungen praxisnah erprobt. So wird z. B. anhand eines Wimmelbildes geübt, offene Fragen zu formulieren, um den Kindern Raum für ausführliche Antworten zu geben, oder es werden einfache Handlungen wie z. B. die Hilfestellung beim Schließen des Reißverschlusses versprachlicht. Verschiedene sprachförderliche Verhaltensweisen werden in Alltagssituationen, z. B. bei der Begrüßung, Mahlzeiten, in Spielsituationen, beim Musizieren, beim Sport oder im Morgenkreis, eingebunden und im Plenum diskutiert. Im Gegensatz dazu werden sprachhemmende Verhaltensweisen, wie lange Monologe der Fachkraft, das Ignorieren der Kommunikationsmotivation eines Kindes, Unterbrechungen eines kindlichen Gesprächsbeitrages oder Sprechverbote, erklärend dargestellt und anhand von Videomaterial verdeutlicht.

Reflexiv schätzen die Fachkräfte ihr eigenes sprachförderliches Verhalten ein, holen Fremdeinschätzungen durch das Team ein und werden angeregt, Handlungsspielräume zu finden (Fried und Briedigkeit 2008).

In einem letzten großen Abschnitt wird die alltagsintegrierte Förderung in allen Sprachkomponenten thematisiert. Dazu werden verschiedene Möglichkeiten und Spiele besprochen und praktisch erprobt. Zudem werden die im Alltag der Kindertageseinrichtungen verwendeten Materialien zusammengetragen und auf die Nutzung zur Förderung der einzelnen sprachlichen Komponenten hin betrachtet (Jungmann et al. 2015a).

3.2.1.2 Fortbildungsblock 2: Frühe Mehrsprachigkeit

Im zweiten Block werden zunächst die *Bedingungen und Voraussetzungen für einen gelingenden Zweitspracherwerb* mit den Teilnehmenden erarbeitet. Für den erfolgreichen Erwerb einer Zweitsprache ist es – ebenso wie für einsprachig aufwachsende Kinder – notwendig, optimale Bedingungen zu schaffen, in denen die Kinder sich wohlfühlen, ihre Individualität entfalten können und in einer Atmosphäre der gegenseitigen Achtung und Wertschätzung aufwachsen (Adler 2011). Das erfolgreiche Lernen einer zweiten Sprache ist neben den individuellen Voraussetzungen an die persönlichen und sozialen Bedingungen, an die gesellschaftliche Akzeptanz, liebevolle Hinwendung in der Kindertageseinrichtung und an die Wertschätzung der Erst- und Zweitsprache bzw. möglicher weiterer Sprachen geknüpft. Zur Differenzierung der verschiedenen Fachtermini werden die unterschiedlichen Begriffe erläutert, z. B. der Begriff der Muttersprache als erste Sprache, in die das Kind hineinwächst, und der synonym für die Wörter Erstsprache, Primärsprache oder Familiensprache steht (Albers 2011), und der Begriff der Zweitsprache als die Sprache, die neben der Erstsprache als zweites Kommunikationsmittel im Alltag eingesetzt wird. Die unterschiedlichen Arten von Zweisprachigkeit lassen sich in den vom Erwerbsalter des Kindes abhängigen simultanen oder sukzessiven und

den von der Erwerbsart abhängigen gesteuerten oder ungesteuerten Zweitspracherwerb unterteilen (Jungmann 2012).

Die Kinder mit Migrationshintergrund erwerben die Verkehrssprache Deutsch
ganz natürlich in der Peer- und der Fachkraft-Kind-Interaktion.

Hierbei treten im *Verlauf des ungestörten Zweitspracherwerbs* Phasen bzw. Stufen und Besonderheiten auf, die anhand der Komponenten der Sprache illustriert
werden. Gemeinsamkeiten und Unterschiede zwischen Erst- und Zweitsprache
werden für die Bereiche Phonologie, Pragmatik bzw. Kommunikation, Lexikon
und Semantik und Morphologie und Syntax im Entwicklungsverlauf aufgezeigt,
bevor daran anschließend überblicksartig verschiedene Theorien des Zweitspracherwerbs erläutert werden.

Auffälligkeiten im Zweitspracherwerb treten in Form von Stagnation und deutlich verlangsamten Erwerbstempo auf und können zu einer mangelnden Sprachbeherrschung führen, wenn ungünstige Erwerbsbedingungen vorliegen. Diese
werden kurz angesprochen und von sprachlichen Besonderheiten im Zweitspracherwerb, wie der einseitigen Verwendung von Präpositionen, Übergeneralisierung
oder Code-Switching bzw. Code-Mixing, abgegrenzt. Ein besonderes Augenmerk
liegt auf der Abgrenzung der mangelnden Sprachbeherrschung von einer möglichen Sprachentwicklungsstörung, die sowohl die Erst- als auch die Zweitsprache
betrifft (Jungmann 2012).

Ansatzpunkte für *die sprachliche Förderung mehrsprachig aufwachsender
Kinder* sowie Förderschwerpunkte und konkrete Spielideen werden den pädagogischen Fachkräften vorgestellt, mit den bereits bekannten Förderstrategien aus dem
ersten Block abgeglichen und praxisnah in der Gruppe erprobt. Die schon bekannten Grundprinzipien der sprachförderlichen Kommunikation und die Sprachlehrstrategien werden auf die Förderung mehrsprachig aufwachsender Kind übertragen
und wo nötig modifiziert. Dabei werden Alltagssituationen exemplarisch herausge-
griffen und auf ihr Sprachförderpotenzial hin gemeinsam betrachtet und reflektiert.
Ergänzend werden Sprachförderspiele für Klein- und Großgruppen vorgestellt und
Möglichkeiten der Nutzung zwei- oder mehrsprachiger Fördermaterialien wie Bücher, Spiele oder Lieder in mehreren Sprachen benannt (Jungmann et al. 2015a).

Abschließend wird im Block 2 die *Zusammenarbeit mit den Eltern* mehrsprachig aufwachsender Kinder thematisiert. Hierbei werden explizit die Rolle der
Familie als erster und wichtigster Lernort sowie die kulturelle Heterogenität der
Familienhintergründe angesprochen, woraus unterschiedliche Wünsche, Erwartungen und Bedürfnisse an die Zusammenarbeit resultieren. In Gesprächen werden
verschiedene Modi der Zusammenarbeit und Erwartungen in Bezug auf die kindliche Sprachförderung sowohl bei den Eltern als auch bei den Fachkräften erarbeitet.
Es werden aber auch Erschwernisse gelungener Zusammenarbeit besprochen, die

sich z. B. aus der Unterschiedlichkeit der Kulturen ergeben können und mögliche Lösungen im Sinne einer kulturellen Responsivität entwickelt (Gutknecht 2011).

3.2.1.3 Fortbildungsblock 3: Früher Schriftspracherwerb/Early Literacy

Der dritte Fortbildungsblock beginnt mit einer Klärung des Begriffs der frühen Literalität bzw. der Early Literacy. Damit sind im weiteren Sinne alle kindlichen Erfahrungen rund um Buch-, Erzähl-, Reim- und Schriftkultur gemeint (Ulich 2003), im engeren Sinne bezeichnet der Begriff die frühen Erzähl- und Lesekompetenzen. Im Plenum wird zusammengetragen, wo den Kindern im Alltag der Kindertageseinrichtung überall Schrift begegnet, und erarbeitet, warum eine frühe Literacy-Erziehung wichtig ist. Anschließend werden erste Möglichkeiten besprochen, wie Zeichen und Schrift noch besser als bisher im Alltag der Kindertageseinrichtung verankert werden können. Betont wird abschließend der Zusammenhang zwischen sprachlichen und schriftsprachlichen Kompetenzen, um den Fachkräften vor Augen zu führen, welche Bedeutung die Sprachförderung auch in Bezug auf den Schriftspracherwerb einnimmt.

Zu den *Voraussetzungen für einen gelingenden Schriftspracherwerb* gehören visuelle und phonologische Differenzierungsleistungen, graphomotorische Fähigkeiten, intakte auditive Wahrnehmungsleistungen sowie ein gutes auditives Kurz- und Langzeitgedächtnis. Anhand von einfachen Beispielen werden die notwendigen Voraussetzungen erklärt, die zentrale Rolle der phonologischen Bewusstheit dargestellt und in Zusammenhang zu den späteren Lese- und Schreibleistungen gebracht. Anschließend werden als *Konzepte des Schriftspracherwerbs* vor allem die ersten Phasen des Entwicklungspsychologischen Modells des Schriftspracherwerbs nach Günther (1986) erläutert und mit dem So-tun-als-ob-Lesen und -Schreiben sowie ersten Schreibversuchen von Kindern in Form von (Kritzel-) Bildern in der jeweiligen Altersstufe unterlegt. Im Gespräch wird mit den Fachkräften nach ähnlichen Erfahrungen in ihrer täglichen Arbeit gesucht, um den Praxisbezug und das frühe Interesse der Kinder an Schrift zu unterstreichen und das stark unterschiedliche Ausmaß der frühen Erfahrungen mit Schrift aufzuzeigen (Nickel 2007).

Da 40 bis 70 % aller Kinder mit Spracherwerbsproblemen beim Schuleintritt Probleme im Lesen und Schreiben entwickeln, werden auch *Störungen im Schriftspracherwerb* kurz thematisiert. Der Begriff der Lese-Rechtschreibstörung wird erläutert und typische Lese- und Schreibschwierigkeiten benannt. Parallel zu den Voraussetzungen im Schriftspracherwerb werden mögliche Verzögerungen im Erwerb der Vorläuferfähigkeiten, wie in der phonologischen Bewusstheit, der visuellen und auditiven Wahrnehmung und Verarbeitung, vor allem aber auch fehlenden Gelegenheiten zu frühen spielerischen Erfahrungen mit Schrift aufgezeigt. Mögliche Ursachen werden kurz zusammengefasst. Zur alltagsrelevanten Nutzung werden die Auffälligkeiten gemeinsam mit den Fachkräften nochmals zusammengetragen, diskutiert und die Auswirkungen auf andere Lernbereiche dargestellt. Zur Unterstützung von Beobachtung und Dokumentation literaler Fähigkeiten werden zwei *Verfahren zur Früherkennung von Risikofaktoren* vorgestellt. Zum einen das Bielefelder Screening zur Früherkennung von Lese-Rechtschreibschwierigkeiten BISC (Jansen et al. 1999), das zehn bzw. vier Monate vor der Einschulung in Kindertageseinrichtungen eingesetzt werden kann. Zum anderen das Verfahren Erzähl- und Lesekompetenzen erfassen bei 3–5-jährigen Kindern (EuLe 3–5, Meindl und Jungmann 2014), das fünf Skalen zur Erfassung der frühen literalen Kompetenzen enthält. Damit ergänzt dieses Verfahren die reine Erfassung der phonologischen Bewusstheit um schriftsprachliche Aspekte, die stärker abhängig vom familiären Anregungsgehalt sind. Dieses Verfahren kommt auch bei der Evaluation der Professionalisierungseffekte auf den Bildungsbereich Literacy zum Einsatz und wird in Kap. 4.1 ausführlicher beschrieben.

Förderung der frühen literalen Kompetenzen bedeutet, Kinder in vielfältigen Formen und bei den verschiedensten Anlässen in spielerischen, aber gleichsam systematisch strukturierten Kontakt mit Schrift und Zeichen zu bringen (Nickel 2007). Dazu gehört z. B. die Unterstützung der Kinder bei ihren ersten Schreibversuchen, das Herausstellen von Zusammenhängen zwischen Wort und Schrift oder der Hinweis auf die Leserichtung und die Zeilen im Buch, indem diesen mit dem Finger beim gemeinsamen Bilderbuchbetrachten gefolgt wird.

Im weiteren Verlauf werden den Teilnehmenden drei Begegnungen mit Sprache und Schrift zur Literacyförderung nahegebracht: das dialogische Bilderbuchlesen, das Erzählen und der Umgang mit Zeichen und Schrift.

Der Begriff des dialogischen Bilderbuchbetrachtens wurde von Whitehurst et al. (1988) geprägt und bezeichnet eine Dialogform zwischen einer Förderperson und einem oder mehreren Kindern über ein Buch oder ein anderes visuell ansprechendes Material, wie z. B. Fotos, Bilder oder Kataloge. Dabei steht das Gespräch über das Buch bzw. über die Bilder und dargestellten Handlungen im Vordergrund und nicht der begleitende Text. Durch motivierende Fragen der Fachkraft sollen die Kinder zum Sprechen und Erzählen angeregt werden. Den pädagogischen Fachkräften werden die Techniken des dialogischen Bilderbuchlesens anhand von Videomaterial verdeutlicht, in Kleingruppen ausprobiert und im Plenum reflektiert.

Die Bedeutung des Erzählens für die kindliche Entwicklung wird herausgestellt und daran die Entwicklung der frühen Erzählfähigkeiten erläutert (Schelten-Cornish 2008). Neben der Vorstellung verschiedener Erzählformen und der Auseinandersetzung mit dem Aufbau einer Erzählung erhalten die Fachkräfte Einblick in die

Einrichtung einer „Erzählwerkstatt" (Hoffmeister-Höfener 2009). Verwiesen wird dabei auf verschiedene Phasen und Situationen, die mit dem Erzählen einer Geschichte verbunden sein können. Neben Hinweisen zu Geschichten, verschiedenen Ritualen und Regeln für den Erzählkreis werden gemeinsam Anknüpfungspunkte erarbeitet, die beispielsweise den Transfer auf andere Medien oder das eigenständige Erfinden von Geschichten beinhalten (Jungmann et al. 2015a).

Im dritten Themenbereich, *Zeichen* und *Schrift*, werden die Möglichkeiten einer sprach- und literacyförderlichen Gestaltung in Form von Lese- und Schreibecken, der Erkundung von Zeichen, Schrift und Symbolen rund um die Kindertageseinrichtung und darüber hinaus und der erste Kontakt mit Buchstaben und Schrift erläutert (Zinke et al. 2005). Die schriftsprachliche Gestaltung des Gruppenraums bzw. der gesamten Kindertageseinrichtung sowie die pädagogische Begleitung der Kinder zu Projekten und Angeboten rund um das Thema Schrift sollen zur Reflexion des eigenen Handelns im Team anregen. Die Sammlung von Beispielen aus dem Alltag der pädagogischen Fachkräfte und deren Vorschlägen dienen als Grundlage für eine Diskussion im Plenum.

Im letzten inhaltlichen Schwerpunkt wird die *Bedeutung literaler Anregungen in der Familie* thematisiert. Dabei wird über Möglichkeiten der Förderung eines leseorientierten Klimas und häuslicher Schriftpraktiken vor allem in Familien gesprochen, die unter sozial benachteiligten Bedingungen leben oder in deren Kultur das Vorlesen und gemeinsame Betrachten von Büchern einen geringeren Stellenwert einnimmt. Zentrale Ergebnisse verschiedener Studien zum Thema Lesesozialisation in der Familie werden mit den Teilnehmenden besprochen und systematisch mit ihren eigenen Erfahrungen verbunden.

3.2.2 Frühe mathematische Bildung

In der fachspezifischen Fortbildung im Bereich frühe mathematische Bildung werden die Themenschwerpunkte *frühe mathematische Entwicklung und Auffälligkeiten*, *Didaktische Prinzipien und alltagsintegrierte Förderung* sowie *Beobachtung und Dokumentation erarbeitet* (Abb. 3.3), die nachfolgend näher erläutert werden.

3.2.2.1 Fortbildungsblock 1: Frühe mathematische Entwicklung und Auffälligkeiten

Im Zentrum des ersten Fortbildungsblocks steht die Entwicklung früher mathematischer Kompetenzen in den Bereichen *Mengen/Zahlen/Operationen, Formen und Raum* sowie *Größen und Messen* auf der Grundlage einschlägiger theoretischer Modellvorstellungen. Auf dieser Grundlage werden mögliche Entwicklungsauffälligkeiten thematisiert, die bereits im Vorschulalter identifizierbar sind.

Block 1: Frühe mathematische Entwicklung und Auffälligkeiten

- Mengen (erkennen, sortieren/klassifizieren, bestimmen, vergleichen, zerlegen, [quasi]simultan erfassen)
- Muster und Seriation (Reihen- oder Rangfolgen bilden)
- Zahlen/Zählen
- Operationen
- Formen und Raum
- Größen und Messen

Block 2: Didaktische Prinzipien und alltagsintegrierte Förderung

- Fachdidaktische Prinzipien
- Alltagsintegrierte Förderung in der Kindertageseinrichtung
- Umgang mit kindlichen Fehlern

Block 3: Beobachtung und Dokumentation

- Vermeidung von Beobachtungsfehlern
- Möglichkeiten der Beobachtung und Dokumentation mathematischer Kompetenzen
- Vorstellung eines Instruments zur Dokumentation mathematischer Kompetenzen
- Reflexion eigener Einstellung
- Verknüpfung mit anderen Bildungsbereichen

Abb. 3.3 Übersicht der Fortbildungsinhalte im Bereich frühe mathematische Bildung

Die Herausbildung eines vielschichtigen Zahlbegriffs, der die im Elementarbereich wichtigen Zahlaspekte integriert, stellt die zentrale Entwicklungsaufgabe von Kindern im Vorschulalter dar (Kaufmann 2011), denn erst mit einem solchen Zahlbegriff sind sie in der Lage, verschiedene Funktionsweisen der Zahlen in unterschiedlichen Situationen angemessen zu interpretieren und zu verwenden. Der Fokus der Fortbildung liegt dabei auf der Entwicklung des ordinalen und des kardinalen Zahlbegriffs nach dem *Entwicklungsmodell früher mathematischer Kompetenzen* (Krajewski 2008), welches drei Kompetenzebenen umfasst:

1. Auf der *Ebene I* erwerben Kinder die Fähigkeit, Mengen zu unterscheiden und erlangen damit ein großes Repertoire an nichtnumerischen Mengenbegriffen (groß, klein, viel, wenig etc.). Unter Nutzung von Begriffen wie *mehr* und *weniger* können sie Mengenvergleiche durchführen, sind aber noch nicht in der Lage, zwischen einzelnen Stückzahlen zu differenzieren. Parallel dazu, aber unabhängig davon, entwickelt sich (ab etwa einem Alter von zwei Jahren) die Zahlwortreihe. Auf der *Ebene I* erlernen Kinder diese zunächst ohne Verbindung

der einzelnen Zahlwörter mit den korrespondierenden Mengen. Vielmehr stehen Mengen und Zahlen noch isoliert nebeneinander, der Zahlwortreihe kommt lediglich eine Ordnungsfunktion zu (ordinaler Zahlaspekt).

2. Auf der *Ebene II* verstehen die Kinder, dass jede Zahl mit einer bestimmten Menge verknüpft ist und folglich Mengen durch Zahlen bezeichnet werden können. Zunächst erwerben die Kinder in der Phase *IIa* ein *unpräzises Anzahlkonzept*. Die Mengen-Zahlen-Zuordnung erfolgt nach groben Mengenkategorien (viel, wenig, sehr wenig etc.) bevor die Kinder in der Lage sind, diese Mengen bzw. bis zu diesen Zahlen tatsächlich zu zählen. Die Zuordnung resultiert allein aus der Erfahrung, dass man bis zum Erreichen großer Zahlen viel länger zählen muss als bis zum Erreichen kleiner Zahlen. Die Dauer des Zählens korrespondiert also mit der Größe der Zahl. Die Kinder können zu diesem Zeitpunkt zwischen Anzahlen, die verschiedenen Mengenkategorien zugeordnet sind, unterscheiden (Sinner 2011). Sie sind allerdings nicht in der Lage, präzise Mengen, die zur gleichen Mengenkategorie gehören, zu differenzieren. Dies gelingt erst, wenn in Phase *IIb* das *präzise Anzahlkonzept* erworben wurde. Dabei wird die auf Ebene I gelernte exakte Zahlwortreihe an die Fähigkeit zur Seriation von Mengen gekoppelt. Die Kinder verstehen nun, dass die Zahlenfolge exakte, aufsteigende Quantitäten repräsentiert. Sie erkennen, dass beim Abzählen verschiedener Mengen die letzte Zählzahl die Mächtigkeit der Menge angibt und dass die Dauer des Zählens exakt mit dieser übereinstimmt. Erst jetzt sind sie in der Lage, Zahlen, die eng beieinander liegen oder zunächst in einer der groben Mengenkategorien zusammengefasst waren, der Größe nach zu ordnen und zu entscheiden, welche Zahl größer oder kleiner ist. Diese Erkenntnisse führen zu einem präzisen Anzahlkonzept bzw. dem Kardinalverständnis der Zahlen und befähigen zu Anzahlseriationen und -vergleichen. Unabhängig vom Anzahlkonzept entwickelt sich das Verständnis für unbestimmte Mengen (ohne Zahlbezug) im Alter von drei bis fünf Jahren. So begreifen die Kinder, dass sich Mengen verändern, wenn man etwas hinzufügt oder wegnimmt, nicht jedoch durch Manipulation der räumlichen Ausdehnung oder der Form (*Mengeninvarianz*). In dieser Phase festigt sich ein erstes grundlegendes Verständnis für die Addition und Subtraktion. Ebenso kommen die Kinder zu der Erkenntnis, dass sich Mengen in einzelne Teilmengen zerlegen lassen und dass man diese wieder zusammensetzen kann. Sie können nun also Vergleiche zwischen Mengen und Teilmengen anstellen.

3. Auf der *Ebene III* werden die auf Ebene II erworbenen Kompetenzen miteinander verknüpft. Die Integration des präzisen Anzahlkonzepts in das Verständnis für unbestimmte Mengen führt dazu, dass zusammengesetzte und zerlegte Mengen auch mit Zahlen und somit durch eine diskrete Anzahl darstellbar sind (Anzahlen zusammensetzen und zerlegen). Außerdem können die Kinder den

Unterschied zweier Mengen, welcher wiederum durch eine dritte Menge dargestellt wird, mit einer genauen Zahl bestimmen (Anzahldifferenzen bestimmen).

Während die Kompetenzen der ersten beiden Ebenen als mathematische Vorläuferkompetenzen anzusehen sind, spiegelt sich beim Übergang zur dritten Ebene bereits ein erstes arithmetisches Verständnis wider (Sinner 2011).

Zur *Entwicklung des Zählens* ohne Mengenbezug wird zudem die *Theorie über die Entwicklung des Zahlwortgebrauchs* (Fuson 1988) herangezogen. Demnach sagen die Kinder die Zahlwortreihe zunächst wie ein Gedicht auf, bis ihnen die Differenzierung einzelner Zahlwörter gelingt, sie von einer beliebigen Zahl weiterzählen und ebenso rückwärts zählen können. Auf einer höheren Stufe werden ihnen die Zählschritte als Anzahlen bewusst, so dass erste Additions- und Subtraktionsaufgaben möglich sind. Auf der höchsten Stufe können die Kinder die Zahlwortreihe flexibel und beliebig nutzen. Auf diesen Erkenntnissen baut die *Theorie der Zählentwicklung* (van Luit et al. 2001) auf, die den Zählprozess mit konkreten Objekten verknüpft. Zunächst verläuft dieser Prozess asynchron, d. h. dass Objekte übersehen oder doppelt gezählt werden. Durch diesen Entwicklungsschritt wird veranschaulicht, dass das asynchrone Zählen, das aufgrund des Auslassens oder Verdoppelns einzelner Zahlwörter aus Erwachsenensicht zwar als fehlerhaftes Zählen eingeschätzt werden kann, aber einen notwendigen Entwicklungsschritt in der Zählentwicklung darstellt. Das synchrone Zählen wird durch das Strukturieren der zu zählenden Objekte, z. B. durch Verschieben, weiter vereinfacht. Auf dem höchsten Niveau können die Kinder durch schrittweises Zählen oder Weiterzählen den Zählprozess weiter abkürzen.

Aufbauend auf der *Theorie der Zählentwicklung* werden die *Zählprinzipien* (Gelman und Gallistel 1978) abgeleitet, die beschreiben, wie gezählt wird und was gezählt werden kann. Ergänzend werden erste Zählstrategien der Addition und Subtraktion angesprochen, die von den Kindern bereits eigenständig genutzt werden können.

Im Inhaltsbereich *Formen und Raum* wird die *Entwicklung des geometrischen Denkens* anhand fünf aufeinander aufbauender Denkebenen nach van Hiele (1984) thematisiert. Kinder bilden danach sukzessiv die Fähigkeit, Grundformen und Körper zu erkennen sowie räumliche Lagebeziehungen wahrzunehmen und sprachlich auszudrücken.

Ziel des dritten Inhaltsbereiches früher mathematischer Bildung, *Größen und Messen*, ist im Elementarbereich die Anbahnung eines differenzierten Größenverständnisses für die gängigen Messgrößen Länge, Fläche, Volumen, Gewicht, Zeit und Geld. Kinder bilden dieses durch vielfältige größenbezogene Handlungserfahrungen heraus, die anhand des didaktischen Stufenmodells von Radatz und Schipper (2007) systematisiert werden.

Vor dem Hintergrund der normalen Entwicklung werden potenzielle Schwierigkeiten bei der Entwicklung früher mathematischer Kompetenzen herausgearbeitet und *Auffälligkeiten in der mathematischen Entwicklung* thematisiert. In diesem Zusammenhang erfolgt auch eine ausführliche Auseinandersetzung mit zentralen Prädiktoren für spätere schulisch relevante mathematische Fähigkeiten.

3.2.2.2 Fortbildungsblock 2: Didaktische Prinzipien und alltagsintegrierte Förderung

Im Fokus des zweiten Fortbildungsblocks stehen grundlegende *fachdidaktische Prinzipien zur Förderung mathematischer Kompetenzen.*

- Das *EIS-Prinzip* besagt, dass die Darstellung mathematischer Inhalte möglichst vielfältig auf der enaktiven, der ikonischen und der symbolischen Darstellungsebene erfolgen sollte und ein Wechsel zwischen bzw. eine Verknüpfung mehrerer Darstellungsebenen das mathematische Lernen der Kinder zusätzlich unterstützt.
- Das *Spiralprinzip* verweist auf das frühe und regelmäßig wiederkehrende Aufgreifen sowie die damit verbundene Fortsetzbarkeit der mathematischen Inhalte. Es besagt, dass eine Vermittlung mathematischer Inhalte bereits früh auf einer alters- und entwicklungsgerechten Stufe möglich ist und zu einem späteren Zeitpunkt auf einem höheren Niveau erneut aufgegriffen werden sollte (Bruner 1974).

Weiterhin werden die *lernmethodischen Kompetenzen* nach Gisbert (2004) thematisiert. Danach ist für Kinder nicht allein das mathematische Handeln bedeutsam, sondern auch die bewusste Auseinandersetzung mit dem eigenen Lernprozess, was zu einem Zuwachs an mathematischen Kompetenzen führt. Somit sind neben den Inhalten die Lernprozesse selbst zentraler Bestandteil mathematischer Bildungsprozesse.

Aufbauend darauf werden *Möglichkeiten der alltagsintegrierten Förderung kindlicher mathematischer Kompetenzen* vorgestellt und praxisnah anhand ausgewählter Beispiele erprobt (Koch et al. 2015). Dabei werden insbesondere prototypische Situationen in Kindertageseinrichtungen sowie Förderpotenziale des kindlichen Spiels behandelt (Koch et al. 2015).

- Das *Sortieren und Klassifizieren* wird anhand bereits täglich stattfindender kindlicher Handlungen konkretisiert, anschließend findet die Erörterung weiterführender Fördermöglichkeiten zum Erkennen möglicher Beziehungen zwischen Mengen sowie Formen der Mengenzerlegungen im kindlichen Erfahrungsbereich statt (Schinkoethe und Kretschmer 1988). Die Unterstützung des (quasi-) simultanen Erfassens von Mengen durch eine stärkere Strukturierung wird veranschaulicht.

- Möglichkeiten des Umgangs mit *Mustern und Strukturen* im Alltag der Kindertageseinrichtungen werden insbesondere unter dem Aspekt der Seriation erarbeitet (Koch et al. 2015).
- Beim *Zählen* werden Variationsmöglichkeiten, z. B. durch Weiterzählen, schrittweises Zählen oder Rückwärtszählen, mit praktischen Beispielen verknüpft, die das ordinale Zahlenverständnis fördern. Daneben wird auf die Relevanz der Verknüpfung mit Mengen zur Entwicklung des Kardinalzahlverständnisses eingegangen. Ergänzend werden Fördermöglichkeiten zum Einüben von Rechenoperationen behandelt.
- Im Inhaltsbereich *Formen und Raum* werden die Themen Formen und Körper, Symmetrien, die Vorstellung räumlicher Objekte und Prozesse, Baupläne sowie Ansichten von Körpern und Bauwerken behandelt. Neben der Wahrnehmung räumlicher Beziehungen sowie von Formen und Körpern spielt dabei deren sprachliche Darstellung eine zentrale Rolle.
- Im Inhaltsbereich *Größen und Messen* erfolgt die Thematisierung von größenbezogenen Handlungserfahrungen zur Anbahnung eines vielfältigen Größenverständnisses anhand der im Elementarbereich relevanten Größen Länge, Fläche, Volumen, Gewicht, Zeit und Geld. Für alle genannten Größen werden größenspezifische Eigenschaften und Charakteristika, sprachliche Unterscheidungen sowie *Fördermöglichkeiten* diskutiert.

Abschließend wird der *Umgang mit kindlichen Fehlern* erörtert. Die mathematische Förderung ist in der Regel an richtigen Ergebnissen orientiert, häufig herrscht ein eher defizitorientiertes Verständnis von kindlichen Fehlern. Anzustreben ist allerdings ein kompetenzorientierter Umgang, der Fehler als Weg sieht, um Einsicht in die Repräsentationen mathematischen Wissens des Kindes zu erhalten. Weiterhin steckt in Fehlern ein großes Lernpotenzial, das gemeinsam mit den Kindern entdeckt und ausgeschöpft werden kann. Dies wird gemeinsam mit den Fachkräften diskutiert und anhand von Beispielen aus dem Alltag praxisnah umgesetzt (Koch et al. 2015).

3.2.2.3   Fortbildungsblock 3: Beobachtung und Dokumentation

Im dritten und letzten Fortbildungsblock werden anhand der in den ersten beiden Einheiten erarbeiteten Inhalte *Möglichkeiten der Beobachtung und Dokumentation* thematisiert und erörtert.

Einführend werden Aspekte der Wahrnehmung sowie der Wahrnehmungsverzerrung untersucht. Darauf aufbauend wird das Thema Vermeidung von Beobachtungsfehlern, das bereits Bestandteil der Grundlagenfortbildung war, erneut aufgegriffen. Anschließend werden die eigenen Beobachtungsbögen zur Dokumentation kindlicher mathematischer Kompetenzen vorgestellt und hinsichtlich der Erfassung der behandelten Inhaltsbereiche untersucht. Mit dem Beobachtungsbogen von Kaufmann (2011) wird ein Instrument besprochen, welches es ermöglicht, die mathematischen Kompetenzen der Kinder in ihrer ganzen inhaltlichen Breite zu erfassen. Auf dieser Grundlage werden Möglichkeiten der Dokumentation von kindlichen Entwicklungsverläufen für die behandelten Inhaltsbereiche im Plenum erarbeitet sowie anhand der konkreten Fördersituationen Möglichkeiten der Beobachtung mathematisch bedeutsamer Handlungen thematisiert.

Die fachspezifische Fortbildung schließt mit einer Reflexion der Einstellungen der pädagogischen Fachkräfte zur Mathematik, da die Einstellungsforschung gezeigt hat, dass insbesondere gegenüber diesem Bildungsbereich nicht selten Vorbehalte bestehen, die sich von den Fachkräften auf die Kinder übertragen können (Kap. 2). Zur Einbettung des Themas in die pädagogische Arbeit der Fachkräfte wird ein Bezug zur Bildungskonzeption (Ministerium für Bildung, Wissenschaft und Kultur Mecklenburg-Vorpommern 2010) hergestellt und die wechselseitigen Bezüge zu anderen Bildungs- und Erziehungsbereichen werden erörtert.

3.2.3 Sozial-emotionale Entwicklung

In der fachspezifischen Fortbildung im Bildungsbereich sozial-emotionale Entwicklung werden die Themenschwerpunkte *Meilen- und Grenzsteine der sozialen und emotionalen Entwicklung, sozial-emotionale Auffälligkeiten, Bindung und Beziehung* sowie die Themen *Umgang mit Konflikten, Beobachtung und Dokumentation* und *das Förderpotenzial von Alltagssituationen in der Kindertageseinrichtung* thematisiert.

Ergänzend zu den theoretischen Ausführungen und praktischen Umsetzungsmöglichkeiten der einzelnen Themenblöcke werden wiederkehrend Reflexionsfragen zu eigenen Einstellungen, Beziehungsgestaltungen und pädagogischem Handeln behandelt, um neben der Förderung der Kinder, den Einfluss der eigenen Haltung und der eigenen (bildungs-)biografischen Beziehungserfahrungen auf die Gestaltung der Fachkraft-Kind-Beziehung der Reflexion zugänglich zu machen (Jungmann et al. 2015b). Die Abb. 3.4 gibt eine Übersicht der Inhalte der drei Fortbildungsblöcke, die im Folgenden ausführlicher erläutert werden.

Block 1: Sozial-emotionale Entwicklung

- Emotionale Kompetenzen
- Soziale Kompetenzen
- Sozial-emotionale Kompetenzen und ihr Einfluss auf andere Entwicklungsbereiche
- Peer-Interaktionen
- Kinder mit auffälligem Verhalten

Block 2: Eltern-Kind-Bindung vs. Fachkraft-Kind-Beziehung

- Bindungsmuster
- Bindung und Beziehung im Kindergartenalter
- Übergang von der Familie in die Tageseinrichtung/von der Kita in die Schule
- Elternarbeit und Vernetzung

Block 3: Soziale Regeln und Umgang mit Konflikten

- Konflikte
- Regeln, Grenzen, Konsequenzen
- Beobachtung und Dokumentation
- Raumgestaltung
- Förderpotenzial von Alltagssituationen

Abb. 3.4 Übersicht der Fortbildungsinhalte im Bereich sozial-emotionale Entwicklung

3.2.3.1 Fortbildungsblock 1: Sozial-emotionale Entwicklung

Im ersten Fortbildungsblock werden zunächst die Erwartungen der teilnehmenden Fachkräfte für die Fortbildung in diesem Bereich geklärt und die Verankerung der sozial-emotionalen Entwicklung in der Bildungskonzeption (Ministerium für Bildung, Wissenschaft und Kultur Mecklenburg-Vorpommern 2010) erläutert. Im Anschluss daran werden zentrale *Entwicklungsaufgaben* im sozial-emotionalen Bereich mit den Fachkräften gemeinsam herausgearbeitet (Jungmann et al. 2015b).

Es erfolgt eine Begriffsklärung der *emotionalen Kompetenz* nach Saarni (2002). Demnach lassen sich acht Fertigkeiten unterscheiden: die Bewusstheit über eigene emotionale Zustände, das Verständnis der Emotionen anderer Personen, der Gebrauch von Emotionsvokabular, Empathie, die Unterscheidung zwischen Gefühlserleben und sichtbarem Emotionsausdruck, die adaptive Bewältigung negativer Emotionen, das Bewusstsein über emotionale Kommunikation in Beziehungen sowie die emotionale Selbstwirksamkeit.

Zur Sensibilisierung der Fachkräfte für das zur Verfügung stehende Emotionsvokabular werden im Plenum verschiedene Emotionsausdrücke gesammelt und nach der Liste von Pfeffer (2012) mit Gefühlswörtern belegt. Die Entwicklung des Emotionsausdrucks wird anhand des Auftretens primärer und sekundärer Emotionen sowie des sprachlichen Kommunikationsvermögens nach Petermann und Wiedebusch (2008) beschrieben. Darauf aufbauend erfolgt die Darstellung der Entwicklung des Emotionsverständnisses, unterteilt in das Verständnis situativer Einflüsse, kognitiver Einflüsse sowie der Trennung von emotionalem Erleben und Ausdruck (Petermann und Wiedebusch 2008).

Der Themenbereich *Emotionsregulation* umfasst die Darstellung der Entwicklung von der Regulation durch Bezugspersonen (interpersonal) zur zunehmenden Selbstregulation (intrapersonal) (Holodynski 2006). Es werden Strategien zusammengetragen, die im Kindesalter Anwendung finden. Diese werden von den pädagogischen Fachkräften in praktischen Beispielen aus ihrem Alltag „entdeckt". Im Anschluss werden Einfluss- und Risikofaktoren sowie Störungen und Folgen unzureichender Emotionsregulation (Petermann und Wiedebusch 2008) vorgestellt. Vor dem Hintergrund des Modells der sozialen Informationsverarbeitung nach Crick und Dodge (1994) werden durch Beispiele aus der Praxis die Handlungen oppositionell aggressiver und sozial unsicherer Kinder (Koglin und Petermann 2006) verdeutlicht.

Im Themenbereich *soziale Kompetenzen* werden Empathie, prosoziales Verhalten, kooperatives Verhalten und soziales Spiel sowie deren Entwicklung und Fördermöglichkeiten besprochen. Ausgehend von der Definition sozialer Kompetenzen nach Oerter (2008) wird das Modell der Sozialen Kompetenz (Caldarella und Merrell 1997, zit. nach Pfeffer 2012) mit seinen fünf Fähigkeitsbereichen Bildung positiver Beziehungen, Selbstmanagement, kognitive Kompetenzen, kooperative Kompetenzen sowie positive Selbstbehauptung und Durchsetzungsfähigkeit vorgestellt. Innere und äußere Bedingungen des prosozialen Verhaltens werden benannt und deren Entwicklung bei ein- bis sechsjährigen Kindern dargestellt sowie Fördermöglichkeiten diskutiert (Jungmann et al. 2015b).

Ausgehend vom helfenden Verhalten wird auf das kooperative Verhalten als Bewältigung einer gemeinsamen Aufgabe zum Erreichen eines gemeinsamen Ziels übergeleitet (Frank 2008). Es werden Praxisbeispiele diskutiert, in denen die Fachkräfte Beispiele für prosoziale, helfende und kooperative Verhaltensweisen entdecken sollen (Jungmann et al. 2015b).

Im daran anschließenden Themenbereich *Sozial-emotionale Kompetenzen und ihr Einfluss auf andere Entwicklungsbereiche* erfolgt die Darstellung der Verbindung zwischen emotionalen und sozialen Kompetenzen. Zur Verdeutlichung des Zusammenhangs zwischen der sozial-emotionalen Entwicklung mit weiteren Entwicklungsbereichen werden diese anhand von Sprache und späteren Schulleistungen aufgezeigt (Petermann und Wiedebusch 2008).

Im Themenbereich *Peer-Interaktionen* wird zunächst die Entwicklung der Beziehungen zu Gleichaltrigen bis zum sechsten Lebensjahr besprochen. Deren Qualität beeinflusst maßgeblich die Entwicklung von Resilienz (Wustmann 2004). Anhand des zirkulären Erklärungsmodells von Ahnert (2011) wird beispielhaft der Einfluss fehlangepasster Peer-Beziehungen auf aggressive Verhaltensweisen dargestellt. Anschließend werden Möglichkeiten der Einschätzung der Qualität der Peer-Interaktionen sowie ihrer alltagsintegrierten Förderung und Unterstützung gemeinsam besprochen (Jungmann et al. 2015b).

Der erste Fortbildungsblock schließt mit dem Thema *Kinder mit auffälligem Verhalten*. Neben intraindividuellen und sozialen Risikofaktoren (Fröhlich-Gildhoff 2007) werden internalisierende und externalisierende Störungen (Koglin und Petermann 2006) kurz beschrieben und die Schwierigkeit der Differenzierung zwischen auffälligem Verhalten und Verhaltensauffälligkeiten herausgearbeitet. Kriterien für Verhaltenseinschätzungen im Alltag (Petermann und Wiedebusch 2008) werden besprochen und Handlungsmöglichkeiten im Umgang mit Problemverhalten generiert und diskutiert (Schirmer 2011; Jungmann et al. 2015b).

3.2.3.2 Fortbildungsblock 2: Eltern-Kind-Bindung vs. Fachkraft-Kind-Beziehung

Da Bindung und Beziehung im Zentrum von Bildung stehen, werden im zweiten Fortbildungsblock die *Grundlagen der Bindungstheorie* (Bowlby 1984) besprochen, die zur besseren Verständlichkeit mit Filmbeispielen, insbesondere zum Konzept der Feinfühligkeit, illustriert werden. Weiterhin werden der Zusammenhang von Bindung und Exploration (Schölmerich und Lengning 2008), der Einfluss des Temperaments (Zentner und Bates 2008), die diagnostischen Möglichkeiten (z. B. Bretherton und Kißgen 2009), die Veränderbarkeit von Bindungsmustern (z. B. Grossmann und Grossmann 2011; Schleiffer 2009) sowie Zusammenhänge zwischen Bindung und Verhaltens- bzw. Lernschwierigkeiten (Gloger-Tippelt et al. 2007) herausgearbeitet.

Nachfolgend wird die Fachkraft-Kind-Beziehung von der Mutter-Kind-Bindung abgegrenzt und die Grundvoraussetzungen zum Aufbau einer sicheren Bindung bzw. eines gelungenen professionellen Beziehungsaufbaus erörtert. Auf dieser Grundlage erfolgt die differenzierte Beschreibung von Wechselwirkungen zwischen dem kindlichen Bindungsmuster und dem komplementärem Verhalten der Fachkräfte sowie dem eigenen Bindungsmuster, anschließend werden Möglichkeiten der positiven Beziehungsgestaltung thematisiert (Jungmann und Reichenbach 2013).

Ein Thema besonderer Relevanz ist die *Gestaltung des Übergangs* von der Familie in die Kindertageseinrichtung. Die charakteristischen Verhaltensweisen der Kinder in der Eingewöhnung werden in Abhängigkeit von den Bindungsmustern dargestellt und mit den praktischen Erfahrungen und Handlungsmöglichkeiten der pädagogischen Fachkräfte verknüpft.

Im Themenkomplex *Zusammenarbeit mit den Eltern* werden Funktionen von Erziehungspartnerschaften, Probleme mit den Eltern und Elternarbeit bei schwierigen Kindern (Schirmer 2011) behandelt, Strukturierungsmöglichkeiten für Elterngespräche (Esch et al. 2010; Amend-Tiedemann et al. 2008) vorgestellt und Möglichkeiten der *Vernetzung* und Kooperation mit externen Angeboten im Rahmen der Früherkennung und frühen Hilfen thematisiert (Mayr 2010).

3.2.3.3 Fortbildungsblock 3: Soziale Regeln und Umgang mit Konflikten

Im dritten Fortbildungsblock steht die Betrachtung von *Konflikten* im Kindergartenalter und deren Lösung im Fokus. Nach der Diskussion und Bestimmung des Konfliktbegriffs werden vier verschiedene Perspektiven auf Konflikte dargestellt: Konflikt als Störung des reibungslosen Miteinanders, Konflikt als Abweichung, Konflikt als Chance und Konflikt als Normalität (Pfeffer 2012). Die Fachkräfte werden aufgefordert, sich selbst zu positionieren. Die Bedeutung von Konflikten für die kindliche Entwicklung wird ebenso thematisiert, wie Einflussfaktoren auf die Konfliktbewältigung durch physische und verbale Handlungsstrategien von Kindern. Darauf aufbauend werden Förderimpulse zur Konfliktlösung diskutiert (z. B. Pfeffer 2012) und durch einen Leitfaden zur Konfliktbewältigung ergänzt (Frank 2008). Durch die Assoziation des kindlichen Konfliktverhaltens mit den Bindungsmustern wird ein thematischer Bezug zur Bindungstheorie hergestellt. Abschließend wird von den pädagogischen Fachkräften ein soziales Netz ihrer Gruppe entworfen und es werden Fördermöglichkeiten erläutert.

Bei der Entstehung und Lösung von Konflikten spielen *Regeln, Grenzen und Verhaltenskonsequenzen* eine zentrale Rolle. Die Funktion von Regeln und Grenzen als struktur- und sicherheitsgebende Merkmale werden gemeinsam mit den Fachkräften herausgearbeitet und der eigene Umgang bzw. die eigene Haltung dazu reflektiert (Friedrich 2008).

Darüber hinaus wird die Bedeutung der *räumlichen Gestaltung* auf die sozial-emotionale Entwicklung des Sozialverhaltens thematisiert (Haug-Schnabel 2009) und durch Praxisbeispiele veranschaulicht (Tietze und Viernickel 2007; Jungmann et al. 2015b).

Im Anschluss daran werden Möglichkeiten der *Beobachtung und Dokumentation* sozial-emotionaler Kompetenzen thematisiert. Dabei wird der Nutzen von Beobachtungen (Willenbring 2008; Strätz und Demandewitz 2005) diskutiert und Beobachtungs- und Dokumentationsmöglichkeiten der sozial-emotionalen Kompetenzen erläutert (Strätz und Demandewitz 2005). Die pädagogischen Fachkräfte stellen Beobachtungsverfahren aus ihrer eigenen Praxis vor und diskutieren deren Nutzungsmöglichkeiten zur Einschätzung der sozial-emotionalen Kompetenzen. Es wird auf Beobachtungsfehler hingewiesen und besprochen, wie diese vermieden

werden können (Willenbring 2008). Anschließend werden die systematische Beobachtung, deren Interpretation und die Ableitung von Handlungsmöglichkeiten
an einem Videobeispiel erprobt, wobei selbstgewählte spezifische Fragestellungen
beobachtungsleitend sind.

Ein durchgängiger Schwerpunkt aller drei Fortbildungsblöcke ist die Analyse
von *Alltagssituationen* in Kindertagesstätten hinsichtlich ihres *Förderpotenzials*
für die emotionale und soziale Entwicklung. Anhand ausgewählter Alltagssituationen werden Möglichkeiten der Förderung der emotionalen und sozialen Entwicklung, der Emotionsregulation, der Beziehungsgestaltung, der Kooperation
und Konfliktarbeit sowie der Elternarbeit herausgestellt, diskutiert und jeweils mit
praktischen Beispielen untermauert (Jungmann et al. 2015b).

3.3 Coachingkonzept

Im KOMPASS-Projekt werden Fortbildungen für pädagogische Fachkräfte um ein
anschließendes Coaching im pädagogischen Alltag der Kindertageseinrichtungen
ergänzt. Erklärtes Ziel dieser Maßnahme ist die Unterstützung des Wissenstrans-
fers und der Handlungskompetenz. Diese Form des pädagogischen Coachings, die
Transfercoaching genannt wird, beinhaltet die individuelle Beratung im Arbeitsalltag, die Unterstützung bei der Anwendung von Inhalten durch den Coach oder
die Coachin, bei der Konkretisierung des Gelernten, bei der Überwindung von
Hindernissen und Rückschlägen sowie beim Abgleich des Erreichten mit den vorher festgelegten Zielen (Kauffeld 2010). Als Wirkfaktoren des Transfercoachings
werden u. a. die Vermeidung von Passivität, konkretes Arbeiten (besonders an Pro-
blemstellungen, die praktisch und von Bedeutung sind) und der aktive Umgang mit
dem Gelerntem und seine erfolgreiche Anwendung vermutet. Weiterhin sind die
Unterstützung von außen, das Lernen über einen langen Zeitraum und das wieder-
holte Bewusstwerden der Lern- und Anwendungsbedeutung potenziell bedeutsam.
Im Folgenden wird zunächst in Kap. 3.3.1 der Begriff des pädagogischen Coachings geklärt. Im Anschluss daran wird auf die Qualifizierung der Coachinnen[1]
im KOMPASS-Projekt eingegangen (3.3.2) und schließlich auf den konkreten Ablauf der Individualcoachings in Kap. 3.3.3 eingegangen.

---

[1] Da es sich im KOMPASS-Projekt nur um weibliche Fortbildnerinnen und Coachinnen handelte, wird im Folgenden auch nur diese Form verwendet.

3.3.1 Begriffsklärung „pädagogisches Coaching"

Im pädagogischen Coaching werden die Fachkräfte zeitlich begrenzt und bezogen auf ihren Fortbildungsbereich „on the job" in der Planung, Durchführung und Auswertung ihres pädagogischen Handelns im Hinblick auf erfolgreiche Entwicklungs- und Lernprozesse der Kinder unterstützt (Oelkers und Reusser 2008). Der Coach versteht sich entsprechend als Begleiter und Prozessberater an der Schnittstelle zwischen Theorie und Praxis. Ziel ist die Integration des Gelernten in den Alltag. Dies wird insbesondere durch eine konkrete Zielbestimmung zur Aktivierung und Unterstützung der Selbstreflexion pädagogischen Handelns realisiert.

- Bei der **Zielformulierung** sind die SMART-Regeln zu beachten, d. h. die Ziele sollten **S** = **s**pezifisch (eindeutig definiert, nicht vage, sondern so präzise wie möglich), **M** = **m**essbar, **A** = **a**kzeptiert (von den Fachkräften geteilt werden und abgestimmt ausführbar sein), **R** = realistisch und **T** = terminierbar (zu jedem Ziel gehört eine klare Terminvorgabe, bis wann das Ziel erreicht sein muss) sein. Bei konsequenter Anwendung dieser Regeln ergeben sich klare, mess- und überprüfbare kurz-, mittel- und langfristige Ziele. Diese und die daraus resultierenden Aufgaben sollten schriftlich dokumentiert, deren Umsetzung und der Fortschritt regelmäßig im Coachingprozess überprüft werden.

Dabei ist zu berücksichtigen, dass die Abstände zwischen den einzelnen Coachingterminen ausreichend Gelegenheit zur Anwendung der neuen Handlungskompetenz geben müssen (Müller-Commichau 2006). Dies gilt in besonderem Maße für den pädagogischen Alltag, in dem Situationen komplex und außerordentlich vielfältig sind. Die Klärung von Zielen, die Motivation, diese im pädagogischen Alltag umzusetzen und die tatsächlich folgende Handlung liegen jedoch in der Verantwortung der Teilnehmenden. Dies wirkt sich nach Fischer-Epe (2003) positiv auf die Sicherung des Transfers aus. Prozessbegleitend werden Veränderungen, Hindernisse, Ressourcen und Alternativen wahrgenommen, die zur optimierten Umsetzung der Inhalte aus den Fortbildungen im pädagogischen Alltag und deren Reflexion beitragen.

- Die **Selbstreflexion** bildet eine der zentralen Komponenten des angebotenen Coachings. Von besonderer Bedeutung als Reflexionsinstrumente im Transformationsprozess sind die Deutung, Um- und Neudeutung von Situationen und Möglichkeiten (Müller-Commichau 2006). Die vom Coach angewandten Methoden zur Anregung zu selbstreflexiven Prozessen werden an die Situation und Person angepasst und kommen flexibel zum Einsatz. Um praktisch verwertbar zu sein und zukünftiges Handeln beeinflussen zu können, müssen Reflexionsprozesse systematisiert ablaufen und ergebnisorientiert sein.

Aus dieser Perspektive betrachtet ist Coaching „eine intensive und systematische Förderung ergebnisorientierter Reflexionen und Selbstreflexionen sowie Beratung von Personen und Gruppen zur Verbesserung der Erreichung selbstkongruenter Ziele oder zur bewussten Selbstveränderung und Selbstentwicklung" (Greif 2008, S. 59).

3.3.2 Qualifizierung der Coachinnen

Die drei Coachinnen im KOMPASS-Projekt haben eine fachspezifische Hochschulausbildung und verfügen über Berufserfahrungen im pädagogischen oder therapeutischen Bereich. Vertiefte theoretische Kenntnisse und praktische Beratungskompetenzen zur Durchführung der Individualcoachings mit den Fachkräften erwarben sie in einer vorausgehenden 31-stündigen Fort- und Weiterbildung durch die in Mecklenburg-Vorpommern etablierte Coachin und Supervisorin Dr. Ines Prüfer und die Family-Lab Trainerin und Familienberaterin Judith Kroy. Deren Qualifizierungsmaßnahme basiert auf den Grundsätzen des von Jesper Juul (2015) formulierten Elterncoachings. Entsprechend erfolgte die Qualifizierung der Coachinnen im KOMPASS-Projekt in den drei Schwerpunkten 1) Stärkung der Selbstwahrnehmung der pädagogischen Fachkräfte hinsichtlich ihrer Einflussnahme auf die Beziehungsgestaltung, 2) Wahrnehmung, Beurteilung und Lenkung von Lernimpulsen in ihren täglichen Arbeitssituationen mit den Kindern und 3) Beziehungsgestaltung zu den Eltern.

- **Stärkung der Selbstwahrnehmung.** Im pädagogischen Coaching der Coachinnen wurde besonderes Augenmerk darauf gelegt, die Rollenanforderungen, Beziehungen und Abhängigkeiten in der täglichen Arbeit für die pädagogische Fachkraft sichtbar zu machen und individuelle Handlungsalternativen zu entwickeln. Dies ermöglicht es auch, die grundsätzlich vorhandene Kooperationsbereitschaft der Kinder im Lernprozess zu erkennen und für die Gestaltung der Lernsituation zu nutzen. Die systemische Arbeit im pädagogischen Coaching ermöglicht es den Fachkräften, die eigenen Einflussmöglichkeiten auf Interaktionen mit dem Kind, die Peer-Interaktionen, Eltern-Kind-Interaktionen und die Wechselwirkungen mit den Bedingungen in der Arbeitsumgebung besser kennen zu lernen und aktiv mit größerer Eigenverantwortung und Kreativität zu gestalten. Dadurch wird die Integration neuer wissenschaftlicher Erkenntnisse in den Arbeitsalltag erleichtert und gefördert.
- **Wahrnehmung, Beurteilung und Lenkung von Lernimpulsen.** Die Coachinnen im KOMPASS-Projekt wurden befähigt, den Blick der Fachkräfte auf die Beziehungsdynamik im täglichen Umgang mit den Kindern sowie ihr Verständnis für die kindliche Situation zu richten und sie zur Nutzung der darin ent-

haltenen Informationen und Botschaften im Arbeitsalltag zu befähigen. Kinder erleben lernfördernden Kontakt mit Erwachsenen, wenn diese sich ihnen respektvoll und stressfrei zuwenden und die Verantwortung für den Beziehungsprozess übernehmen. Dabei werden individuelle Lernprozesse sehr stark von einer vertrauensvollen, annehmenden Umgebung gefördert, wodurch Einflussmöglichkeiten seitens der Fachkräfte auf die Lernsituation bestehen. Hierfür sollen die Coachees sensibilisiert werden. In den praktischen Übungen werden Möglichkeiten erprobt, wie es gelingen kann, allen Lernimpulsen der Kinder genügend Raum zu geben und diese für die weitere Arbeit zu nutzen. Zentral ist dabei die Vorbildrolle der Erwachsenen in der Lernsituation, die in großem Maße von der eigenen Motivation, Dinge zu verändern, der Offenheit gegenüber Neuem sowie der Freude an der eigenen Arbeit beeinflusst wird. Da dies in der Kooperation mit den Kindern auf bewusster und unbewusster Ebene sehr stark wirksam ist, besteht hier großes Potenzial für die Veränderungsarbeit.

- **Beziehungsgestaltung zu den Eltern.** Da Beziehung und Lernen untrennbar miteinander verbunden sind, wird in der Ausbildung der Coachinnen großer Wert auf die Gestaltung empathischer Beziehungen gelegt. Die Fachkräfte müssen dazu ihrerseits befähigt werden, um eine individuelle Begleitung sowohl der Kinder als auch deren Eltern zu ermöglichen. Wenn es den Fachkräften gelingt, den Beziehungsprozess zwischen den Kindern und ihren Eltern verantwortlich zu gestalten, führt dies zu einer veränderten Haltung in allen zwischenmenschlichen Begegnungen, die sich maßgeblich auf deren Ergebnisse auswirken kann. Eltern lassen sich für Vorhaben dann gewinnen, wenn sie als Experten für ihr Kind gesehen und in ihrer Erziehungskompetenz gestärkt werden und wenn auch mit ihnen respektvoll und annehmend umgegangen wird. In der Gestaltung der Fachkraft-Kind Beziehung kommt den Eltern eine wichtige Rolle als Ratgeber zu, da der Blick auf ihr Kind wesentliche Informationen für die Arbeit der pädagogischen Fachkraft enthält.

Die Qualifizierung der Coachinnen umfasst die folgenden Inhalte:

- Das pädagogische Coaching: Ziele, Aufgaben, Schritte, Vorgehen
- Grundlagen eines erfolgreichen Coachings: Sachebene, emotionale Ebene, Lösungsfindung, Entscheidung
- Erkennen und Eingehen auf individuelle Wahrnehmungskanäle
- Bedeutung der Beziehung und Beziehungsgestaltung zwischen Coach und Coachee
- Herstellung des persönlichen Kontaktes als Basis für Lernprozesse
- Aufgaben, Fertigkeiten und Eigenschaften eines Coaches

Methodisch wird auf Tools aus dem klassischen Management- und Kommunikationstraining zurückgegriffen. Dazu gehören das aktive Zuhören und Paraphrasieren, der kontrollierte Dialog sowie weitere Frage- und Feedbacktechniken (vgl. 3.3.3).

- Das **Paraphrasieren** ist eine Kerntechnik des **aktiven (= aufmerksamen, interessierten) Zuhörens**. Damit ist die Wiedergabe des vom Kommunikationspartner Gesagten in eigenen Worten gemeint. Die Grundaussage wird dabei nicht verfälscht und im Idealfall sogar von emotionalen Anteilen befreit, so dass lediglich der sachliche Gehalt der Botschaft übrig bleibt. Paraphrasen werden häufig in Frageform formuliert (z. B. Habe ich richtig verstanden, dass …?), damit das Gegenüber die Möglichkeit hat, die Aussage zu korrigieren. Als Führungstechnik kann das Paraphrasieren der Verdeutlichung der eigenen Position dienen, bei komplizierten Sachverhalten lassen sich Missverständnisse vermeiden. Im pädagogischen Coaching geht es aber vor allem darum, dem Coachee durch das sinngemäße Wiederholen der Kernaussage das Feedback zu geben, dass sein oder ihr Anliegen zur Kenntnis genommen wird. Der Coachee wird zum Weitersprechen angeregt, kann eventuell ungeklärte Punkte nochmal selbst zu Sprache bringen. Dies dient vor allem auch dem Vertrauensaufbau.
- Beim **kontrollierten Dialog** handelt es sich um eine gruppendynamische Übung, bei der präzises Sprechen und genaues Zuhören geschult wird. Die Übung zielt z. B. darauf ab, die Verständigung bei Kommunikationsstörungen im Team zu verbessern.

Die Anwendung dieser Techniken wird mit den Coachinnen praktisch in audio- und videogestützten Einheiten eingeübt.

3.3.3 Individualcoachings im KOMPASS-Projekt

Die Coachinnen sind den Fachkräften bereits als Referentinnen aus den fachspezifischen Fortbildungen bekannt. Ein vertiefendes Kennenlernen zwischen der pädagogischen Fachkraft und der Coachin erfolgt ab dem ersten Einzelgespräch. Die Kombination aus Referentin und Coachin in einer Person wurde zur Vernetzung von theoretischen Wissen und praxisnaher Vertiefung bewusst gewählt und erfordert ein hohes Maß an Kompetenzen, um den Coachingprozess erfolgsorientiert zu gestalten.

Inhaltlich orientiert sich das Coaching pädagogischer Fachkräfte im KOMPASS-Projekt am Kompetenzmodell für pädagogische Fachkräfte (vgl. Abb. 2.2,

Kap. 2). Das **Handeln in der Situation** wird von der pädagogischen Fachkraft für die Zeit der Umsetzung des formulierten Ziels und für die konkrete Begleitung einer Alltagssituation im Coachinggespräch reflektiert. Damit wird die Umsetzung des Ziels in Verknüpfung mit den Dispositionen in den Mittelpunkt gestellt. Die mit der **Handlungsplanung und -bereitschaft** verbundenen Fragen befassen sich mit der bewussten Planung bzw. Vorbereitung der begleiteten und der im Alltag genutzten Anwendungsmöglichkeiten für die Umsetzung des Ziels. In der **Situationswahrnehmung und -analyse** ist das Erkennen relevanter didaktischer Situationen und der Möglichkeiten, die diese Situationen zur Umsetzung des Förderziels bieten, bedeutsam. Dies wird beeinflusst durch das Wissen und die Motivation der Fachkräfte. Im Bereich des **Wissens** zeigt sich erfolgreicher Transfer auf die Handlungsebene z. B. darin, dass konkretes Handeln im Alltag mit theoretischem Wissen oder implizitem Erfahrungswissen, das bewusst auf einen theoretischen Hintergrund zugeführt wird, untermauert werden kann. Die **Motivation** ist verknüpft mit einer allgemeinen Handlungsbereitschaft, die sich z. B. darin äußert, dass sich der Coachee auf den Coachingprozess einlassen kann. Der Transfer im **Handlungspotenzial** zeigt sich in der Kenntnis und Anwendung von Möglichkeiten der Umsetzung der Ziele in wahrgenommenen didaktisch relevanten Situationen, der Reflexion von Alternativen, Hindernissen und Ressourcen. Die Reflexion der Zielerreichung, die Bestätigung des Ziels oder eine Konkretisierung und Differenzierung wird in der **Selbstevaluation** deutlich. Diese wird mit der Fremdevaluation durch die Coachin abgeglichen und diskutiert, so dass die pädagogische Kompetenz sich im Prozess der partnerschaftlichen Zusammenarbeit zwischen pädagogischer Fachkraft und Coachin idealerweise weiterentwickelt und ausdifferenziert.

Methodisch wird auf die oben bereits beschriebenen Tools aus dem klassischen Management- und Kommunikationstraining zurückgegriffen. Zudem kommen die Grundsätze der Gesprächsführung in Anlehnung an Rogers (z. B. Dahmer und Dahmer 2003) zur Anwendung. Dabei werden den Fachkräften in Abgrenzung von der herkömmlichen Vorgehensweise auch Lösungen angeboten, um sie dazu zu ermutigen, andere Handlungsalternativen als die bisherigen auszuprobieren. Die Coachin macht ihre eigenen Werte deutlich, jedoch ohne Beurteilung des Verhaltens des Coachees. Dabei geht Juul (2015) davon aus, dass auch dann, wenn die vorgeschlagene Lösung nicht angenommen wird, die ernsthafte Auseinandersetzung damit den Coachee weiterbringt. Konkret bedeutet dies, dass die Coachin der Fachkraft in Alltagssituationen als entwicklungsunterstützende Begleiterin zur Verfügung steht. Dabei unterstützt sie Veränderungen im förderlichen Verhalten durch Gespräche, indem sie Anregungen zur Reflexion gibt, aber auch aktiv, indem sie als Modell in Fördersituationen fungiert und eigene Lösungen in der Förderpraxis demonstriert. Hierbei greift sie individuelle Anliegen, Fragen und Verhaltensweisen der pädagogischen Fachkräfte auf, bringt die Theorie aus den fachspezifischen Fortbildungen praxisnah ein, hinterfragt Verhaltensweisen, unterbreitet Änderungsvorschläge oder gibt direkte Impulse, z. B. in Form von Gestaltungs- oder Materialvorschlägen. Dabei fordert sie die Fachkraft zur selbstverantwortlichen Mitgestaltung ihres eigenen Lernprozesses auf, motiviert sie, selbst aktiv zu werden, und Gestaltungsmöglichkeiten zu entwickeln, und ermöglicht eine stetige Verbesserung der förderlichen Verhaltensweisen (Zimmermann 2011).

Der **Ablauf** der Individualcoachings ist für alle drei Bereiche vergleichbar aufgebaut.

• Vor dem Coaching erfolgt die Zielklärung, -entwicklung und -festlegung durch die pädagogische Fachkraft. Von besonderer Bedeutung sind dabei Ziele, die nach den SMART-Regeln formuliert sind und deren Erreichung mit wahrnehmbaren Veränderungen einhergeht, d. h. die Ziele sollen bereits an praktische Umsetzungsmöglichkeiten im Alltag geknüpft sein, mögliche Hindernisse und Ressourcen werden thematisiert.
• Während des Coachings begleitet die Coachin als teilnehmende Beobachterin für begrenzte Zeit eine Alltagssituation in der Gruppe der Fachkraft. Die Dauer der Begleitung und die Situation werden zuvor durch die pädagogische Fachkraft festgelegt. Sie sollte so ausgewählt sein, dass sie Möglichkeiten der Umsetzung des zuvor festgelegten Ziels bietet, auf dem der gemeinsame Fokus von Coachin und Coachee liegt. Nach individuellem Wunsch der pädagogischen Fachkraft erfolgt die Beobachtung durch die Coachin passiv, aktiv-teilnehmend oder aktiv verbunden mit der Möglichkeit zum Lernen am Modell.
• Nach dem Coaching erfolgt die Auswertung des Transfers der Fortbildungsinhalte in der Zeit zwischen den Coachings und in der begleiteten Situation sowie der Zielerreichung durch Selbst- und Fremdreflexion. Das festgelegte Ziel wird noch einmal aufgegriffen und reflektiert. Dabei werden sowohl die Erfahrungen aus der Zeit der Umsetzung durch die pädagogische Fachkraft als auch während der begleiteten Situation unter Berücksichtigung der individuellen Dispositionen und der Performanz aus dem zugrundeliegenden Kompetenzmodell einbezogen. Die Coachin begleitet das Gespräch durch Fragen, die zur Reflexion und dem Erkennen von alternativen Handlungsmöglichkeiten anregen. Hierbei kommen insbesondere verbale Techniken, wie das zirkuläre Fragen[2], aber

---

[2] Zirkuläre Fragen werden in der Systemtherapie eingesetzt, um zirkuläre Prozesse in Beziehungssystemen aufzudecken und starre Kommunikations- und Interaktionsmuster durch gezielte Perspektivenwechsel aufzulösen. Die Coachin eröffnet der Fachkraft dadurch z. B. die Möglichkeit, sich ein einzelnes Kind oder die Kinder ihrer Gruppe hineinzuversetzen.

Abb. 3.5 Vereinfachte Darstellung des Coachingkreislaufs

auch grafische Darstellungen zur Anwendung. In einem Fazit wird die bisher erreichte Umsetzung des Ziels in positiv konstruktiver Form erörtert. Daraus ergibt sich die weitere Vorgehensweise der Konkretisierung und weiteren Differenzierung des bereits bestehenden Ziels oder der Klärung und Formulierung eines neuen Ziels und Möglichkeiten seiner Umsetzung, mögliche Hindernisse und Unterstützungsmöglichkeiten. Damit beginnt der Coachingkreislauf von Neuem, der vereinfacht in Abb. 3.5 dargestellt wird.

Beim letzten Coachingtermin findet neben der Reflexion des Coachingziels ein persönliches Auswertungs- und Reflexionsgespräch zum gesamten Coachingverlauf statt, die Festlegung eines neuen Ziels entfällt. Die gewählten und von den pädagogischen Fachkräften umgesetzten Coachinginhalte werden anhand der Dimensionen Coachingziel, Selbsteinschätzung der Fachkräfte, mögliche/eingetretene Veränderungen, Umsetzungs- und Unterstützungsmöglichkeiten sowie Hindernisse mit einem Reflexionsbogen zur Zielfindung bzw. Zielerreichung dokumentiert (s. Kap. 4.1). Die Dokumentation sowie die teilnehmende Beobachtung der Alltagssituationen bilden die Grundlage der Prozessevaluation des Individualcoachings, die in Kap. 4 dargestellt ist.

Literatur

Adler, Y. (2011). *Kinder lernen Sprache(n). Alltagsorientierte Sprachförderung in der Kindertagesstätte.* Stuttgart: Kohlhammer.

Ahnert, L. (2007). Von der Mutter-Kind- zur Erzieherinnen-Kind-Bindung? In F. Becker-Stoll & M. R. Textor (Hrsg.), *Die Erzieherin-Kind-Beziehung. Zentrum von Bildung und Erziehung* (S. 33–41). Berlin: Cornelsen Scriptor.

Ahnert, L. (2011). Die Bedeutung von Peers für die frühe Sozialentwicklung des Kindes. In H. Keller (Hrsg.), *Handbuch der Kleinkindforschung* (4. Aufl., S. 310–329). Bern: Hans Huber.

Albers, T. (2011). *Sag mal! Krippe, Kindergarten und Familie: Sprachförderung im Alltag.* Weinheim: Beltz Verlag.

Amend-Tiedemann, G., Dorrer, G., Reich-Scholz, B., & Scherer, B. (2008). Heilpädagogisches Handeln in Kindertageseinrichtungen. In M. R. Textor (Hrsg.), *Verhaltensauffällige Kinder fördern. Praktische Hilfen für Kindergarten und Hort* (3. Aufl., S. 100–120). Berlin: Cornelsen Verlag Scriptor.

Beller, K., & Beller, S. (2005). *Kuno Bellers Entwicklungstabelle* (5. Aufl.). Berlin: Freie Universität.

Bostelmann, A. (2007). *Das Portfoliokonzept für Kita und Kindergarten.* Mülheim an der Ruhr: Verlag an der Ruhr.

Bowlby, J. (1984). *Attachment and loss.* (Bd. 1. Attachment). New York: Basic Books.

Bretherton, I., & Kißgen, R. (2009). Diagnostik der Bindungsqualität im Kindergarten und Vorschulalter – ASCT. In H. Julius, B. Gasteiger-Klicpera, & R. Kißgen (Hrsg.), *Bindung im Kindesalter. Diagnostik und Interventionen* (S. 107–120). Göttingen: Hogrefe.

Brings, J. (o. J.).Der Coaching Prozess. http://www.jutta-brings.de/coaching.html. Zugegriffen: 2. Sept. 2015.

Bruner, J. S. (1974). *Entwurf einer Unterrichtstheorie. Sprache und Lernen: Bd. 5.* Berlin: Berlin-Verl.

Buschmann, A., & Jooss, B. (2007). Frühintervention bei verzögerter Sprachentwicklung: „Heidelberger Elterntraining zur frühen Sprachförderung". *Forum Logopädie, 21*(5), 6–11.

Crick, N. R., & Dodge, K. A. (1994). A review and reformulation of social information-processing mechanisms in children's social adjustment. *Psychological Bulletin, 115*(1), 74–101.

Dahmer, H., & Dahmer, J. (2003). *Gesprächsführung: Eine praktische Anleitung.* Stuttgart: Thieme.

Dannenbauer, F. M. (1999). Grammatik. In S. Baumgartner & I. Füssenich (Hrsg.), *Sprachtherapie mit Kindern* (4. Aufl., S. 105–161). München: Ernst Reinhardt.

Deegener, G., & Körner, W. (Hrsg.). (2005). *Kindesmisshandlung und Vernachlässigung. Ein Handbuch.* Göttingen: Hogrefe.

Dörfler, M, Dittrich, G., & Schneider, K. (2002). *Konflikte unter Kindern – Ein Kinderspiel für Erwachsene? Arbeitsmaterialien für Erzieherinnen.* Weinheim: Beltz.

Esch, K., Klaudy, E. K., Stöbe-Blossey, S., & Wecker, F. (2010). *Verhaltensauffällige Kinder in Kindergarten und Grundschule. Die Herner Materialien zur Früherkennung und zum Umgang mit Verhaltensauffälligkeiten.* Kronach: Carl Link.

Fischer-Epe, M. (2003). *Coaching: Miteinander Ziele erreichen.* Reinbek bei Hamburg: Rowohlt.

Frank, A. (2008). *Kinder in ihrer sozial-emotionalen Entwicklung fördern. Kindergarten heute spezial.* Freiburg im Breisgau: Herder.

Fried, L., & Briedigkeit, E. (2008). *Sprachförderkompetenz – Selbst und Teamqualifizierung für Erzieherinnen, Fachberatungen und Ausbilder.* Berlin: Cornelsen Verlag.

Friedrich, H. (2008). *Beziehungen zu Kindern gestalten* (4. Aufl.). Berlin: Cornelsen Verlag Scriptor.

Fröhlich-Gildhoff, K., Nentwig-Gesemann. I. & Pietsch, S. (2011). *Kompetenzorientierung in der Qualifizierung frühpädagogischer Fachkräfte. Weiterbildungsinitiative Frühpädagogische Fachkräfte (WiFF).* München: Verlag Deutsches Jugendinstitut.

Fthenakis, W. E. (2009). *Frühe mathematische Bildung.* Troisdorf: EINS.

Fuson, K. C. (1988). *Children's counting and concepts of number.* New York: Springer.

Gelman, R., & Gallistel, C. R. (1978). *The child's understanding of number.* Cambridge: Harvard University Press.

Gisbert, K. (2004). *Lernen lernen.* Weinheim: Beltz.

Gloger-Tippelt, G., König, L., Zweyer, K., & Lahl, O. (2007). Bindung und Problemverhalten bei fünf und sechs Jahre alten Kindern. *Kindheit und Entwicklung, 16*(4), 209–219

Greif, S. (2008). *Coaching und ergebnisorientierter Selbstreflexion. Theorie, Forschung und Praxis des Einzel- und Gruppencoachings.* Göttingen: Hogrefe.

Grossmann, K. E., & Grossmann, K. (2011). *Bindung und menschliche Entwicklung. John Bowlby, Mary Ainsworth und die Grundlagen der Bindungstheorie* (3. Aufl.). Stuttgart: Klett-Cotta.

Günther, K. B. (1986). Ein Stufenmodell der Entwicklung kindlicher Lese- und Schreibstrategien. In H. Brüggelmann (Hrsg.), *ABC und Schriftsprache: Rätsel für Kinder, Lehrer und Forscher* (S. 32–43). Konstanz: Faude.

Gutknecht, D. (2011). Professionelle Responsivität. In C. Mischo, D. Weltzien, & K. Fröhlich-Gildhoff (Hrsg.), *Beobachtungs- und Diagnoseverfahren in der Frühpädagogik. Grundlagen der Frühpädagogik* (Bd. 3, S. 139–163). Neuwied: Wolters Kluwer.

Haug-Schnabel, G. (2009). *Aggression bei Kindern. Praxiskompetenz für Erzieherinnen.* Freiburg im Breisgau: Herder.

Hiebert, J. (1984). Why do some children have trouble learning measurement concepts? *The Arithmetic Teacher, 31*(7), 19–24.

Hiele, P. M. van (1984). A child's thought and geometry. In D. Fuys, D. Geddes, & R. Tischler (Hrsg.), *English translation of selected writings of Dina van Hiele-Geldorf and Pierre M. van Hiele* (S. 243–252). Brooklyn: Brooklyn College.

Hoffmeister-Höfener, T. (2009). *Erzählwerkstatt im Kindergarten.* Berlin: Cornelsen Verlag.

Holodynski, M. (2006). *Emotionen – Entwicklung und Regulation.* Heidelberg: Springer Medizin Verlag.

Hülshoff, T. (1996). Das Handlungskompetenzmodell. WSB intern. *Zeitschrift des Weiterbildenden Studiengangs Betriebspädagogik und der Gesellschaft für Betriebspädagogik, 2*(96), 37–45.

Jampert, K., Zehnbauer, A., Best, P., Sens, A., Leuckefeld, K., & Laier, M. (2009). *Kinder-Sprache stärken! Sprachliche Förderung in der Kita: das Praxismaterial.* Weimar: Verlag das Netz.

Jansen, H., Mannhaupt, G., Marx, H., & Skowronek, H. (1999). *Bielefelder Screening zur Früherkennung von Lese-Rechtschreibschwierigkeiten (BISC).* Göttingen: Hogrefe.

Jungmann, T. (2012). *Praxis der Sprach- und Kommunikationsförderung.* Basel: Borgmann Media.

Jungmann, T., Morawiak, U., & Meindl, M. (2015a). *Überall steckt Sprache drin.* München: Reinhardt.

Jungmann, T., Koch, K., & Schulz, A. (2015b). *Überall stecken Gefühle drin.* München: Reinhardt.

Jungmann, T., & Reichenbach, C. (2013). *Bindungstheorie und pädagogisches Handeln. Ein Praxisleitfaden* (3. Aufl.). Basel: Borgmann Media.

Juul, J. (2015). *Die kompetente Familie: Neue Wege in der Erziehung. Das familylab-Buch.* Weinheim: Beltz Juventa.

Kain, W., Bukovics, M., Edtinger, B., Reithmayr, S., & Scharf, M. (2007). *KLIK – Konflikte lösen im Kindergarten. Ein praxiserprobtes Trainingsprogramm zur Konfliktbewältigung für Kinder 5–7 Jahren* (2. Aufl.). Berlin: Cornelsen Verlag Scriptor.

Kany, W., & Schöler, H. (2007). *Fokus: Sprachdiagnostik. Leitfaden zur Sprachstands-bestimmung im Kindergarten.* Berlin: Cornelsen Scriptor.

Kauffeld, S. (2010). *Nachhaltige Weiterbildung. Betriebliche Seminare und Trainings entwickeln, Erfolge messen, Transfer sichern.* Berlin: Springer.

Kaufmann, S. (2011). *Handbuch für die frühe mathematische Bildung.* Braunschweig: Schroedel.

Koch, K., Schulz, A., & Jungmann, T. (2015). *Überall steckt Mathe drin.* München: Reinhardt.

Koglin, U., & Petermann, F. (2006). *Verhaltenstraining im Kindergarten.* Göttingen: Hogrefe.

Kommunalverband für Jugend und Soziales Baden-Württemberg (KVJS). (Hrsg.). (2012). *Einschätzskala Kindeswohlgefährdung in Kindertageseinrichtungen (KiWo-Skala KiTa).* Stuttgart: Landesjugendamt.

Krajewski, K. (2008). Vorschulische Förderung bei beeinträchtigter Entwicklung mathematischer Kompetenzen. In J. Borchert, B. Hartke, & P. Jogschies (Hrsg.), *Frühe Förderung entwicklungsauffälliger Kinder und Jugendlicher* (S. 122–135). Stuttgart: Kohlhammer.

Laewen, H.-J. (2009). Grenzsteine der Entwicklung. Ein Frühwarnsystem für Risikolagen. http://www.mbjs.brandenburg.de/media/5lbm1.c.107479.de. Zugegriffen: 7. Juli 2015.

Leu, H. R. (2007). *Bildungs- und Lerngeschichten.* Weimar: das Netz.

Luit, J. E. H. van, Rijt, B. A. M. van de, & Hasemann, K. (2001). *Osnabrücker Test zur Zahlbegriffsentwicklung: OTZ.* Göttingen: Hogrefe.

Lüken, M. M. (2012). *Muster und Strukturen im mathematischen Anfangsunterricht. Grundlegung und empirische Forschung zum Struktursinn von Schulanfängern (Empirische Studien zur Didaktik der Mathematik, Bd. 9).* Münster: Waxmann.

Mayr, T. (2010). Entwicklungsauffällige Kinder im Blick. Früherkennung und frühe Hilfen. *kindergarten heute, 4,* 8–14.

Meindl, M., & Jungmann, T. (2014). Erfassung der frühen Erzähl- und Lesekompetenzen im Vorschulalter zur primären Prävention von Schwierigkeiten im Schriftspracherwerb. *Empirische Sonderpädagogik, 3,* 211–226.

Michaelis, R., Berger, R., Nennstiel-Ratzel, U., & Kraegeloh-Mann, I. (2013). Validierte und teilvalidierte Grenzsteine der Entwicklung. Ein Entwicklungsscreening für die ersten 6 Lebensjahre. *Monatsschrift Kinderheilkunde, 161,* 898–910.

Ministerium für Bildung, Wissenschaft und Kultur Mecklenburg-Vorpommern. (2010). *Die Bildungskonzeption für 0- bis 10-jährige Kinder in Mecklenburg-Vorpommern zur Arbeit in Kindertageseinrichtungen.* Schwerin: produktionsbüro TINUS.

Müller-Commichau, W. (2006). Coaching in pädagogischen Handlungsfeldern. *Odgojne znanosti, 8*(2), 385–399.

Nickel, S. (2007). Beobachtung kindlicher Literacy-Erfahrungen im Übergang von Kindergarten und Grundschule. In U. Graf & E. Moser Opitz (Hrsg.), *Diagnose und Förderung im Elementarbereich und Grundschulunterricht* (S. 87–104). Baltmannsweiler: Schneider.

Oelkers, J., & Reusser, K. (2008). Qualität entwickeln – Standards sichern – mit Differenzen umgehen. Bundesministerium für Bildung und Forschung. Bildungsforschung Bd. 27. http://www.bmbf.de/pub/bildungsforschung_band_siebenundzwanzig.pdf. Zugegriffen: 9. Juli 2015.

Oerter, R. (2008). Kindheit. In R. Oerter & L. Montada (Hrsg.), *Entwicklungspsychologie* (6. Aufl., S. 225–270). Weinheim: Beltz.

Ostermayer, E. (2006). *Bildung durch Beziehung. Wie Erzieherinnen den Entwicklungs- und Lernprozess von Kindern fördern.* Freiburg: Herder

Peter-Koop, A. (2001). Authentische Zugänge zum Umgang mit Größen. *Die Grundschulzeitschrift, 14*(1), 6–11.

Peter-Koop, A., Grüßing, M., & Schmitman gen. Pothmann, A. (2008). Förderung mathematischer Vorläuferfähigkeiten: Befunde zur vorschulischen Identifizierung und Förderung von potentiellen Risikokindern in Bezug auf das schulische Mathematiklernen. *Empirische Bildung, 22*(2), 209–222.

Petermann, F., & Wiedebusch, S. (2008). *Emotionale Kompetenz bei Kindern* (2. Aufl.). Göttingen: Hogrefe.

Pfeffer, S. (2012). *Sozial-emotionale Entwicklung fördern. Wie Kinder in Gemeinschaft stark werden.* Freiburg im Breisgau: Herder.

Radatz, H., & Schipper, W. (2007). *Handbuch für den Mathematikunterricht an Grundschulen* (6. Aufl.). Hannover: Schroedel.

Rauen, C. (2008). *Coaching.* (2. Aufl.). Göttingen: Hogrefe Verlag.

Resnick, L. B. (1989). Developing Mathematical Knowledge. *American Psychologist, 44*(2), 162–169.

Roos, J., Grau, A., Heck, M., & Schöler, H. (2007). Professionalisierung von Erzieherinnen und Erziehern bei der Implementierung von Bildungsplänen am Beispiel von QUASI. *Diskurs Kindheits- und Jugendforschung, 4, 455–468.*

Saarni, C. (2002). Die Entwicklung von emotionaler Kompetenz in Beziehungen. In M. von Salisch (Hrsg.), *Emotionale Kompetenz entwickeln. Grundlagen in Kindheit und Jugend* (S. 3–29). Stuttgart: Kohlhammer.

Schelten-Cornish, S. (2008). *Förderung der kindlichen Erzählfähigkeit. Geschichten erzählen mit Übungen und Spielen.* Idstein: Schulz-Kirchner Verlag.

Schinkoethe, H., & Kretschmer, G. (1988). *Mengen und Längen im Kindergarten* (4. Aufl.). Berlin: Volk und Wissen.

Schirmer, B. (2011). *Herausforderndes Verhalten in der KiTa. Zappelphilipp, Trotzkopf & Co.* Göttingen: Vandenhoeck & Ruprecht.

Schleiffer, R. (2009). Kontinuität und Diskontinuität von Bindung. In H. Julius, B. Gasteiger-Klicpera & R. Kißgen (Hrsg.), *Bindung im Kindesalter. Diagnostik und Interventionen* (S. 65–83). Göttingen: Hogrefe.

Schölmerich, A., & Lengning, A. (2008). Neugier, Exploration und Bindungsentwicklung In L. Ahnert (Hrsg.), *Frühe Bindung. Entstehung und Entwicklung* (2. Aufl., S. 198–210). München: Ernst Reinhardt.

Sinner, D. (2011). *Prävention von Rechenschwäche durch ein Training mathematischer Basiskompetenzen in der ersten Klasse.* http://geb.uni-giessen.de/geb/volltexte/2011/8198/pdf/SinnerDaniel_2011_05_25.pdf. Zugegriffen: 12. Jan. 2016.

Spiegel, H., & Selter, Chr. (2010). *Kinder & Mathematik. Was Erwachsene wissen sollten.* Seelze: Kallmeyer.

Steinweg, A. S. (2001). Children's Understanding of Number Patterns. In M. van de Heuvel-Panhuizen (Hrsg.), *Proceedings of the 25th Conference of the International Group for the Psychology of Mathematics Education (PME)* (S. 203–206). Utrecht: Group for the PME.

Strätz, R., & Demandewitz, H. (2005). *Beobachten und Dokumentieren in Tageseinrichtungen für Kinder.* Weinheim: Beltz.

Textor, M. R. (2014). *Bildungs- und Erziehungspartnerschaft in Kindertageseinrichtungen* (2. Aufl.). Norderstedt: Books on Demand.

Tietze, W., & Viernickel, S. (Hrsg.). (2007). *Pädagogische Qualität in Tageseinrichtungen für Kinder. Ein nationaler Kriterienkatalog* (3. Aufl.). Berlin: Cornelsen Verlag Scriptor.

Ulich, M. (2003). Literacy – sprachliche Bildung im Elementarbereich. *Kindergarten heute, 33*(3), 6–18.

Viernickel, S. & Völkel, P. (2009). *Beobachten und Dokumentieren im pädagogischen Alltag.* Freiburg: Herder.

Wendlandt, W. (2011). *Sprachstörungen im Kindesalter* (6. Aufl.). Stuttgart: Thieme.

Whitehurst, G. J., Falco, F. L., Lonigan, C. J., Fischel, J. E., DeBaryshe, B. D., Valdez-Menchaca, M. C., & Caulfield, M. (1988). Accelerating language development through picture book reading. *Developmental Psychology, 24*(4), 552–558.

Willenbring, M. (2008). „Problemkinder" einschätzen und beobachten. Pädagogische Beobachtungshilfen in Kindergarten und Hort. In M. R. Textor (Hrsg.), *Verhaltensauffällige Kinder fördern. Praktische Hilfen für Kindergarten und Hort* (3. Aufl., S. 40–62). Berlin: Cornelsen Verlag Scriptor.

Wustmann, C. (2004). *Resilienz. Widerstandsfähigkeit von Kindern in Tageseinrichtungen fördern.* Berlin: Cornelsen Verlag Scriptor.

Zacher, H., Felfe, J., & Glander, G. (2008). Lernen im Team: Zusammenhänge zwischen Personen- und Teammerkmalen und der Leistung von Multiplikatoren. *Zeitschrift für Arbeits- und Organisationspsychologie A & O, 52*(2), 81–90.

Zentner, M., & Bates, J. E. (2008). Child temperament. An integrative review of concepts, research programs, and measures. *European Journal of Developmental Science, 2*(1), 7–37.

Zimmermann, M. (2011). *Naturwissenschaftliche Bildung im Kindergarten. Eine integrative Längsschnittstudie zur Kompetenzentwicklung von Erzieherinnen. Studien zum Physik- und Chemielernen,* (Bd. 128). Berlin: Logos Verlag.

Zinke, P., Bostelmann, A., & Metze, T. (2005). *Vom Zeichen zur Schrift. Begegnungen mit Schreiben und Lesen im Kindergarten.* Weinheim: Beltz.

Prozessevaluation

4

Andrea Schulz und Ulrike Morawiak

Inhaltsverzeichnis

Die in Kap. 3 ausführlich dargestellten Professionalisierungsmaßnahmen im KOM-PASS-Projekt, wurden durch eine Prozessevaluation begleitet, um Informationen über die Qualität ihrer Implementierung zu erhalten (Prozessqualität). Hierbei wurden die Umsetzungstreue und die Teilnahmezufriedenheit erfasst, um ggf. inhaltliche Anpassungen an die Bedürfnisse der Fachkräfte vornehmen zu können.

A. Schulz (✉) · U. Morawiak
ISER, Universität Rostock, August-Bebel-Straße 28, 18051 Rostock,
Mecklenburg Vorpommern, Deutschland
E-Mail: andrea.schulz4@uni-rostock.de

U. Morawiak
E-Mail: ulrike.morawiak@uni-rostock.de

© Springer Fachmedien Wiesbaden 2017
T. Jungmann, K. Koch (Hrsg.), *Professionalisierung pädagogischer
Fachkräfte in Kindertageseinrichtungen,* Psychologie in Bildung und Erziehung:
Vom Wissen zum Handeln, DOI 10.1007/978-3-658-10270-8_4

- **Umsetzungstreue.** Unter diesem Begriff werden zum Teil recht unterschiedliche Indikatoren und Konzepte zusammengefasst (Jungmann und Brand 2012). Im Zentrum aller steht dabei die Frage, ob die Professionalisierungsmaßnahme den Vorgaben entsprechend umgesetzt wird. Es lassen sich Indikatoren, die die Quantität der Umsetzung in einem Ist-Soll-Vergleich erfassen (z. B. Anzahl der Fortbildungsstunden, Anzahl der durchgeführten Individualcoachings) und Indikatoren für die Qualität der Umsetzung (z. B. Umsetzung der Gesprächsführungstechniken, Beratungskompetenz) unterscheiden. Obwohl erstere meistens einfacher zu messen sind, werden letztere für die Programmwirkung als bedeutsamer angesehen. Eine größere Programmtreue führt in der Regel auch zu einer höheren Wirksamkeit der Intervention. Eine Programmtreue von 100 % ist allerdings in der Praxis nicht zu erwarten, vielmehr sind positive Effekte bereits ab einer Programmtreue von 60 % erkennbar.
- **Teilnehmendenengagement und Zufriedenheit.** Der Einbezug der Zufriedenheit der Teilnehmenden mit einer Qualifizierungsmaßnahme gehört mittlerweile zum Standardrepertoire der Prozessevaluation. Da quantitative Zufriedenheitsbefragungen häufig positiv verzerrt sind, erfüllen sie allerdings oft eher eine legitimierende Funktion für die Außendarstellung. Dennoch sind die Erfolge einer Professionalisierungsmaßnahme bei den zufriedenen und engagierten Fachkräften zumeist größer.

In Kap. 4.1 werden zunächst die im KOMPASS-Projekt angewendeten Methoden der Prozessevaluation dargestellt. Dann werden die qualitativen Befunde beschrieben, die aus den durchgeführten Feedbackrunden nach der Grundlagenfortbildung und den qualitativen Fokusgruppeninterviews im Anschluss an die fachspezifischen Fortbildungen (4.2) und den Dokumentationen des Coachingprozesses sowie teilnehmenden Beobachtungen (4.3) gewonnen wurden. Aufgrund der relativ geringen Fallzahlen der fachspezifisch fortgebildeten ($n = 46$) und gecoachten Fachkräfte ($n = 24$) sind die Ergebnisse als nicht repräsentativ zu betrachten, können aber einen Beitrag zur Erklärung des Wirkmodells leisten, das in Kap. 5 näher betrachtet wird. Weiterhin lassen sich aus den Erfahrungen Implikationen für die Professionalisierungspraxis ableiten, auf die in Kap. 6.1 eingegangen wird.

4.1   Methoden der Prozessevaluation

Zum Abschluss der Fortbildungsblöcke in der Grundlagenfortbildung wurden mit den 18 bis 24 teilnehmenden Fachkräften jeweils Feedbackrunden in Form eines Blitzlichts durchgeführt. Dabei handelt es sich um eine Feedbackmethode, die es ermöglicht, schnell die Stimmung, die Meinungen und den Stand bezüglich der Inhalte und der Beziehungen in der Gruppe zu ermitteln. Die Teilnehmenden äußern sich kurz in einem Satz oder mehreren Sätzen zu den jeweiligen Inhalten der Fortbildungsblöcke. Das sich aus der Blitzlichtrunde ergebende Bild kann helfen, die Arbeitssituation positiv zu gestalten und lösungsorientiert zu verändern (Reich 2007).

In den kleineren fachspezifischen Fortbildungsgruppen mit jeweils sechs bis acht Fachkräften wurden regelmäßige Fokusgruppeninterviews realisiert. Bei dieser Methode zur Gewinnung von Rückmeldungen der Gruppe zu den einzelnen Fortbildungseinheiten werden Erkenntnisse nicht nur durch die Einzelmeinungen der teilnehmenden Personen, sondern vor allem durch den moderierten Austausch zwischen den Beteiligten gewonnen (Krueger und Casey 2000). Am Ende jedes Fortbildungsblockes sollten die Fachkräfte die Inhalte der Veranstaltung, die in Kap. 3.2 ausführlicher beschrieben wurden, resümieren. Zu Beginn des darauffolgenden Blockes wurden ihre Erfahrungen zur Umsetzung der bisher erarbeiteten Inhalte in der Praxis sowie zu möglicherweise auftretenden Hindernissen erfragt. Somit konnten die Akzeptanz der Inhalte und ihre praktische Umsetzbarkeit aus Sicht der pädagogischen Fachkräfte erfasst werden und ggf. eine Anpassung der Fortbildungsinhalte an individuelle Bedürfnisse erfolgen. Alle Fokusgruppeninterviews wurden auf Tonband aufgezeichnet und anschließend transkribiert und qualitativ inhaltsanalytisch nach Mayring (2010) ausgewertet. Dabei konnte allerdings keine Zuordnung der Aussagen zu einzelnen Fachkräften vorgenommen werden, zudem waren Mehrfachnennungen möglich. Die Auswertung erfolgte mithilfe eines Kategoriensystems, dessen Haupt- und Unterkategorien bereichsübergreifend aus den Interviews abgeleitet und durch bereichsspezifische Items ergänzt wurden.

Die Evaluation der Individualcoachings erfolgte schließlich personenbezogen, einerseits durch die teilnehmende Beobachtung in der begleiteten Alltagssituation, andererseits durch die Dokumentation des Coachingprozesses im anschließenden Auswertungs- und Reflexionsgespräch mithilfe der selbstentwickelten Reflexionsbögen.

Die teilnehmende Beobachtung umfasste zwei Schwerpunkte. In der Alltagssituation lag der Fokus auf der Umsetzung der Inhalte der fachspezifischen Fortbildungen durch die Fachkräfte, im Reflexionsgespräch auf inhaltlichen und organisatorischen Aspekten im individuellen Kontext.

Die Dokumentation jedes Coachingziels erfolgte mithilfe zweier Reflexionsbögen, die die Abb. 4.1 und 4.2 zeigen und die entsprechend der SMART-Regeln (Kap. 3.3) aufgebaut sind.

Der erste Bogen dient der Zielfindung, der zweite Bogen wird bei dem darauffolgenden Termin eingesetzt und dokumentiert die tatsächlich erreichten Ziele. Zunächst wird das zu erreichende Ziel gemeinsam mit der Fachkraft möglichst **spezifisch** definiert, wodurch sichergestellt ist, dass es auch von ihr **akzeptiert** wird.

Ziele für die Zeit bis zum nächsten Coaching am   Datum:

Mein **Ziel** ist

Zielerreichungsskala

hier stehe ich:

0--------1--------2--------3--------4--------5--------6--------7--------8--------9--------10

hier möchte ich hin:

0--------1--------2--------3--------4--------5--------6--------7--------8--------9--------10

Diese **Veränderungen** können eintreten. / Daran erkenne ich das **Gelingen meines Vorhabens** bei mir und / oder bei den Kindern:

Mit welchen Mitteln / Methoden kann ich das **Ziel erreichen?** / Diese **Umsetzungsmög-lichkeiten** gibt es:

Folgendes kann mich **unterstützen** (eigene Stärken und weitere Möglichkeiten):

Diese **Schwierigkeiten** kann es geben. / So kann ich die Schwierigkeiten **überwinden:**

Abb. 4.1 Reflexionsbogen 1 zur Zielfindung

Zielerreichung Datum:

Mein **Ziel** war

Zielerreichungsskala
hier stand ich
0--------1--------2--------3--------4--------5--------6--------7--------8--------9--------10
hier wollte ich hin
0--------1--------2--------3--------4--------5--------6--------7--------8--------9--------10
hier bin ich hingekommen
0--------1--------2--------3--------4--------5--------6--------7--------8--------9--------10

Diese **Veränderungen** sind eingetreten / Daran erkenne ich das **Gelingen meines Vorhabens** – bei mir und/oder bei den Kindern

So konnte ich die **Ziele erreichen** /diese **Umsetzungsmöglichkeiten** habe ich genutzt

Das hat mich **unterstützt**

Diese **Schwierigkeiten** gab es / So konnte ich die Schwierigkeiten **überwinden**

Meine **Zufriedenheit** mit der Umsetzung des Ziels
0--------1--------2--------3--------4--------5--------6--------7--------8--------9--------10

Fazit
O **das Ziel weiter verfolgen**
O **neues Ziel formulieren**

Abb. 4.2 Reflexionsbogen 2 zur Zielerreichung

Wenn dies erfolgt ist, soll die Fachkraft auf einer zehnstufigen Zielerreichungs-skala (0 = Ziel überhaupt noch nicht erreicht, 10 = Ziel voll erreicht) einschätzen, in welchem Ausmaß sie das spezifizierte Ziel bereits im Alltag erreicht. Im nächsten Schritt geht es darum, eine Perspektive bezüglich der verbesserten Zielerreichung zu entwickeln. Daher soll die Fachkraft auf derselben Skala **realistisch** einschätzen, welche Fortschritte sie bis zum nächsten Individualcoaching anstrebt. Neben diesen Skalierungsfragen werden vier offene Fragen im Rahmen des Coachings erörtert. Dadurch werden die Fachkräfte dazu angeregt, sich mit Indikatoren für ihre Zielerreichung auseinanderzusetzen, was der **Messbarkeit** in den SMART-Regeln entspricht. Weiterhin sollen sie sich Gedanken darüber machen, welche Umsetzungsmöglichkeiten es gibt, was sie bei der Zielerreichung unterstützen könnte und welche potenziellen Hindernisse auftreten könnten. Im zweiten Reflexionsbogen wird zusätzlich dokumentiert, wie zufrieden die Fachkraft mit ihrem Zielerreichungsprozess war und ob sie an demselben Ziel weiterarbeiten will oder ein neues spezifisches Ziel formuliert werden soll. Das Reflexionsniveau der Fachkräfte wird in Anlehnung an das Modell von Bräuer (2009) einer der drei Reflexionsstufen Beschreiben/Dokumentieren, Analysieren/Interpretieren oder Vergleichen/Bewerten und Evaluieren zugeordnet.

4.2 Fortbildungsbegleitende Evaluation

Die Teilnehmenden beider Interventionsgruppen äußerten sich überwiegend positiv zur **Grundlagenfortbildung**. Während die Fachkräfte in der IG I im Feedback auch inhaltliche und strukturelle Kritikpunkte hatten, überwogen in der IG II das Erkenntnisinteresse und der selbstreflexive Anteil zu den Anforderungen an das Berufsbild pädagogischer Fachkräfte.

Die überwiegende Mehrheit der pädagogischen Fachkräfte in der IG I nahm die Fortbildungsinhalte als zu umfangreich und teilweise „zu theoretisch" wahr. Insbesondere das für die Fachkräfte ungewohnt lange Sitzen wurde als belastend empfunden. Dagegen wurde von den Fachkräften in der IG II die Grundlagenfortbildung vor allem als Zusammenfassung und Auffrischung der in der Ausbildung bereits erworbenen Kompetenzen betrachtet. Die Teilnehmenden meldeten zurück, dass die bearbeiteten Themen ihnen die Komplexität ihres Arbeitsfeldes vor Augen geführt hätten, so dass sie sich hierdurch in ihrer eigenen Arbeit bestätigt sahen. Der zeitliche Rahmen wurde hier ebenfalls angesprochen, wobei das ungewohnt lange Sitzen nicht als übermäßige Belastung angesehen wurde.

Die Bereitstellung der Arbeitsmaterialien wurde von allen pädagogischen Fachkräften positiv bewertet, da dies einerseits das Mitschreiben überflüssig mache, andererseits aufgrund der bereichsspezifisch farblichen Einteilung der zur Verfügung gestellten Ordner sofort die Zuordnung zu einem der drei Fortbildungsbereiche ersichtlich werde und sich hierdurch erste Vernetzungsmöglichkeiten zwischen den pädagogischen Fachkräften ergäben.

Die Rückmeldungen der pädagogischen Fachkräfte zu den **fachspezifischen Fortbildungen** lassen sich den beiden Hauptkategorien *Fortbildungsinhalte* (z. B. alltagsintegrierte Förderung) und *Methodik/Didaktik* (z. B. Erfahrungsaustausch mit Kolleginnen und Kollegen) zuordnen. Der Transfer der Theorieinhalte in die Praxis wird durch die Hauptkategorien *Umgesetzte Fortbildungsinhalte, Vernetzung/Elternarbeit, kindbezogene Effekte* sowie *Hindernisse* abgebildet. Die Auswertung der Interviews führte zu bereichsübergreifend weitestgehend vergleichbaren Ergebnissen, so dass nur im Einzelfall auf bereichsspezifische Besonderheiten eingegangen wird.

4.2.1 Allgemeine Rückmeldungen der Fachkräfte zu den Fortbildungen

Den als am relevantesten empfundenen inhaltlichen Schwerpunkt der Fortbildungen stellte in beiden Gruppen die Möglichkeiten der alltagsintegrierten Förderung ($n=41$) dar. Deren inhaltliche Schwerpunkte belegen die Ankerzitate aus den Fokusgruppeninterviews, die in Tab. 4.1 dargestellt werden. Während die Praxisanregungen als potenziell umsetzbare, in das eigene Handeln integrierbare Fördermöglichkeiten gewertet wurden, nahmen die Teilnehmenden zwar einerseits die theoretischen Ausführungen als Erkenntnisgewinn wahr, andererseits wurden die theoretischen Hintergründe aber überwiegend als schwierig, anstrengend und durch die Fachausdrücke schwer verständlich eingestuft. Die Fachkräfte forderten die direkte Verknüpfung theoretischer Ausführungen mit der Praxis, denn nur damit könne „man dann letztendlich arbeiten" (C5 Gefühle[1]). Mit der Vorstellung praktischer Umsetzungsmöglichkeiten im Anschluss an die Theorie erschlössen sich auch die theoretischen Inhalte besser. Im Laufe der Fortbildung war erkennbar, dass die pädagogischen Fachkräfte mit den wiederkehrenden Begriffen zunehmend vertrauter und somit auch die theoretischen Grundlagen verständlicher wurden.

4.2.2 Bereichsspezifische Besonderheiten

Im Bereich *Sprache/Literacy* wurde das Thema *Beobachtung und Dokumentation* von allen Fachkräften im Bereich als sehr bedeutsam eingeschätzt. Vereinzelt wurden hier zudem die Themen *Entwicklungsauffälligkeiten* und *Raumgestaltung* aufgegriffen. Dagegen war nur im Bereich *sozial-emotionale Entwicklung* die *Elternarbeit*, insbesondere die Strukturierung von Elterngesprächen, ein Schwer-

---

[1] Die Zitate sind durch die mit fortlaufenden Buchstaben gekennzeichneten Interviews sowie die durchnummerierten Absätze der Transkripte eindeutig zugeordnet. Die Buchstaben A-E entsprechen wiederum Äußerungen der Fachkräfte aus der IG I, die Buchstaben F-K kennzeichnen Äußerungen der Fachkräfte aus der IG II.

Tab. 4.1 Rückmeldungen der Fachkräfte zu den fachspezifischen Fortbildungen

Haupt-kategorien	Unterkategorien (Anzahl der Nennungen)	Ankerzitat/Beispiel (Interview-Absatz-Bildungsbereich)
Inhalte	Alltagsintegrierte Förderung (41)	„und was ich total faszinierend finde, was man eigentlich mit 'nem Bilderbuch überhaupt anfangen kann [...] dass es nicht nur [...] das Vorlesen [...] sondern auch ganz viele andere Sachen [gibt], um die Kinder zum Sprechen zu animieren [...] ein Gespräch aufzubauen [...] Geschichten zu erfinden" (H 13/15 Sprache)
		„was mir [...] gut gefallen hat, dass die Ideen, die wir jetzt mitgenommen [...] [haben], wirklich auch machbar [...], umsetzbar sind" (F 41 Mathe)
		„Also ich denk so jetzt mehr [...] über die Gefühle [nach] [...] [und] reflektier jetzt so mein Verhalten. Ich sag nicht mehr, wenn ein Kind hingefallen ist: Ist nichts passiert, ist nichts passiert" (G 47 Gefühle)
	Theoretische Grundlagen (20)	„die ganzen Fachausdrücke [sind] [...] für mich echt Neuland" (G 193 Sprache)
		„es [ist] in der Theorie eine gewisse Auffrischung" (B 9 Mathe)
		„ich fand, es war 'ne gute Mischung zwischen Theorie und Praxis. Das letzte Mal [...] kam es mir ein bisschen gewaltiger vor mit der Theorie" (C 12 Gefühle)
	Beobachtung / Dokumentation (5) Sprache, Gefühle	„Und bei den Testverfahren fand ich auch sehr gut, dass man da was in der Hand hat, weil es [...] ja doch sehr umstritten [ist]. Die einen nehmen den, die anderen nehmen den." (H 110 Sprache)
	Elternarbeit (4) Gefühle	„Die Elterngespräche, also die Möglichkeiten gerade mit schwierigen Eltern oder Eltern schwieriger Kinder [...] Das fand ich ganz gut." (D 17 Gefühle)

Tab. 4.1 (Fortsetzung)

	Raumgestaltung (3) Sprache	„ich habe mir auch einiges aufgeschrieben [...] dass man vielleicht mehr Schrift [...] im Raum unterbringen könnte" (G 15/17 Sprache)
	Entwicklungsauffälligkeiten / -störungen (2) Sprache	„wo man jetzt vielleicht ein bisschen mehr guckt [...] über Sprachstörungen auch, wo man viele Kinder im Kopf hat" (F 26/30 Sprache)"
Methodik / Didaktik	Erfahrungsaustausch mit Kollegen (4) Mathe, Gefühle	„So einen Austausch untereinander finde ich immer total gut [...] Es haben alle unterschiedliche Erfahrungen gemacht [...] Das finde ich interessant und auch total wichtig [...] weil es letztendlich darum geht, das Ganze in die Praxis umzusetzen und wenn man da [...] Erfahrungen austauschen kann, ist das schon viel wert" (A 44 Gefühle)

punktthema. Lediglich eine Fachkraft aus diesem Bereich äußerte ihr Interesse an Formen der Beobachtung sowie an möglichen Beobachtungsfehlern.

Unterschiede zwischen den Interventionsgruppen zeigten sich ebenfalls nur bei Fachkräften, die im Bereich *sozial-emotionale Entwicklung* fortgebildet wurden. So gelang den Fachkräften in der IG II bereits in der Fortbildung eine sensiblere Wahrnehmung und Beobachtung der Kinder und die Reflexion des eigenen Handelns. Sie waren besser als die Fachkräfte in der IG I in der Lage, ihre Stärken und Schwächen einzuschätzen und fühlten sich in ihrer Einstellung zur Wichtigkeit der Förderung und in ihrem pädagogischen Handeln bestätigt. Weiterhin äußerten sie, dass ihnen neue Perspektiven auf die kindliche Entwicklung und deren Förderung vermittelt worden seien.

Die Möglichkeiten des kollegialen Erfahrungsaustauschs, deren vorrangige Inhalte Schwierigkeiten in der pädagogischen Arbeit sowie die konkrete Umsetzung von Fördermöglichkeiten waren, wurden als „interessant" und „wichtig" (A 44 Gefühle) bewertet. Der Einsatz von Medien, insbesondere das Zeigen von Filmen zur Veranschaulichung der theoretischen Ausführungen oder bei der Beobachtung und Dokumentation der kindlichen Entwicklung, wurde positiv wahrgenommen. Dadurch würde einerseits der Praxisbezug erleichtert, andererseits könne durch die abwechslungsreiche Gestaltung die Aufmerksamkeit besser auf die Fortbildung gerichtet werden.

Im Bereich *sozial-emotionale Entwicklung* wurden die Inhalte aller Fortbildungsblöcke als sehr umfangreich wahrgenommen. Bereits am Ende des ersten Fortbildungsblocks wurden daher Zusammenfassungen der Umsetzungsmöglichkeiten für jeden Themenblock erbeten. Dieser Bitte wurde entsprochen, indem die Inhalte jedes Fortbildungsblockes nochmals zusammenfassend wiederholt wurden und die Fachkräfte eine Zusammenstellung der wichtigsten Folien erhielten.

Gruppenübergreifend wurden die Fortbildungsinhalte als Auffrischung bereits vorhandenen Wissens eingestuft, die mit neuen Ideen und Anregungen verknüpft seien. Eine Fachkraft schlug vor, zunächst praktische Umsetzungsmöglichkeiten darzustellen und diese anschließend theoretisch zu fundieren. Diese Anregung wird bei der Gestaltung der Foliensätze für die Multiplikatorenarbeit aufgegriffen, die sich an die Professionalisierungsmaßnahmen im KOMPASS-Projekt anschließt.

4.2.3 Rückmeldungen der Fachkräfte zum Transfer in die Praxis

Der Transfer in die Praxis wurde von den pädagogischen Fachkräften differenziert beschrieben, erwartungsgemäß war ebenfalls die alltagsintegrierte Förderung das zentrale Thema in allen Gruppen, wie die Ankerzitate in Tab. 4.2 belegen. Ergänzend wurden im Bereich *Sprache und Literacy* die Themen *Raumgestaltung* sowie *Einführung von Regeln zur Kommunikation* benannt, im Bereich *sozial-emotionale Entwicklung* der Aspekt *Beobachtung und Dokumentation*; im Bereich *frühe mathematische Bildung* wird die *Anwendung methodischer und didaktischer Prinzipien bei der Förderung* thematisiert.

In allen Gruppen erfolgte die Weitergabe der Fortbildungsinhalte an Kolleginnen und Kollegen. Im Bereich *sozial-emotionale Entwicklung* wurden von zwei Fachkräften in der IG II sogar strukturelle Veränderungen auf Gruppen- und Einrichtungsebene benannt. Neben der in Tab. 4.2 bereits aufgeführten frühzeitigen Planung von Gruppenneubesetzungen und Urlaubsterminen, initiierte eine Fachkraft ein Projekt zum Thema *Gefühle*. Dies zeigt den guten kollegialen Austausch innerhalb der Einrichtungen, das Interesse der anderen pädagogischen Fachkräfte in den beteiligten Kindertageseinrichtungen an den Fortbildungsinhalten sowie das grundlegende Bedürfnis aller Fachkräfte nach weiteren Anregungen zur kindlichen Förderung, was die Relevanz der auf dem Interventionskonzept aufbauenden Multiplikatorenarbeit unterstreicht.

Auch auf Elternebene zeigten sich vereinzelt bereichs- und gruppenübergreifend Veränderungen, so berichteten die Fachkräfte einerseits davon, dass sie die Eltern nun stärker einbeziehen würden, andererseits aber auch von positiven Rückmeldungen der Eltern zu im Alltag umgesetzten Inhalten.

Weiterhin stellten die Fachkräfte aller Gruppen in dem vergleichsweise kurzen Zeitraum von bis zu zwei Monaten seit Fortbildungsbeginn bereits Veränderungen auf Kindebene fest. Neben der sehr positiven Resonanz der Kinder auf das intensivierte Angebot, berichteten sie von kindlichen Verhaltensänderungen bzw. Kompetenzsteigerungen im sprachlichen, mathematischen und sozial-emotionalen Bereich, die sie auf die umgesetzten Fortbildungsinhalte zurückführten.

Tab. 4.2 Rückmeldungen der Fachkräfte zum Transfer in die Praxis

Hauptkategorien	Unterkategorien (Anzahl der Nennungen)	Ankerzitat / Beispiel (Interview-Absatz)
Umgesetzte Fortbildungsinhalte	Alltagsintegrierte Förderung (75)	[Frage: Was haben die PFK aus der Fortbildung in ihren Arbeitsalltag mitgenommen?] „Handlungen zu begleiten mit Sprache [...], das macht man ja im gesamten Tagesablauf" (G 39/41 Sprache)
		„das mit dem Rückwärtszählen habe ich ja nie gemacht, und jetzt im Morgenkreis [...] [lässt] du [die Vorschulkinder] rückwärts zählen" (J 15 Mathe)
		„... ich hab dann auch [...] damit begonnen, [...] die Kinder [in Konfliktsituationen] zu unterstützen [...], wo man so gemerkt hat, dass die Kinder selbst nicht weiter kommen, dass sie nicht wissen, [...] wie sie damit umgehen sollen" (B 42 Gefühle)
	Methodik / Didaktik (5)	„ich hab Dreiecke [ausschneiden lassen], Vierecke, Quadrate und Rechtecke [...], und bei den Kleinen da hab ich [...] das vorgemalt" (G 136 Mathe)
	Beobachtung / Dokumentation (3) Gefühle	„... oder so wie sie auch sagte dieses Beobachten beim Bringen und Holen, das stimmt, da achtet man ganz anders drauf jetzt schon" (J 62 Gefühle)
	Raumgestaltung (3) Sprache	„also ich mach diese Leseecken" (J 55 Sprache)
	Regeln (2) Sprache	„wir haben [in der Gruppe] auch den Redestein eingeführt [...] dass die Kinder sich auch dran halten, wer wann spricht" (J 43/45 Sprache)
Vernetzung / Elternarbeit	Weitergabe an Kollegen (8)	„Ich hab schon ein paar Folien benutzt, [...] und gleich nochmal so einen Ordner fertig gemacht, auch für die Kollegen, dass die das auch ein bisschen nutzen können" (G 22 Gefühle)
	Elternarbeit (4)	[bezüglich eines bereichsrelevanten Projekts] „dabei ziehen die Eltern auch schön mit" (J 23 Sprache)
	Veränderungen auf Gruppen- und Einrichtungsebene (2) Gefühle	„Also ich habe bei uns gleich mal den Vorschlag angeregt, dass wir [die Themen] Urlaub[splanung] und [...] Gruppen[neubesetzung] [...] schon rechtzeitig [...] [planen]" (J 24 Gefühle)

Tab. 4.2 (Fortsetzung)

Kindbezogene Effekte	Änderung im Umgang mit anderen Kindern / Steigerung der Kompetenz (14)	„die Kinder [reagieren] [...] auf Sprache, also dass man das wirklich nur sprachlich begleitet, und da müssen sie denn auch schon zuhören und sich konzentrieren" (G 43 Sprache)
		„seit wir das [Zählen] so intensiv auch machen, [zeigen] [...] die Kinder das wirklich [...] [auch] zu Hause" (J 24 Mathe)
		„[da hatten die Kinder] die Idee gehabt, wenn jemand [...] [einen] anderen ärgert, haut, [...] schubst [...], der malt ein Bild für den anderen" (G 28 Gefühle)
	Freude/Motivation (13)	„[ich] habe das [neu ausgedruckte Würfelbilder kombiniert mit entsprechenden Ziffern] auf die Kinder wirken lassen und die haben das sehr gut angenommen" (D 5 Mathe)
Hindernisse	Heterogenität in der Gruppe (7) Mathe, Gefühle	„Ja, die Größeren so, wie gesagt, das ist eine Spanne von 10 Monaten und das merkt man eben so" (D 44 Mathe)
	Zeitliche Aspekte (5)	„vieles macht man ja schon von sich aus [...] aber [für] einige Sachen [...] muss man sich halt einfach noch mehr [...] Zeit nehmen" (F 88/90 Sprache)
	Arbeit im sozialen Brennpunkt (3) Sprache, Gefühle	„... manches ist wegen meiner Arbeit im sozialen Brennpunkt nicht ganz umsetzbar" (K 3 Gefühle)
	Räumliche Ausstattung (3) Sprache, Mathe	„es waren viele Sachen bei, die man umsetzen möchte, aber vielleicht platzmäßig nicht kann" (H 149 Sprache)
	Arbeitsbelastung (2) Gefühle	„Ich wache nachts auf und träume von der Arbeit im Moment. Also, dann musst du dies noch machen [...] und das noch machen. Also im Moment ist es ganz schlimm und das wird noch schlimmer" (J 17 Gefühle)

Neben den genannten Effekten auf Fachkraft-, Vernetzungs- und Kindebene wurden von allen Fachkräften jedoch auch Hindernisse und Erschwernisse für die alltagsintegrierte Förderung benannt, die sich allerdings bereichsspezifisch unterschiedlich verteilen.

So benannten die Fachkräfte im Fortbildungsschwerpunkt *Sprache und Literacy* insgesamt nur wenige Hindernisse. Zeitliche Probleme und die Arbeit im sozialen Brennpunkt wurden als wichtigste Hinderungsgründe für die Umsetzung alltagsintegrierter Förderung gesehen. Letzteres ist insofern überraschend, da gerade in Kindertageseinrichtungen in sozialen Brennpunkten der alltagsintegrierten Sprachförderung eine besondere Bedeutung zukommt. Die Themen mangelnde Sprachbeherrschung und Möglichkeiten der durchgängigen Sprachbildung im Alltag der Kindertageseinrichtungen sind ggf. in den Fortbildungen noch stärker zu verankern, um die den Bildungsplänen implizite Hoffnung und Forderung nach der Vermeidung lokaler Ungleichheiten bezüglich der späteren Bildungschancen einzulösen (vgl. Kap. 2).

Im Bereich *frühe mathematische Bildung* berichteten die Fachkräfte wiederholt von Problemen durch die teilweise große Heterogenität der Kinder, die die individuelle mathematische Förderung in der Gruppe erschwere. Dies verdeutlicht, dass den Fachkräften verstärkt Möglichkeiten der Differenzierung aufgezeigt werden müssen, damit alle Kinder entsprechend ihres Vorwissens und ihrer Kompetenzen in der Zone der nächsten Entwicklung gefördert werden können. Ergänzend wurden räumliche Probleme benannt, die beispielsweise die Veranschaulichung mathematischer Inhalte durch Plakate an den Wänden einschränkten.

Für die Fachkräfte des Bereichs *sozial-emotionale Entwicklung* stellten die hohe Arbeitsbelastung, die Heterogenität in der Gruppe sowie zeitliche Probleme wesentliche Hinderungsgründe dar. Während die beiden letztgenannten Gründe auch von den Fachkräften der anderen Bildungsbereiche genannt wurden, war die Arbeitsbelastung allein für die Fachkräfte des Bereichs *sozial-emotionale Entwicklung* relevant. Ursachen hierfür können anhand der Interviews jedoch nicht genauer spezifiziert werden.

Hinsichtlich der vertieften Auseinandersetzung mit dem eigenen pädagogischen Handeln, der Einschätzung der Kinder sowie dem Beobachten und Dokumentieren ist ein deutlicher Gruppenunterschied zugunsten der IG II erkennbar. Hier findet eine tiefergehende Selbstreflexion statt. Gründe hierfür können sowohl in der offenen Fragestellung der Fokusgruppeninterviews als auch in der Zusammensetzung der Interventionsgruppen liegen.

4.3 Evaluation des Coachingprozesses

Die Reflexionsbögen zur Dokumentation des Coachings wurden positiv bewertet und dienten sowohl der Coachin als auch der Fachkraft zur Strukturierung des reflexiven Prozesses. Diese Form der Selbstreflexion war allerdings den meisten pädagogischen Fachkräften nicht vertraut, was sich z. B. darin widerspiegelt, dass einzelne Fachkräfte ihre Kompetenzen zu Beginn des Coachings im unteren Bereich einschätzten, zum nächsten Termin aber bereits die Erreichung des höchsten Niveaus anvisierten. Diese „Selbstüberschätzung" regulierte sich mit zunehmender Vertrautheit mit den Einschätzungsinstrumenten zumeist sehr schnell. Ähnliches war für die Benennung von Veränderungen, Umsetzungs- und Unterstützungsmöglichkeiten sowie Hindernissen zu beobachten, die nach anfänglichen Schwierigkeiten überwiegend selbstständig erfolgte. Dabei war bereichsübergreifend festzustellen, dass sich die Auswertungsgespräche stark an den praxisorientierten Impulsen und Anregungen aus den Fortbildungen orientierten und nur in Einzelfällen gezielt auf die vermittelten theoretischen Grundlagen zurückgegriffen wurde.

Die Dauer der Auswertungsgespräche variierte in der Regel zwischen 45 und 120 min, was in erster Linie von den organisatorischen Rahmenbedingungen in der Einrichtung, aber auch von den zu besprechenden Inhalten, Fragen, Coachingtechniken sowie dem Einsatz verschiedener Methoden abhing. So dauerte ein Gespräch länger, wenn die Möglichkeit zur Videographie der beobachteten Situation in Anspruch genommen wurde und ein gemeinsames Anschauen und Auswerten der Videoaufzeichnung erfolgte.

Die Coachingtermine waren bei den meisten pädagogischen Fachkräften sehr gut organisiert. Die Betreuung der Kinder in den jeweiligen Gruppen übernahm eine Kollegin oder ein Kollege. Hierfür bot sich insbesondere die Zeit vor dem Mittagessen an, welche die Gruppen in der Regel auf dem Außengelände der Einrichtung verbringen. In integrativen Gruppen mit zwei pädagogischen Fachkräften konnte von dieser zeitlichen Vorgabe abgewichen werden.

Die Auswertungsgespräche fanden zumeist in einem separaten Raum statt. In Einzelfällen musste die Fachkraft allerdings verfrüht die Betreuung ihrer Kinder wieder aufnehmen oder das Auswertungsgespräch musste im Gruppenraum bei gleichzeitiger Anwesenheit schlafender Kinder oder in Anwesenheit von Kolleginnen oder Kollegen erfolgen. Solche Unterbrechungen, Ablenkungen oder Einschränkungen störten den Reflexionsprozess und das Vertrauensverhältnis zwischen Fachkraft und Coachin. In einem Fall musste das Auswertungsgespräch sogar um anderthalb Wochen verschoben werden, wodurch der zeitliche Abstand zum Reflexionsgegenstand zu groß war, um noch adäquat mit der Fachkraft daran arbeiten zu können.

Eine monatliche Taktung der Coachingtermine wurde angestrebt, da dieser Zeitrahmen den Fachkräften genug Zeit zur Erprobung neuer Förderpraktiken, für das Sammeln von Erfahrungen im Alltag gibt und die Beantwortung aktueller Fragen und Unsicherheiten zeitnah zulässt. Abstände von mehr als sechs Wochen wurden auch von den Fachkräften als hinderlich empfunden, weil Fragen zu lange unbeantwortet blieben und keine zeitnahe Rückmeldung zur Erprobung der Coachinginhalte erfolgte. Kürzere Zeiträume ließen dagegen zu wenig Zeit zum Erproben neuer Fördermöglichkeiten in der Kindergruppe. Der optimale Zeitplan konnte jedoch aufgrund von einrichtungsbedingten Terminen und Organisationsproblemen, Krankheit sowie Urlaubs- und Ferienzeiten nicht immer eingehalten werden und führte im Einzelfall zu Abständen von bis zu maximal knapp vier Monaten zwischen den Individualcoachings. Bei fast allen pädagogischen Fachkräften kam es zu terminlichen Problemen in der Vorweihnachtszeit, nur wenige konnten Anfang Dezember einen Termin realisieren, bei allen anderen ruhte das Coaching von spätestens Ende November bis Anfang Januar.

In den Reflexionsgesprächen zeigte sich bei allen Fachkräften, dass der Anerkennung, Bestätigung und Wertschätzung ihrer Arbeit durch die die Alltagssituationen begleitende Coachin ein hoher Stellenwert beigemessen wurde. Dadurch konnte sowohl das professionelle Selbstbild als auch die Fachkraft-Coachin-Beziehung gestärkt werden.

Die pädagogischen Fachkräfte benannten aber auch mehrheitlich Umsetzungsschwierigkeiten und -hindernisse im Coachingprozess. Wiederholt wurden zeitliche und einrichtungsinterne Strukturprobleme angesprochen, z. B. konzeptuelle Änderungen, die eine Umstrukturierung der Gruppe bzw. aller Gruppen nach sich zogen, Urlaub und Krankheit, besondere Feierlichkeiten in der Einrichtung oder die Eingewöhnung neuer Kinder. Weiterhin gab es vereinzelt Schwierigkeiten bei der Umsetzung auf Kindebene. So gelang den Fachkräften nicht immer die Balance zwischen der konkreten Zielumsetzung und der Erfüllung von allgemeinen Erziehungs- und Betreuungsaufgaben bei allen Kindern. Weiterhin erschwerte die Heterogenität der Gruppe die gezielte, individuelle Arbeit, auffällige Verhaltensweisen einzelner Kinder wurden als hinderlicher Faktor thematisiert. In Einzelfällen behinderte aber auch die fehlende Kooperationsbereitschaft der Eltern den durch das Coaching fokussierten Förderprozess der Kinder bzw. das im Coaching gewählte Thema Elternarbeit. Umsetzungsschwierigkeiten, die sich auf das eigene Handeln und Können oder methodisch-didaktische Vorgehensweisen beziehen, wurden nur von zwei Fachkräften benannt. Im Bereich *frühe mathematische Bildung* hatte eine Fachkraft ein Angebot zum Musterlegen für die ganze Gruppe gestaltet und äußerte im Gespräch ihre Unzufriedenheit über ihren unflexiblen Umgang mit den Materialien sowie die Gruppengröße (PFK 10, C 7[2]). Im Bereich *sozial-emotionale Entwicklung* stellte eine Fachkraft im Auswertungsgespräch selbstkritisch fest, dass ihr zuvor durchgeführtes Angebot thematisch überladen gewesen sei und das Anschauungsmaterial aufgrund der zu geringen Größe seine Funktion nicht erfüllen konnte (PFK 2, C 6).

---

[2] Pädagogische Fachkraft mit der Identifikationsnummer 10 im siebten Coaching.

4.3.1   Coaching im Bildungsbereich Sprache und Literacy

Teilnehmende am Coaching

Im Bildungsbereich *Sprache und Literacy* wurden sechs weibliche pädagogische Fachkräfte im mittleren Alter von 40.2 Jahren (SD: 17.95; Range: 20 bis 59 Jahre) mit durchschnittlich 16 Jahren Berufserfahrung (SD: 13.75; Range: 2 bis 30 Jahre) gecoacht. Die drei älteren Fachkräfte hatten eine Fachschulausbildung bzw. das Fachschulstudium der DDR durchlaufen, während die drei jüngeren Teilnehmerinnen ihre Ausbildung im bundesdeutschen System absolvierten. Keine der sechs Teilnehmerinnen hatte zuvor an einer vergleichbaren Fortbildungsmaßnahme (Fortbildung und Coaching oder Supervision) im Bereich *Sprache und Literacy* teilgenommen, drei Teilnehmerinnen mit mehr Berufserfahrung hatten allerdings schon unterschiedliche Fortbildungsmaßnahmen im Bereich der sprachlichen Bildung besucht. Vier Fachkräfte haben das Maximum von sieben Coachingterminen in Anspruch genommen, bei einer Fachkraft haben sechs, bei einer weiteren nur fünf Termine stattgefunden.

Spezifische Inhalte

Die gewählten Inhalte im Coaching lassen eine starke thematische Verdichtung bei der alltagsintegrierten Förderung des *Erzählens* (12 Termine, von 5 Fachkräften gewählt), gefolgt von *phonologischer Bewusstheit* und *Literacy* (jeweils 7 Termine) erkennen. Die Beschäftigung mit der phonologischen Bewusstheit wurde allerdings nur von den drei jüngeren Fachkräften gewählt, die laut Selbstauskunft bereits über entsprechendes Wissen aus ihrer Ausbildung verfügten und dies nun vertiefend anwenden wollten. Den älteren Kolleginnen war der Begriff bis zur Teilnahme an der fachspezifischen Fortbildung nicht bekannt und anscheinend wollten sie sich der alltagsintegrierten Förderung der phonologischen Bewusstheit als erst neu erworbenes Wissen nicht im Coaching nähern. Zwei Drittel aller Fachkräfte beschäftigten sich mit dem Thema *Literacy*, das einen großen inhaltlichen Überschneidungsbereich mit der dialogischen Bilderbuchbetrachtung aufweist. Diesem Thema sowie der alltagsintegrierten Förderung der Sprachkomponenten *Morphologie und Syntax* waren jeweils vier Coachingtermine gewidmet. Dass die Sprach- und Literacyförderung in der Bilderbuchsituation nicht häufiger gewählt wurde, lässt sich möglicherweise mit dem Umstand erklären, dass ihr bereits ein hoher Stellenwert in der fachspezifischen Fortbildung zukam und ihre sprachförderliche Gestaltung als nicht schwierig eingeschätzt wird. Des Weiteren stellt das dialogische Bilderbuchlesen eine besondere Erzählform dar (Kraus 2005), der bereits bei der Beschäftigung mit dem Erzählen Rechnung getragen wurde. Nur vereinzelt wurden das Erkennen von Sprachschwierigkeiten und das korrektive Feedback nochmals vertieft reflektiert (jeweils ein Termin).

Coachingverlauf

Zur Erleichterung des Einstiegs in den Coachingprozess wurden die sprachförderlichen Verhaltensweisen aus der fachspezifischen Fortbildung durch die Coachin nochmals zusammengefasst und als mögliche Coachinginhalte vorgestellt. Danach wurde gemeinsam überlegt, welchem dieser Förderaspekte sich die Fachkraft widmen wollte und eine Priorisierung der Themen vorgenommen. Aufgrund dessen erfolgte die Entscheidung zur ersten Zielsetzung im Coaching und im weiteren Verlauf. Die ersten Coachingtermine waren überwiegend der Förderung einzelner Sprachkomponenten wie Morphologie, Syntax oder Lexikon gewidmet.

Im Verlauf der Individualcoachings hat sich bei allen Fachkräften gezeigt, dass einzelne Themen nicht nur einer drei- bis vierwöchigen Erprobungsphase bedürfen und nicht in einem unterstützenden Coachingtermin ausreichend besprochen werden konnte. In diesen Fällen wurde dasselbe Thema noch einmal vertiefend behandelt.

Beispiel

Eine Fachkraft, die das Thema *Erzählen* gewählt hatte, formulierte ihr Ziel wie folgt: „Mein Ziel ist, die Kinder zum Erzählen anzuregen" (PFK 24, C 2). In der ersten Anwendungszeit zeigten sich gute Erfahrungen im Gruppenalltag und die Fachkraft beschloss, einen Erzählkreis in ihrer Gruppe fest zu etablieren. Das Thema im Coaching blieb also im Themenbereich des Erzählens, verlagerte sich aber zu einem anderen Schwerpunkt und ihre neue Zielsetzung lautete nun: „Mein Ziel ist, die Etablierung eines Erzählkreises mit nur wenigen Kindern ..." (PFK 24, C 3). Das Generieren von Lösungen bei auftretenden Problemen, deren Umsetzung in die Praxis und die Reflexion darüber erfolgte dann erneut begleitet durch die Coachin.

Die sprach- und literacyförderlichen Verhaltensweisen sollten in unterschiedlichen, stärker strukturierten Alltagssituationen, wie dem Morgenkreis oder gezielten Angeboten, wie auch weniger stark strukturieren Alltagssituationen, wie gemeinsamen Essenssituationen, im Freispiel, beim Sport, beim Basteln, Musizieren und Kochen zum Einsatz kommen und durch die Coachin begleitet werden.

Einen Schwerpunkt nahm hierbei der Morgenkreis oder Angebote in der Zeit von 9.00 Uhr bis 11.00 Uhr ein. Hier wurden sprach- und literacyförderliche Spiele gespielt, Lieder gesungen, Bilderbücher dialogisch betrachtet, Erzählkreise zu vorbereiteten Themen unter Einsatz von Büchern, Zeitungen, Zeitschriften, Bildern oder Postern durchgeführt. Bei der Gestaltung zeigte sich vor allem bei den älteren Fachkräften die Neigung, ein klar strukturiertes Angebot zur Sprach- und Literacyförderung vorzubereiten. Die Fachkräfte hatten alles geplant, viele Bereiche vorher durchdacht und sich Notizen dazu gemacht. Es fiel ihnen zunächst schwer, sich von ihren Vorstellungen zur Förderung zu lösen und sprachliche bzw. literale Inhalte spontan in die Gestaltung des Alltags der Kinder einfließen zu lassen. Erst im Verlauf des Coachingprozesses machten sie zunehmend mehr alltagsintegrierte sprachförderliche Angebote, z. B. zu jahreszeitlich passenden Themen. Weniger strukturierte Alltagssituationen stellen allerdings noch höhere Anforderungen an die Fachkräfte, denen sie nicht immer gewachsen waren. Im Freispiel, beim Sport oder auch beim Basteln und gemeinsamen Essen war ein vordergründiger Aspekt, die Kinder zusammenzuhalten, Anweisungen zu geben und eine Ordnung zu erhalten. Hinter diesen Betreuungs- und Erziehungsaspekten stand die durchgängige sprachliche und literale Bildung eher zurück.

Beispiel

Eine Fachkraft nutzte einen Ausflug zur Literacyförderung. Schnell zeigte sich, dass sich die Gruppe zügig weiträumig verteilte. Förderliche Aspekte, wie z. B. das Betrachten und gemeinsame Erlesen von Schildern sowie Anregungen zum gemeinsamen Erzählen kamen nur den wenigen Kindern zugute, die in der Nähe der Fachkraft blieben. Neben den förderlichen Gesprächen musste die Fachkraft zudem auch die anderen Kinder im Auge behalten (PFK 19, C 6).

Eine andere Fachkraft wählte dagegen die Straßen der Umgebung der Kindertageseinrichtung für einen kleinen Ausflug. Gemeinsam wurde nach Zahlen und Buchstaben in der Umgebung gesucht. Dies konnte sehr gut umgesetzt werden, da die Kinder aufgrund des Verkehrs eng zusammenbleiben mussten. Dadurch kamen alle Kinder miteinander in Kontakt, suchten gemeinsam nach Schrift und Zeichen in ihrer Umgebung und tauschten sich über das Gefundene aus (PFK 6, C 7).

Des Weiteren ist an der Wahl der Alltagsituation im Coaching zu erkennen, welche Fördermittel von den Fachkräften bevorzugt und meist gut beherrscht wurden. Es zeigte sich, dass die Situationen, in denen sie sich eine alltagsintegrierte Förderung eher weniger vorstellen konnten, auch nicht gewählt wurden. Eher war ihnen daran gelegen, eine neue Technik zu verstehen und sie in leichteren Situationen zu erproben, um in ihrer Anwendung sicherer zu werden. Der Transfer in vermeintlich schwierige Situationen wurde dagegen eher vermieden. Dies galt z. B. für die Mittagsituation, die nur einmal für die Betrachtung im Coaching gewählt wurde. In vielen Einrichtungen stand beim Mittagsessen der Verzehr der Speisen im Vordergrund, Tischgespräche wurden eher als störend empfunden, wenngleich diese sehr gut zur Sprachförderung im Alltag eingesetzt werden können (Bertelsmann-Stiftung 2012).

Die Alltagssituationen wurden nach Vereinbarung mit der Fachkraft durch die aktive Teilnahme der Coachin ergänzt, indem z. B. der Einsatz von Sprachlehrstrategien demonstriert wurde oder eine aktiv-verbundene Teilnahme der Coachin an einem gemeinsamen Gesprächskreis mit den Kindern stattfand und somit die Nutzung des alltagsintegrierten Förderpotenzials der Situationen durch Lernen am Modell ermöglicht wurde.

Reflexionsprozess

In den Auswertungsgesprächen gelang den Fachkräften die Reflexion der zu erwartenden Entwicklung und des eigenen Handelns in unterschiedlichem Ausmaß. Vier Fachkräfte konnten sich teilweise gut, zwei Fachkräfte im Verlauf sogar sehr gut reflektieren und sowohl Erfolge als auch Misserfolge in ihrem Handeln differenziert erkennen und benennen. Themenabhängig neigten sie gelegentlich aber auch dazu, ihr Handeln und ihre Erfolge allgemein zu hinterfragen. Eine Fachkraft zeigte durchgehend eine oberflächliche Reflexion der eigenen Leistungen und war nicht in der Lage, in die Tiefe zu gehen. Die letzte Fachkraft lehnte sowohl eine Reflexion des eigenen Handelns als auch ein Feedback durch die Coachin ab. Alle Fachkräfte berücksichtigten in der Darstellung der eingetretenen Veränderungen die Perspektive der Kinder, wobei jedoch vier Fachkräfte ihre eigene Perspektive vernachlässigten.

Hinsichtlich der prognostizierten und der tatsächlichen Entwicklung im Coachingverlauf zeigte sich bei der Hälfte der Fachkräfte eine Diskrepanz von ein bis drei Zielerreichungspunkten. Diese drei Fachkräfte neigten zu Beginn des Coachings zu leichten Überschätzungen ihres Entwicklungsprozesses. Nach durchschnittlich vier Caochingterminen gelang die eigene Einschätzung besser und die Diskrepanz der Zielerreichungspunkte sank. Zwei weitere Fachkräfte konnten ihre Erwartungen zu ihrer eigenen Zufriedenheit voll erfüllen, wobei eine Fachkraft ihre Erwartungen und Ergebnisse sehr gut reflektierte, während bei der anderen Fachkraft das Reflexionsniveau eher oberflächlich blieb. Bei der letzten Fachkraft zeigte sich nach einrichtungsinterner Umstrukturierung und persönlicher Krankheit Verunsicherungen im Reflexionsprozess, die sich gegen Ende des Coachings dann wieder deutlich verbesserten.

Alle pädagogischen Fachkräfte zeigten in ihrem individuellen Coachingverlauf eine Zunahme ihrer Reflexionsfähigkeit. Die Reflexion von Erwartungen und Ergebnissen sowie Umsetzungs- und Unterstützungsmöglichkeiten fand überwiegend eigenständig statt, wobei vier Fachkräfte eine starke bis sehr starke Reflexionstiefe mit differenzierteren Aussagen vorwiesen und zwei Fachkräfte eher oberflächlich reflektierten.

Die überwiegende Mehrheit der Fachkräfte konnte verschiedene Umsetzungsmöglichkeiten zur Förderung benennen und auch anwenden. Konnten sie bei neu-
en, noch eher unbekannten Themen, wie z. B. bei der Förderung der phonologischen Bewusstheit, nur wenige Ideen entwickeln, unterstützte die Coachin den Fin-
dungsprozess mit Anregungen und Verweisen auf die fachspezifische Fortbildung.
Keine der Fachkräfte war in der Lage, einen Bezug zum theoretischen Hintergrund
herzustellen. Bildungsinhalte aus der fachspezifischen Fortbildung wurden in der
Reflexion nicht von selbst benannt, waren aber bei der Hälfte der Fachkräfte im
pädagogischen Handeln erkennbar. Hier hatte also entweder schon ein Transfer aus
den fachspezifischen Fortbildungen stattgefunden, den die Fachkräfte nicht mehr
bewusst wahrnahmen, oder diese Form der Sprach- und Literacyförderlichkeit ge-
hörte bereits vor der Professionalisierung im Rahmen des KOMPASS-Projektes
zum intuitiven Handlungsrepertoire. Alle Fachkräfte hatten Schwierigkeiten, weitere Bildungspotenziale einer beobachteten Alltagssituation zu erkennen und zu
nutzen. Hierzu waren gezielte Hinweise der Coachin erforderlich.

Anregungen zur sprach- und literacyförderlichen Raumgestaltung wurden auch
im Coaching aufgenommen und umgesetzt. So waren bei allen Fachkräften die
Fächer an der Garderobe oder im Waschraum mit den Namen der Kinder gekennzeichnet. Bei der Hälfte der Fachkräfte konnten zudem weitere Beschriftungen in
Form von Postern, Plakaten oder selbstgebastelten Bildern an den Wänden und
die von den Kindern eigenständige Beschriftung der gemalten Bildern mit ihrem
Namen entdeckt werden.

Beispiel

In Auseinandersetzung mit dem Thema der Literacyförderung bastelte eine
Fachkraft eine Buchstabenwäscheleine mit den Kindern. Diese wurde an einer
Wand ausgehängt und konnte über die Zeit mit passenden Bildern behängt werden. Im Laufe der Zeit hatten die Kinder mehrere Bilder passend zum Anfangs-
buchstaben mit Wäscheklammern aufgehängt.

Allerdings hatte nur eine Fachkraft eine umfassende Beschriftung von Spielkisten,
Regalen oder Schubläden im Gruppenraum vorgenommen.

Die Möglichkeit der Arbeit am Video im Reflexionsgespräch wurde trotz wie-
derholten Angebotes an alle sechs Fachkräfte nur von einer Teilnehmerin genutzt,
obwohl die Videointeraktionsanalyse zahlreiche Möglichkeiten bietet, sich selbst
in Aktion zu sehen und unmittelbarer das eigene Interaktionsverhalten wahrzunehmen, mögliche Schwierigkeiten selbst zu identifizieren und im Folgenden schnel-
ler das eigene Verhalten zu verändern.

4.3.2 Coaching im Bildungsbereich frühe mathematische Bildung

Teilnehmende am Coaching

Im Bildungsbereich *frühe mathematische Bildung* wurden fünf pädagogische Fachkräfte im mittleren Alter von 50 Jahren (SD: 12.3; Range: 32 bis 59 Jahre) gecoacht. Sie bildeten damit die vergleichsweise älteste Gruppe, die über die mit Abstand größte Berufserfahrung von durchschnittlich 29.2 Jahren (SD: 15.1; Range: 8 bis 40 Jahre) verfügte. Die vier älteren Fachkräfte hatten eine Fachschulausbildung bzw. das Fachschulstudium der DDR absolviert, eine von ihnen jedoch für Kinder im Bereich von null bis drei Jahren mit späteren Fortbildungsmaßnahmen für den Altersbereich bis sechs bzw. zehn Jahren. Keine der fünf Fachkräfte hatte zuvor schon an einer vergleichbaren Fortbildungsmaßnahme (Fortbildung mit Coaching oder Supervision) im Bereich *Frühe mathematische Bildung* teilgenommen. Alle hatten jedoch schon Fortbildungen in diesem Bereich besucht. Die angestrebten sieben Coachingtermine wurden von allen Fachkräften wahrgenommen.

Spezifische Inhalte

Der Inhaltsbereich Größen und Messen bildete mit 14 Terminen bei vier Fachkräften den thematischen Schwerpunkt, gefolgt von Zahlen und Mengen, die fünfmal Thema waren. Muster und Strukturen sowie Raum und Form wurden nur zwei- bzw. einmal gewählt.

Der starke Fokus auf den Bereich *Größen und Messen* unterstreicht den deutlichen Hilfebedarf der Fachkräfte im Vergleich zu den anderen Bereichen. Dies ist einerseits der inhaltlichen Breite der Thematik geschuldet, die die sechs Größen *Länge, Fläche, Volumen, Gewicht, Zeit* und *Geld* umfasst. Andererseits war das Thema *Zeit* mindestens einmal Bestandteil bei jeder pädagogischen Fachkraft, auch bedingt durch die Weihnachtszeit, bei der es sich anbot, gezielt auf dieses Thema einzugehen.

Obwohl die Entwicklung des Inhaltsbereichs *Zahlen und Mengen* sehr zentral im Altersbereich von drei bis sechs Jahren ist, wurde er als Coachingthema selten gewählt. Lediglich die jüngste Fachkraft arbeitete an drei Terminen verstärkt an diesem Thema, eine weitere Fachkraft griff beim letzten Coachingtermin den Umgang mit Mengen auf und schätzte sich sowohl im Vorfeld als auch bei der tatsächlichen Ausführung sehr gut ein. Die vier älteren Fachkräfte nahmen dort keinen Hilfebedarf wahr und schätzten ihre eigenen Kompetenzen bereits hoch ein. Zu vermuten ist, dass den Fachkräften für diesen Inhaltsbereich bereits Vorkenntnisse und Erfahrungen mit den Kindern zur Verfügung standen, auf die sie zurückgreifen und mit denen sie neue Inhalte aus der Fortbildung leichter verbinden konnten.

Beim Coaching zeigte sich dann aber, obwohl überwiegend andere Themen-schwerpunkte gewählt worden waren, dass *Zahlen und Mengen* regelmäßig wie-derkehrend in den beobachteten Alltagssituationen auftauchten und in das eigent-liche Coachingthema integriert waren.

Neben den mathematisch-inhaltsbezogenen Coachingthemen wurde das Thema *Anregung der Kinder zu sprachlichen, mathematikbezogenen Äußerungen* sechs Mal von vier Fachkräften thematisiert. Damit stellt es einen weiteren Schwerpunkt im Coaching dar. Die sprachliche Begleitung mathematischer Tätigkeiten wurde von einer Fachkraft dreimal gewählt. Damit wurden explizite Themen aus dem Bildungsbereich *Sprache* auf den mathematischen Bereich übertragen und lassen die enge Verknüpfung beider Bildungsbereiche erkennen.

Das Thema *individuelle Förderung* war bei einer Fachkraft viermal Inhalt des Coachings. In diesem Coaching spielten wiederholt sozial-emotionale Themen eine große Rolle, beispielsweise die Integration einzelner Kinder mit erhöhtem Förderbedarf in das soziale Netz der Gruppe. Mathematische Inhalte standen hier teilweise hinter den gruppenspezifischen Problemen sowie den hieraus erwachsen-den Bedürfnissen der Fachkraft zurück, so dass ein Coaching im Bereich *sozial-emotionale Entwicklung* angezeigt gewesen wäre. Dies konnte aufgrund des Pro-jektdesigns nicht realisiert werden, wurde jedoch wiederholt in das mathematische Coaching integriert.

Coachingverlauf

Als Alltagssituationen wurden mathematikbezogene Angebote gewählt, denen das Freispiel vorausging. Hier fungierte die Coachin bei drei Fachkräften als Modell für förderliche Interaktionen mit den Kindern.

Beispiel

In einer Situation spielten Kinder mit Tierquartetten. Die Coachin griff das Thema *Tiere* auf und stellte gemeinsam mit den Kindern einen Bezug zu den verschiedenen Größen der Lebewesen her. Dabei wurden die Größen der Tier-abbildungen auf den Karten mit den tatsächlichen Größen der Tiere kombiniert. (PFK 10, C 1).

In der zweiten Situation hatten Kinder aus Bausteinen Schwerter gebastelt. Die Coachin begutachtete zunächst die Werke und animierte dann die Kinder zum Abzählen der Steine, um deren Länge miteinander zu vergleichen. An-schließend wurden Bausteine gleicher Farbe gesondert gezählt, um das Teil-Ganzes-Verständnis zu fördern (PFK 16, C 4).

Beiden Fachkräften gelang auf diesem Weg die Wahrnehmung des mathematischen Gehalts einer bislang nicht genutzten Alltagssituation. Eine Fachkraft sagte: „Ich bin angepiekst, dass ich nicht selbst darauf gekommen bin" (PFK 10, C 2) und drückte damit ihre hohe Motivation und ihren hohen Ehrgeiz aus, sich intensiver mit dem Förderpotenzial von Alltagssituationen zu beschäftigen, was sich im weiteren Coachingverlauf positiv entwickelte.

Diese Beispiele verdeutlichen, dass das Coaching die Möglichkeit eröffnet, die alltagsintegrierte Förderung durch Lernen am Modell zu intensivieren, wenn die pädagogischen Fachkräfte Schwierigkeiten haben, eigenständig das Potenzial von konkreten Alltagssituationen zu erkennen und zu nutzen. Dies stellt eine Möglichkeit dar, um die in Kap. 2 angesprochene „Transferlücke" zwischen den vermittelten Fortbildungsinhalten und deren Umsetzung in der Praxis sukzessive zu schließen.

Im Gegensatz zu den beispielhaft dargestellten förderlichen Interaktionen durch die Coachin stellte das Vorführen des eigenen pädagogischen Handelns eine offensichtlich ungewohnte Herausforderung für die Fachkräfte dar. Entsprechend hoch waren ihre eigenen Ansprüche an die Fördersituation.

Beispiel

Eine Fachkraft hatte für ihren ersten Coachingtermin das *sprachliche Begleiten der mathematischen Inhalte* beim gemeinsamen Basteln gewählt. Das für diesen Tag vorbereitete Angebot konnte jedoch aufgrund mangelnden Interesses seitens der Kinder nicht durchgeführt werden. Auf Anregung der Coachin passte sie sich den Bedürfnissen der Kinder an, nun wurde gemeinsam ein Brettspiel gespielt, hierbei waren die Schwerpunkte die simultane Anzahlerfassung des Würfelbildes, der ordinale Zahlaspekt sowie die Einhaltung der Spielregeln (PFK 8, C 1).

Ähnliche Situationen waren bei zwei weiteren Fachkräften zu beobachten. Dies verdeutlicht, dass die bei den ersten Coachingterminen begleiteten Alltagssituationen zu Beginn des Coachings stärker an einem bestimmten, für das Coaching ausgewählten Thema als an den kindlichen Aktivitäten der vergangenen Tage ausgerichtet waren. Durch die Anpassung des gewählten Themas an die kindlichen Bedürfnisse und Interessen gelang es im obigen Beispiel, den Gedanken der alltagsintegrierten Förderung stärker in das Coaching zu integrieren, die Ansprüche an die Komplexität der vorzuführenden Situation zu reduzieren und sie gleichzeitig flexibler und kindbezogener zu gestalten. Im weiteren Coachingverlauf schienen sich die Fachkräfte an die Anwesenheit der Coachin zu gewöhnen, da die Fachkraft-Kind-Interaktionen zunehmend natürlicher und ungezwungener wirkten als zu Beginn.

Bei den begleiteten Alltagssituationen lag ein deutlicher Fokus auf den mathematischen Angeboten. Bei einer Fachkraft waren drei der sieben Termine mit zwei Sportangeboten und einem Spaziergang weniger angebotsorientiert. Auch bei den anderen vier Fachkräften wurde zu jeweils einem Termin eine alternative Fördersituation gewählt, zweimal Sport, ein Gespräch sowie eine unstrukturierte Freispielsituation. Ähnliche Situationen, beispielsweise beim Sport, ermöglichten den Vergleich zwischen den Fördersituationen und deuteten auf große Unterschiede in der konkreten Umsetzung hin.

Beispiel

Eine Fachkraft integrierte in ihr Sportangebot abwechslungsreiche Übungen, z. B. Laufübungen, Weitsprung, Weitwurf und zum Abschluss ein Fangspiel. Sie enthielten zahlbezogene, räumliche und größenspezifische Anteile, beispielsweise indem die Kinder beim Werfen jeweils drei Versuche hatten, in wenigen Metern Entfernung ein Reifen lag, den sie treffen sollten und die Wurfdistanz individuell und altersabhängig variierte. Die Kinder standen in direktem Kontakt zur Fachkraft, die ihnen klare Anweisungen erteilte. Dabei zeigte die Fachkraft viel Eigeninitiative und war den Kindern sehr zugewandt (PFK 10, C 2).

Eine andere Fachkraft gab den Kindern unkonkrete Anweisungen, zum Beispiel begann das Sportangebot mit dem Warmlaufen auf dem Platz, jedoch ohne genaue Streckenangaben, z. B. um die Tore herum oder Rundenzahlen. Dabei ließ sie zu, dass sich die Gruppe auf dem Gelände verteilte. Das mathematische Potenzial der Übungen sowie der direkten Interaktionen bei Hilfestellungen an Spielgeräten, wie das Stufenzählen oder die räumliche Veränderung durch das Hochklettern, wurden nicht genutzt. In der Beziehung zu den Kindern wirkte sie passiv und distanziert (PFK 16, C 2).

Beide Angebote fanden auf dem Außengelände der jeweiligen Einrichtung statt, also unter vergleichbaren Bedingungen. Sie unterschieden sich aber sowohl hinsichtlich ihres mathematischen Anregungsgehalts, der Strukturiertheit als auch in der Qualität der Fachkraft-Kind-Interaktionen.

Auch in der Erarbeitung neuer Themen waren Unterschiede zwischen den Fachkräften feststellbar. Eine sehr tiefe thematische Auseinandersetzung mit dem Thema *Zeit* zeigt das folgende Beispiel.

Beispiel

Eine pädagogische Fachkraft baute das bis dahin von ihr eher „stiefmütterlich" behandelte Thema *Zeit* zu einem halbjährigen Projekt in ihrer Gruppe aus. Neben dem zunächst formulierten Coachingziel „Einführung der Kinder in das Thema Tages- und Wochenablauf" wurden im Verlauf der nächsten zwei Coachingtermine mithilfe der Anregungen der Coachin, der Mathematerialien sowie des empfohlenen Buches „Alle Zeit der Welt" (Damm 2007) weitere Zeitaspekte behandelt und der Kalender fest in den Tagesablauf integriert. Die Kinder entwickelten Zeit-Wortkreationen wie „jetzt ist Anziehzeit". Auch die Eltern stellten ein gewachsenes Interesse der Kinder am Thema Zeit fest und beteiligten sich an der Bereitstellung von Bildmaterial, mit deren Hilfe im Tagesablauf typische kindliche Situationen der Tageszeit zugeordnet wurden bzw. die individuelle Entwicklung der Kinder und ihrer Familien durch Familienbilder unterschiedlicher Zeiten veranschaulicht wurde. Bei der erstmaligen Reflexion zum Thema zeigte sich die Fachkraft sehr zufrieden mit der Umsetzung, hatte aber bereits viele weitere Ideen und einen Ordner zu deren Umsetzungsmöglichkeiten angelegt. Wie sich im weiteren Coachingverlauf herausstellte, thematisierte sie Erfindungen, wie Autos oder Strom und das Leben vor bzw. nach Einführung dieser Hilfsmittel. Anschließend begab sie sich mit den Kindern auf „Zeitreisen", in dessen Rahmen beispielsweise die Welt der Dinosaurier im Gruppenraum nachgebildet wurde (PFK 10, C 4–6).

Es wird erkennbar, dass einzelne Fachkräfte in der Lage sind, Anregungen eigenständig zu erweitern, in ihre Arbeit zu integrieren und durch die intensive Auseinandersetzung mit einem bislang eher unbeachteten Thema Effekte auf Interaktions-, Kind-, Gruppen- und Elternebene zu erzielen.

Der mathematische Anregungsgehalt des Gruppenraums durch deutlich erkennbare Zahlen, eine Uhr sowie einen Kalender wurden von allen pädagogischen Fachkräften, teilweise eigenständig, teilweise mit Unterstützung der Coachin, umgesetzt. Vier der fünf Gruppen nutzten bereits das zur Verfügung gestellte Fördermaterial, in einer Einrichtung befand es sich zu Beginn des Coachings im Beratungsraum, wurde aber nach entsprechenden Anregungen regelmäßig im Gruppenraum genutzt.

Reflexionsprozess

In den Reflexionsgesprächen forderten vier der fünf Fachkräfte kritische Rückmeldungen zu ihrer Arbeit ein. Sie sahen das Coaching als Chance, neben der Bestätigung ihres pädagogischen Handelns auch Anregungen zur Veränderung und Verbesserung zu erhalten. Die fünfte Fachkraft lehnte Impulse der Coachin, sowohl für den Umgang mit den Kindern als auch im Bezug auf Inhalte und Methoden der eigenen Arbeit, überwiegend ab. Auch die Reflexion des eigenen Handelns in Alltagssituationen war nur eingeschränkt möglich und überwiegend kindorientiert. Mithilfe von Situationsanalysen, in denen das Förderpotenzial konkreter Situationen sowie Methoden der Förderung für heterogene Gruppen erarbeitet wurde, ergab sich dennoch eine passende Möglichkeit der Zusammenarbeit, die ebenfalls für das Coaching anderer Fachkräfte genutzt wurde.

Die Zielfindung im Coaching war unproblematisch und wurde überwiegend von den Fachkräften selbst gestaltet.

Allen pädagogischen Fachkräften gelang nach einer kurzen Eingewöhnung an die Dokumentation des Coachingprozesses eine gute Selbsteinschätzung der eigenen Entwicklung. Die Reflexion von Veränderungen sowie Umsetzungs- und Unterstützungsmöglichkeiten fand überwiegend eigenständig statt. Jedoch zeigten zwei Fachkräfte eine stärkere Reflexionstiefe mit differenzierteren Aussagen im Vergleich zu den anderen drei Fachkräften.

Alle pädagogischen Fachkräfte nutzten die Möglichkeit der videogestützten Analyse der eigenen Fördersituation. Diese Form der Selbstreflexion war ihnen nicht vertraut, sie sahen es aber als weitere Chance, einen Blick „von außen" auf ihre eigene Arbeit zu erhalten.

Wiederholt wurden im Coaching auftretende Probleme und Irritationen in Fördersituationen gemeinsam reflektiert, die nach Fröhlich-Gildhoff et al. (2014) ein großes Lernpotenzial aufweisen.

Beispiel

Bei einem mathematischen Angebot machte ein Kind einen Fehler, im Gegensatz zum Kind bemerkte es die Fachkraft jedoch nicht. Da sich das Kind nicht meldete, blieb der Fehler unentdeckt. Im anschließenden Gespräch merkte dies die Coachin an, da es beim Kind offensichtlich zu Irritationen gekommen war. Gemeinsam wurde das weitere Vorgehen besprochen und ein offenes Ansprechen der Situation am nächsten Tag favorisiert. Beim nächsten gemeinsamen Termin war die Fachkraft sehr dankbar für diese Anregung, die sie mit Unterstützung in ähnlicher Form analog auf die für ein anderes Kind schwer zu bewältigende Begrüßungssituation anwenden konnte. Sie befragte sowohl das Kind als auch dessen Eltern nach Vorschlägen zur besseren Gestaltung, gemeinsam konnten sie dann eine für alle Beteiligten gute Lösung finden (PFK 16, C 5/6).

In diesem Fall gelang es der Fachkraft, die im mathematischen Bildungsbereich erarbeiteten Handlungsmöglichkeiten – das Ansprechen eines Problems und das gemeinsame Finden einer Lösung mit dem Kind – auf die Problematik der von einem anderen Kind schwierig zu bewältigenden Trennung von den Eltern in der Begrüßungssituation zu übertragen und dort ebenfalls gemeinsam eine für alle Beteiligten zufriedenstellende Lösung zu finden.

4.3.3 Coaching im Bildungsbereich sozial-emotionale Entwicklung

Teilnehmende am Coaching

Im Bildungsbereich *sozial-emotionale Entwicklung* wurden sechs pädagogische Fachkräfte im mittleren Alter von 32,8 Jahren (SD: 2,5; Range: 28 bis 35 Jahre) gecoacht. Damit bildeten sie eine vergleichsweise junge Gruppe, trotzdem schwankte die Berufserfahrung stark von drei bis 14 Jahren (M: 8,2; SD: 4,7). Keine der sechs Fachkräfte hatte zuvor schon an einer vergleichbaren Fortbildungsmaßnahme (Fortbildung mit Coaching oder Supervision) in diesem Bereich teilgenommen, wohl aber Fortbildungen besucht. Jeweils drei der pädagogischen Fachkräfte nahmen sechs bzw. sieben Coachingtermine wahr.

Spezifische Inhalte

Auch in diesem Bildungsbereich ist im Coaching eine breite Themenwahl festzustellen. Das Thema Stärkung sozial-emotionaler Kompetenzen wurde in elf Coachings bearbeitet, gefolgt von der Fachkraft-Kind-Beziehung, die sieben Mal thematisiert wurde. Jeweils fünf Mal wurden Peer-Interaktionen und die Elternarbeit bzw. die Vernetzung besprochen, jeweils vier Mal Konflikte und Interventionen bei Verhaltensauffälligkeiten. Am seltensten, aber immerhin noch zu drei Terminen, war der Themenkomplex Beobachtung und Dokumentation Gegenstand der Coachings.

Auch wenn die Themenbereiche, abgesehen vom überproportional gewählten Thema *Stärkung sozial-emotionaler Kompetenzen*, insgesamt relativ ausgeglichen vertreten waren, findet sich bei der individuellen Verteilung der Themen bei drei Fachkräften eine Häufung in den Bereichen *Stärkung sozial-emotionaler Kompetenzen, Fachkraft-Kind-Beziehung* sowie *Elternarbeit/Vernetzung*. Zwei Fachkräfte zeigten wiederholt eine eher problemorientierte Themenwahl durch die gezielte Intervention bei Verhaltensauffälligkeiten, dagegen wurde das Thema *Stärkung sozial-emotionaler Kompetenzen* nur einmal gewählt. Eine Fachkraft verknüpfte die Intervention wiederholt mit dem Thema *Beobachtung und Dokumentation,* weiterhin gelang ihr eine offenere Umsetzung dieser Themen, indem weitere Themenbereiche, beispielsweise *Peer-Interaktionen* oder *Elternarbeit*, dort integriert wurden. Eine Fachkraft thematisierte primär die grundständige Förderung sozial-emotionaler Kompetenzen sowie die Beziehungsgestaltung. Damit kam sie dem Konzept der alltagsintegrierten Förderung aller Kinder am nächsten.

Schwierigkeiten in der Zusammenarbeit mit Kolleginnen und Kollegen waren ein wiederkehrendes Thema im Coaching, einerseits durch bereits bestehende Konflikte bei der Zusammenarbeit, die die Arbeit mit den Kindern beeinträchtigten, andererseits durch die in der Fortbildung und im Coaching angestoßenen Veränderungen, die im Team nicht mitgetragen wurden und wodurch teilweise unterschiedliche Einstellungen aufeinandertrafen. Eine Fachkraft wählte das Thema *Konflikt* wiederholt aus, drei weitere Fachkräfte thematisierten im Team auftretende Konflikte im Rahmen des Reflexionsgesprächs.

Coachingverlauf

Die beobachteten Alltagssituationen fanden überwiegend im Gruppenraum statt, zwei Sportangebote wurden im Nebenraum durchgeführt sowie zwei weitere Situationen auf dem Außengelände begleitet. Die pädagogischen Fachkräfte wählten bevorzugt strukturierte Situationen, wie den Morgenkreis oder ein Angebot aus, denen regelmäßig die Freispielsituation vorausging. Die Angebote orientierten sich dicht am jeweiligen Thema, z. B. Bildkarten, die Konfliktsituationen zeigten oder dem gemeinsamen Betrachten von Bilderbüchern mit dem Fokus auf Gefühlen, wie Ängsten oder Glück.

Sowohl beim Freispiel als auch bei den Angeboten stand die Coachin nach Absprache mit den pädagogischen Fachkräften als Modell zur Verfügung, um Möglichkeiten der alltagsintegrierten Förderung sozial-emotionaler Kompetenzen in den jeweiligen Situationen aufzuzeigen. Das Nutzen unstrukturierter Situationen, beispielsweise durch das Spiegeln kindlicher Emotionen, wurde nur vereinzelt beobachtet. Diese Tendenz zeichnete sich auch bei einigen anderen Fachkräften ab, wohingegen einzelnen Fachkräften der Transfer in unstrukturierte Situationen besser gelang. Vorrangig nutzte die Coachin daher die Möglichkeit, das Spiegeln kindlicher Gefühle, die Verknüpfung von Gefühlen mit Situationen oder den Perspektivwechsel zu demonstrieren.

Beispiel

Bei einer Fachkraft modellierte die Coachin in einer Alltagssituation das Einbeziehen kindlicher Gefühle in das gemeinsame Gespräch. Beim nächsten Termin spiegelte die Fachkraft die kindlichen Gefühle im Morgenkreis. In unstrukturierteren Situationen, die nicht konfliktbehaftet waren, wurden die kindlichen Emotionen dagegen weiterhin nur selten verbalisiert (PFK 12, C 2).

Strukturierte Angebotssituationen oder im Freispiel auftretende Konflikte wurden von der Fachkraft regelmäßig zur Förderung sozial-emotionaler Kompetenzen genutzt. Konfliktsituationen wurden allein von den Fachkräften begleitet, da deren Lösung ein Vertrauensverhältnis zum begleitenden Erwachsenen voraussetzt. Des Weiteren sind diese Situationen gut zur Beobachtung der pädagogischen Handlungskompetenzen geeignet, die im anschließenden Coachinggespräch gemeinsam mit der pädagogischen Fachkraft reflektiert werden können.

Das Einbeziehen der ganzen Gruppe wurde wiederkehrend beobachtet, vorrangig durch die in der Fortbildung vorgestellten Gruppenspiele als auch vereinzelt durch sich spontan ergebende Situationen.

Beispiel

Ein Kind zeigte sich an einem Tag ungewöhnlich schlecht gelaunt. Nachdem die Fachkraft sich schon allein dem Kind zugewandt hatte, griff sie die negativen Gefühle des Kindes im Morgenkreis auf und bat alle anderen Kinder, ihm reihum etwas Schönes für den Tag zu wünschen. Dies erfolgte in einer Wünsche-Runde, woraufhin das Kind positiv gestimmter in den Tag gehen konnte (PFK 15, C 5).

In der Beziehungsgestaltung waren bei einer Fachkraft deutliche intraindividuelle Unterschiede zwischen einzelnen Kindern erkennbar. Während sie einigen Kindern sehr offen und wertschätzend begegnete, hatte sie zu anderen ein distanzierteres Verhältnis. Bei den anderen fünf Fachkräften waren derartig große Schwankungen hinsichtlich ihrer Zugewandtheit zu einzelnen Kindern nicht erkennbar.

Die vergleichende Betrachtung des pädagogischen Handelns aller Fachkräfte in Alltagssituationen deutet auf starke Unterschiede in der Qualität der Fachkraft-Kind-Interaktionen hin. Während einige Fachkräfte freundlich und feinfühlig mit den Kindern umgingen und sich klar artikulierten, wirkten andere Fachkräfte distanzierter, unstrukturierter oder unstet. Unabhängig davon war in Freispielsituationen zu beobachten, dass sich einige Fachkräfte den Kindern aktiv zuwandten, indem sie beispielsweise gemeinsam mit diesen spielten, während andere die Kinder vorrangig beobachteten. Die didaktische Umsetzung der Angebote war ebenfalls stark personenabhängig, so dass sowohl im Vorfeld geplante und didaktisch gut aufgearbeitete, aber auch inhaltlich überladene, spontan initiierte und unstrukturierte Angebote beobachtet werden konnten.

Die Realisierung eines in der Fortbildung vorgestellten Angebotes konnte bei zwei Fachkräften beobachtet werden. Es umfasste die Instruktionen zu einer angeleiteten und paarweise durchzuführenden Massage der Kinder, die in eine Frühlingsgeschichte eingebettet war.

Während die eine Fachkraft die Anweisungen vom Zettel ablas, was bei den Kindern auf wenig Interesse traf (PFK 14, C 2), konzentrierte sich die andere verstärkt auf die Bedürfnisse und Interessen der Kinder und variierte die Anweisungen entsprechend frei (PFK 2, C 2). Die Kinder interagierten in Zweiergruppen konzentriert und motiviert. Zum Abschluss reflektierten sie gemeinsam mit der Fachkraft ihre Eindrücke. Im Unterschied dazu unterblieb eine anschließende Reflexion des Erlebten mit der ersten Fachkraft, stattdessen hatten es die Kinder eilig, auf den Spielplatz zu kommen.

Die Anregungen zur räumlichen Umgestaltung, die bereits in der fachspezifischen Fortbildung thematisiert worden waren, wurden allein von einer Fachkraft nicht umgesetzt. Bei den anderen Fachkräften standen den Kindern im Gruppenraum Poster oder Gefühlsbilder zur Verfügung und wurden regelmäßig von den Fachkräften und den Kindern im Alltag genutzt.

Reflexionsprozess

Da eine gute Fachkraft-Kind-Beziehung grundlegend für die Förderung sozialemotionaler Kompetenzen ist, wurde die Beziehungsgestaltung in der Fachkraft-Kind-Interaktion in den Auswertungs- und Reflexionsgesprächen regelmäßig thematisiert. In Einzelfällen fiel es den Fachkräften schwer, ihren eigenen Anteil an sich positiv verändernden Beziehungskonstellationen in der Fachkraft-Kind-Beziehung zu benennen.

Das neu gewählte Thema *Peer-Kontakte eines Kindes stärken* hatte sich nach Aussage der Fachkraft beim nächsten Coachingtermin fast von selbst erledigt. Im Reflexionsgespräch besprachen die Coachin und die Fachkraft deren Anteile an der Zielerreichung, die ihr zuvor nicht bewusst waren: Ihre veränderte Einstellung zum Thema *Peer-Interaktionen*, ein anderer Blick auf die Kompetenzen des Kindes sowie die Bereitstellungen einer entwicklungsförderlichen Umwelt (PFK 12, C 5).

Bei allen Fachkräften war wiederholt zu beobachten, dass sie das Gelingen oder Nichtgelingen ihres eigenen Handelns vorrangig kindorientiert reflektierten, z. B. „die Kinder hatten Spaß daran", „sie machten nicht sofort mit". Eine Reflexion des eigenen Handelns ohne Einbeziehen der kindlichen Perspektive fiel den Fachkräften im gesamten Coachingprozess sehr schwer, trotz regelmäßig wiederkehrender Reflexionsfragen der Coachin.

Einer Fachkraft gelang es allerdings in der gemeinsamen Reflexion mit der Coachin, ihren eigenen Anteil an der Beziehung zu einem Kind und dessen problematischem Verhalten zu erkennen.

Beispiel

Im Auswertungs- und Reflexionsgespräch zum Thema *Stärkung der sozial-emotionalen Kompetenzen* sprach die Fachkraft ihre seit dem letzten Termin schlechter gewordene Beziehung zu einem Kind in der Gruppe an. Gemeinsam mit der Coachin wurde nach Gründen für die Verschlechterung sowie Möglichkeiten des zukünftigen professionellen Umgangs mit diesem Kind gesucht. Die positive Gestaltung der Beziehung wurde unter Einbezug eigener Einstellungen, eigener Beobachtungen des Kindes sowie dessen familiärer Konstellationen unter Nutzung vorhandener Ressourcen erörtert. Positiv wirkte sich weiterhin die Selbstreflexion biografischer Erfahrungen aus, die Fachkraft hatte sich selbst als schwieriges Kind eingeschätzt (PFK 15, C 5).

Anhand des Beispiels wird die große Bedeutung einer guten Beziehung der Coachin zum Coachee deutlich, die es hier ermöglichte, sich zu öffnen und biografische Auskünfte zur eigenen Person zu geben.

Beim Thema *Beobachtung kindlicher Verhaltensweisen* zeigten sich wiederholt Probleme mit der Trennung von beobachtetem Verhalten von dessen Bewertung und Interpretation. Insbesondere in konfliktreichen oder für das Kind schwierigen Situationen wurde diese Trennung wiederholt aufgehoben. In der Reflexion stellte sich weiterhin heraus, dass in solchen eigentlich der Beobachtung vorbehaltenen Situationen auch wiederholt ein schnelles Eingreifen der Fachkräfte erfolgte.

Die Selbsteinschätzung hinsichtlich der erwarteten und der tatsächlichen Entwicklung gelang den Fachkräften unterschiedlich gut. Die vergleichende Betrachtung zeigt eine Dreiteilung der Gruppe. Zwei Fachkräfte konnten sich sehr schnell gut selbst einschätzen, im Coachinggespräch äußerten sie sich teilweise reflektiert, teilweise aber auch eher allgemein und oberflächlich. Zwei weitere Fachkräfte neigten anhaltend zu leichten Überschätzungen ihres Entwicklungsprozesses, wobei eine Fachkraft ab dem dritten Coachingtermin jeweils maximale Zielerreichungswerte anpeilte, diese jedoch konstant um zwei Punkte verfehlte. Sie reflektierte ihre Arbeit im Coachinggespräch eher allgemein und oberflächlich, während die zweite Fachkraft überwiegend differenzierte Reflexionen vornahm. Zwei Fachkräfte zeigten wiederkehrend große Differenzen von bis zu sieben Punkten auf der Einschätzskala zwischen der angestrebten und der tatsächlichen Entwicklung im Coachingverlauf. Die Fachkraft mit der größten Differenz zeigte sich hinsichtlich ihrer Selbsteinschätzung im Coachinggespräch sehr reflektiert, dagegen blieb das Reflexionsniveau der zweiten Fachkraft eher an der Oberfläche.

Alle pädagogischen Fachkräfte zeigten in ihrem individuellen Coachingverlauf eine Zunahme ihrer Reflexionsfähigkeit. Einzelnen Fachkräften gelang bei den fortgeschrittenen Terminen eine Übertragung bzw. Verallgemeinerung ihrer Erkenntnisse.

Beispiel

Die Fachkraft und die Coachin erörterten beim fünften Coachingtermin Schwierigkeiten bei der Umsetzung eines Gruppenangebots zum Thema *Vulkanausbruch*. Insbesondere die Differenzierung aufgrund der altersheterogenen Gruppe stellte eine große Herausforderung dar, so dass hier gemeinsam Lösungsmöglichkeiten erarbeitet wurden. Beispielsweise kann das Angebot für jüngere und ältere Kinder differenziert gestaltet und für die jüngeren zusätzlich mit Bildern veranschaulicht, das Thema auf zentrale Aspekte eingegrenzt und diese über mehrere Angebote erarbeitet werden. In die gemeinsame Erarbeitung sollten nicht allein die leistungs- bzw. kommunikationsstarken Kinder einbezogen werden. Diese didaktischen Hinweise zur differenzierten Arbeit mit den Kindern wurden von der Fachkraft selbst als situationsunabhängig einsetzbare Möglichkeiten eingestuft und motivierten sie, das Thema *Differenzierte Angebote zur Förderung der sozial-emotionalen Entwicklung* für das nächste Coaching aufzugreifen, differenzierte Angebote wiederkehrend mit den Kindern durchzuführen und dort die besprochenen Umsetzungsmöglichkeiten zur Differenzierung gezielt zu nutzen (PFK 2, C 5/6).

Im Auswertungsgespräch erfolgte außerdem eine Reflexion der beobachteten Alltagssituationen. Hierbei waren die Spiegelung kindlicher Emotionen, die Einnahme der Kindperspektive, positive Umdeutung, klare Strukturen sowie die Reduktion und Fokussierung der Angebote auf deren zentrale Aspekte wiederkehrende Themen bei allen Fachkräften.

4.4 Diskussion der Ergebnisse der Prozessevaluation

Die im Rahmen der Fortbildungen und des Coachingprozesses gewonnenen Erkenntnisse unterstreichen die Bedeutung des wertschätzenden Umgangs mit den pädagogischen Fachkräften. Die fachliche Begegnung auf Augenhöhe und ein Arbeitsklima, in dem jede beteiligte Person Raum für ihre bisherigen Erfahrungen, Bedürfnisse und Fragen hat, stellt eine wichtige Voraussetzung für eine gelingende Zusammenarbeit dar. Nur in einer gleichberechtigten Beziehung ist der wechselseitige Austausch von Wissen und Erfahrungen möglich. Insbesondere in den Fortbildungsveranstaltungen kommt auch dem Austausch von Erfahrungen unter den Fachkräften eine zentrale Bedeutung zu, um Einblicke in andere Arbeits- und Umsetzungsweisen zu gewinnen und damit Handlungsalternativen aufgezeigt zu bekommen.

In den Fortbildungen bestand die zentrale Herausforderung für die Fortbildnerinnen darin, die jeweils komplexen Bildungsbereiche so zu strukturieren, dass den Fachkräften die Möglichkeit zur Einordnung ihres Handelns im Hinblick auf die Förderlichkeit des jeweiligen Bildungsbereichs eröffnet wurde. Nur wenn dies gelingt, kann für die Fachkräfte ersichtlich werden, welches Förderpotenzial sie bereits ausschöpfen und wo eine Optimierung möglich ist. Bei der Vermittlung theoretischer Inhalte war dabei grundsätzlich auf einen starken Praxisbezug zu achten, was nicht durchgängig durchgehalten wurde. Insbesondere die Fachkräfte der Interventionsgruppe I äußerten sich in den Fokusgruppeninterviews kritisch. So wurden ein stärkerer Praxisbezug der theoretischen Ausführungen und deren Beleg durch illustrative Beispiele gewünscht. Weiterhin wurde die Komplexität der verwendeten Fachbegriffe moniert, die entweder ganz vermieden oder aber ausführlich erklärt werden sollten. Die Fachkräfte wünschten sich zudem angesichts der Fülle der Informationen eine übersichtliche Zusammenfassung zentraler praxisrelevanter Inhalte, um ihnen die Weiterarbeit an den Themen über Fortbildung und Coaching hinaus zu ermöglichen. Diese Anregungen aus den Feedbacks der Interventionsgruppe I wurden zum Teil bereits in den Fortbildungen der Interventionsgruppe II umgesetzt, was eine Erklärung für die positiveren Rückmeldungen der Fachkräfte aus der Interventionsgruppe II sein könnte.

In den Fortbildungen und den anschließenden Coachings wurden immer wieder zeitliche Probleme und die Arbeit mit heterogenen Gruppen als grundlegende Problembereiche für die pädagogische Arbeit von den Fachkräften identifiziert. Hierfür wurden in den Fortbildungen und Coachings in einem partizipativen Prozess gemeinsam Lösungsmöglichkeiten erarbeitet. Allerdings ist aus den Rückmeldungen der Fachkräfte zu entnehmen, dass z. B. die Sprachförderung in Kindertagesstätten in sozialen Brennpunkten, aber auch die innere Differenzierung von Spiel- und Bildungsangeboten nur begrenzt gelang. Weiterhin ist augenfällig, dass die Fachkräfte eher Situationen auswählten, in denen sie sich ohnehin schon sicherer und kompetenter fühlten, um Anregungen aus den Fortbildungen und Coachings in die Praxis umzusetzen. Dabei handelte es sich eher um stärker strukturierte Situationen, wie der Morgenkreis oder aber gezielte Angebote, wie das gemeinsame Bilderbuchbetrachten, Basteln oder Sport. Wenn aber alltagsintegrierte Förderung und Bildung aller Kinder zum durchgängigen Prinzip in der Kindertageseinrichtung werden soll, hätten die Coachings gerade für die Generalisierung der Handlungskompetenzen auf Situationen genutzt werden müssen, in denen sich die Fachkräfte noch unsicher fühlen oder in denen ihnen Ideen fehlen, worin das förderliche Potenzial bestehen könnte. Aufgrund der qualitativen Befunde ist davon auszugehen, dass auch nach den relativ intensiven Fortbildungs- und Coachingangeboten, die aus quantitativer Sicht gut genutzt wurden, noch ein weiterer Bedarf an Qualifizierung und Professionalisierung besteht.

Weiterhin ließen sich große individuelle Unterschiede zwischen den Fachkräften in der Gestaltung ihrer Beziehung zu den Kindern und im Umgang mit ihnen sowie in der Umsetzung von Förderangeboten und der Reflexion des eigenen Handelns in allen Bildungsbereichen replizieren. Daraus folgt, dass nicht alle Fachkräfte in gleichem Maße von den Fortbildungen und den Coachings profitiert haben dürften, trotz aller Bemühungen der Fortbildnerinnen bzw. Coachinnen, empathisch und wertschätzend auf die Beweggründe und Bedürfnisse der Fachkräfte bei der Bearbeitung der damit verbundenen Themen Beziehungsgestaltung, Ko-Konstruktion sowie der didaktischen und methodischen Aufarbeitung pädagogischer Angebote und der Reflexion des eigenen Handelns, einzugehen. Wenngleich die gemeinsamen Analysen von beobachteten Situationen sowie die Reflexion von Fördermöglichkeiten im Coaching zeigen, dass die Fachkräfte teilweise durchaus in der Lage sind, Förderpotenziale in Alltagssituationen zu erkennen, stellt sich die Frage, wie angesichts der von den Fachkräften angeführten, teilweise strukturellen Hindernisse diese Fertigkeiten in pädagogisches Handeln überführt werden konnten. Da die Umsetzungsqualität der Inhalte aus Fortbildungen und Coachings in der Praxis nicht zwischen den Fortbildungs- und Coachingterminen erhoben werden konnte, lassen sich keine Aussagen dazu über die weitaus längere Zeitspanne des Alltagshandelns außerhalb der Professionalisierungsmaßnahmen treffen. Dies ist auch bei der Einordnung der Befunde aus der Ergebnisevaluation zu berücksichtigen, die in Kap. 5 dargestellt werden.

Literatur

Bertelsmann-Stiftung. (2012). Leitfaden: Essen und Trinken in der guten gesunden KiTa. Ein Leitfaden zur Qualitätssicherung. http://www.bertelsmann-stiftung.de/fileadmin/ files/ user_upload/Leitfaden_Essen_und_Trinken_in_der_guten_gesunden_Kita.pdf. Zugegriffen: 02. Juli 2015.

Bräuer, G. (2009). Reflecting the practice of foreign language learning in portfolios. gfl-journal, 2–3/2009, 148–166. https://unity3.rrz.uni-koeln.de/fileadmin/sites/zfl/Dateien_Aktuelles/Tagungsreader.pdf Zugegriffen: 16. Sept. 2015.

Damm, A. (2007). *Alle Zeit der Welt*. Frankfurt a. M.: Moritz.

Fröhlich-Gildhoff, K., Nentwig-Gesemann, I., Pietsch, S., Köhler, L., & Koch, M. (2014). *Kompetenzentwicklung und Kompetenzerfassung in der Frühpädagogik. Materialien zur Frühpädagogik* (Bd. 13). Freiburg: FEL.

Jungmann, T., & Brand, T. (2012). Die besten Absichten zu haben ist notwendig, aber nicht hinreichend – Qualitätsdimensionen in den Frühen Hilfen. *Praxis der Kinderpsychologie & Kinderpsychiatrie, 61*, 723–737.

Kraus, K. (2005). Dialogisches Lesen – neue Wege der Sprachförderung in Kindergarten und Familie. In S. Roux (Hrsg.), *PISA und die Folgen: Sprache und Sprachförderung im Kindergarten* (S. 109–129). Landau: Verlag Empirische Pädagogik.

Krueger, R. A., & Casey, M. A. (2000). *Focus groups. A practical guide for applied research* (3rd Aufl.). Thousand Oaks: Sage Publications.

Mayring, P. (2010). Qualitative Inhaltsanalyse. In G. Mey & K. Mruck (Hrsg.), *Handbuch qualitative Forschung in der Psychologie* (S. 601–613). München: Springer.

Reich, K. (Hrsg.) (2007). Methodenpool. http://methodenpool.uni-koeln.de/download/blitzlicht.pdf. Zugegriffen: 22. Juli 2015.

Andrea Schulz (Jahrgang 1977) Diplomrehabilitationspädagogin Studium der Rehabilitationspädagogik an der HU Berlin, wissenschaftliche Mitarbeiterin am Institut für Sonderpädagogische Entwicklungsförderung und Rehabilitation (ISER) der Universität Rostock. Forschungsschwerpunkte: Professionalisierung pädagogischer Fachkräfte im Bereich frühe mathematische Bildung und alltagsintegrierte mathematische Förderung.

Ulrike Morawiak (Jahrgang 1971) Diplom-Sprechwissenschaftlerin Studium der Sprechwissenschaften an der HU Berlin, Schwerpunkt Stimme und Sprachtherapie, akademische Sprachtherapeutin, wissenschaftliche Mitarbeiterin am Institut für Sonderpädagogische Entwicklungsförderung und Rehabilitation (ISER) der Universität Rostock. Forschungsschwerpunkte: Professionalisierung pädagogischer Fachkräfte im Bereich Sprache und Literacy und alltagsintegrierte sprachliche Förderung.

Ergebnisevaluation

5

Julia Böhm, Jule Stelter und Tanja Jungmann

Inhaltsverzeichnis

J. Böhm (✉)
Berlin, Deutschland
E-Mail: julia.boehm2@uni-rostock.de

J. Stelter
ISER, Universität Rostock, August-Bebel-Straße 28,
18051, Rostock, Mecklenburg Vorpommern, Deutschland
E-Mail: jule.stelter@uni-rostock.de

T. Jungmann
E-Mail: tanja.jungmann@uni-rostock.de

© Springer Fachmedien Wiesbaden 2017
T. Jungmann, K. Koch (Hrsg.), *Professionalisierung pädagogischer
Fachkräfte in Kindertageseinrichtungen,* Psychologie in Bildung und Erziehung:
Vom Wissen zum Handeln, DOI 10.1007/978-3-658-10270-8_5

Im vorliegenden Kapitel werden die Ergebnisse der Ergebnisevaluation zur Professionalisierung der pädagogischen Fachkräfte im KOMPASS-Projekt vorgestellt. Um eine Wirksamkeitsüberprüfung vornehmen zu können, müssen zunächst vor dem Hintergrund eines theoretischen Wirkmodells – in diesem Fall des Kompetenzmodells von Fröhlich-Gildhoff et al. (2011) – möglichst klare und erreichbare Ziele formuliert werden, die durch die Professionalisierungsmaßnahmen im KOMPASS-Projekt erreicht werden sollen. Diese Ziele können nach dem Grad ihrer Abstraktheit in Leitziele, intermediäre Ziele oder Mittlerziele und Detailziele untergliedert werden (Jungmann und Brand 2012).

- *Leitziele* sind übergeordnete Ziele, wie beispielsweise auf der Ebene der Fachkräfte die Verbesserung ihrer Kompetenz, alle Kinder in ihrer Gruppe alltagsintegriert zu fördern oder auf der Ebene der Kinder die Erhöhung ihrer Fähigkeiten in den fokussierten Bildungs- bzw. Entwicklungsbereichen. Solche Ziele sind abstrakt, schwer operationalisierbar und oft nicht direkt messbar. Konkrete Hinweise zur Erreichung der Leitziele fehlen häufig.
- Deshalb müssen *Mittlerziele* formuliert werden, wie z. B. die Vergrößerung des fachspezifischen Wissens der Fachkräfte über die Meilensteine der kindlichen Entwicklung, die Erhöhung der relativen Häufigkeit entwicklungsförderlichen Verhaltens in spezifischen Alltagssituationen oder die Verbesserung der Fachkraft-Kind-Interaktion. Entsprechend dem Pfadmodell zur Übertragung von Kompetenzen auf die kindliche Entwicklung von Fukkink und Lont (2007) (Abb. 2.1) vermittelt die Erreichung dieser Ziele dann auch Veränderungen des kindlichen Verhaltens und der kindlichen Entwicklung. Die Zielerreichung wird im KOMPASS-Projekt über Fragebögen und Entwicklungstests, ergänzt durch Videointeraktionsanalysen operationalisiert.
- Auf einer noch konkreteren Ebene liegen die *Detailziele*, die sich direkt auf den Umsetzungsprozess beziehen, wie beispielsweise die regelmäßige Teilnahme an den Fortbildungseinheiten und die regelmäßige Inanspruchnahme der Coachings, aber auch die Rezeption der Inhalte durch die Fachkräfte und die Qualität der Umsetzung der Professionalisierungsmaßnahmen (vgl. Kap. 4).

Entsprechend dieser Unterteilung in Leit-, Mittler- und Detailziele lassen sich bei der Ergebnisqualität Impacts, Outcomes und Outputs unterscheiden.

- *Impacts* beziehen sich auf die Leitziele und somit auf die Erreichung der genannten übergeordneten Ziele. Hier ist die Frage zu beantworten, ob die Fachkräfte nach der Professionalisierungsmaßnahme tatsächlich über die Kompetenz verfügen, alle Kinder in ihrer Gruppe alltagsintegriert zu fördern, was sich bei den Kindern in besseren Entwicklungsergebnissen niederschlägt und ob die Coachings einen additiven Effekt auf die Verbesserung des Transfers in die Praxis bewirkt haben.

- *Outcomes* beziehen sich auf die Mittlerziele und geben Hinweise auf die Wirksamkeit der Fortbildungen bzw. der Fortbildungen und Individualcoachings, wie z. B. die Verbesserung des Wissens der Fachkräfte über die Zeit, positive Veränderungen der Fachkraft-Kind-Interaktionen und damit der Prozessqualität in der Kindertageseinrichtung.
- *Outputs* beziehen sich dabei auf zu erreichende Detailziele der Prozessumsetzung, wie z. B. eine bestimmte Anzahl an erreichten Fachkräften, die Inanspruchnahme der Fortbildungen und der Coachings sowie die Rezeption der Fortbildungs- und Coachinginhalte durch die Fachkräfte (vgl. Kap. 4).

In diesem Kapitel wird zunächst auf das Untersuchungsdesign und die -methoden der Ergebnisevaluation eingegangen (5.1). Im Anschluss daran werden in Kap. 5.2 die Ergebnisse der summativen Evaluation auf der Ebene der Kindertageseinrichtungen, der pädagogischen Fachkräfte und der Kinder dargestellt und in Kap. 5.3 in der Zusammenschau mit den Ergebnissen aus der Prozessevaluation die Analyse der Wirkmodelle beschrieben.

5.1 Untersuchungsdesign und -methoden

Um den additiven Effekt pädagogischer Individualcoachings zu überprüfen, wurde in der vorliegenden Studie ein gestuftes Treatment mit zwei Interventionsgruppen realisiert (zweifach gestufte unabhängige Variable (UV 1) *Professionalisierungsmaßnahme*: Fortbildung, Fortbildung + Coaching). Die zentrale Frage dabei war, ob die Transferlücke zwischen in Fortbildungen vermitteltem Wissen und der konkreten Umsetzung in die Praxis durch individuelle Coachings geschlossen werden kann. Ursprünglich waren vier Messzeitpunkte geplant, um sowohl kurz- und mittelfristige als auch langfristige Effekte der Professionalisierungsmaßnahmen abbilden zu können. Da es aber zu Problemen mit der Akquise der pädagogischen Fachkräfte kam und zudem einige Fachkräfte ausfielen, verzögerte sich der Projektablauf und es ließen sich nur drei Messzeitpunkte realisieren (dreifach gestufte unabhängige Variable, UV 2: Zeit).

Wie die Abb. 2.3 in Kap. 2 zeigt, begann die Untersuchung Mitte 2012 und endete Mitte 2015. Zunächst wurde nur die erste Interventionsgruppe (IG I) rekrutiert und der Ist-Stand in den abhängigen Variablen sowie der Kontrollvariablen auf der Ebene der Kindertageseinrichtung, der Fachkräfte und der Kinder erfasst (Prätest). Im Zeitraum von Oktober bis Dezember 2012 fanden die Grundlagen- und fachspezifischen Fortbildungen statt. Daran schloss sich die erste Posttestung in der IG I an, um unmittelbare Effekte der Fortbildungen auf die Fachkräfte und die Kinder zu erfassen. Über einen Zeitraum von einem halben bis zu einem dreiviertel Jahr wurde die zweite Interventionsmaßnahme, fünf bis sieben Individualcoachings, durchgeführt. Nach deren Beendigung erfolgte in der IG I die zweite Posttestung, um die kurzfristige, kombinierte Wirkung beider Professionalisierungsmaßnahmen zu erfassen. Zeitlich versetzt um ein Jahr und parallel zu der Coachingphase in der IG I wurde die zweite Interventionsgruppe (IG II) akquiriert, in der in vergleichbarer Weise die Erhebung des Ist-Standes (Prätest), die Grundlagen- und fachspezifischen Fortbildungen und der Posttest 1 erfolgte. Im Unterschied zur IG I schlossen sich in der IG II keine Individualcoachings an. Ein halbes bis ein dreiviertel Jahr später erfolgte zu Beginn des Jahres 2015 die abschließende Erhebungswelle (Posttest 2) in der IG II. Prozessbegleitend wurden die in Kap. 4 beschriebenen qualitativen Methoden durchgeführt.

5.1.1 Stichprobe

Es konnte eine selektive, unabhängige Stichprobe von pädagogischen Fachkräften und Kindern aus Kindertageseinrichtungen in der Hansestadt und dem Landkreis Rostock gewonnen werden. Ausschlusskriterien waren das Arbeiten nach einem offenen Konzept, gesonderte Vorschulgruppen, Fachkraftrotation und Teilnahme an anderen Projekten oder Programmen Früher Bildung (z. B. Frühe Chancen oder Papilio). Die pädagogischen Fachkräfte mussten Bezugserzieherinnen bzw. Bezugserzieher für mindestens zehn Kinder sein. Weiterhin konnten nur die Kinder berücksichtigt werden, deren Eltern sich mit der Teilnahme an der Untersuchung einverstanden erklärt hatten und die zum Zeitpunkt des Erhebungsbeginns zwischen 3;0 Jahre und 5;11 Jahre alt waren. Unter Berücksichtigung dieser Kriterien setzt sich die Untersuchungsstichprobe, wie Tab. 5.1 zeigt, zusammen.

5.1.2 Untersuchungsinstrumente

Zur Erfassung der Kontrollvariablen und der abhängigen Variablen auf der Ebene der Kindertageseinrichtungen, der pädagogischen Fachkräfte und der Kinder wurden verschiedene Erhebungsinstrumente eingesetzt, die im Folgenden getrennt für die Untersuchungsebenen dargestellt werden.

5.1.2.1 Ebene der Einrichtung
Zur Ermittlung der *Qualität der Kindertageseinrichtungen* wurde zum ersten und abschließenden Messzeitpunkt der Untersuchung die Kindergartenskala (KES-R, Tietze et al. 2005) eingesetzt. Damit werden als Auswertungskriterien die Qualitätsdimensionen Prozessqualität (Interaktionen), Strukturqualität (räumlich-materielle Ausstattung) sowie die Gesamtskala betrachtet.

Tab. 5.1 Zusammensetzung der Untersuchungsstichprobe

		Pädagogische Fachkräfte			Kinder		
		IG I	IG II	gesamt	IG I	IG II	gesamt
N		24	22	46	227	238	465
Geschlecht							
- männlich	n	2	0	2	113	134	247
	(%)	(8,3)	(0)	(4,3)	(49,8)	(56,3)	(53,1)
- weiblich	n	22	22	44	114	104	218
	(%)	(91,7)	(100)	(95,7)	(50,2)	(43,7)	(46,9)
Alter in Jahren	M	37,5	40,9	38.7	45.3	46.7	45.9
(PFK) bzw. in		(12,2)	(13,0)				
Monaten (Kinder)	SD			(12,4)	(8,5)	(8,4)	(8,5)
		nach Fortbildungsbereichen					
Frühe	n	9	6	15	94	67	161
mathematische	(%)	(37,5)	(27,3)	(32,6)	(41,4)	(28,2)	(34,6)
Entwicklung							
Sprache und	n	8	8	16	57	85	142
Literacy	(%)	(33,3)	(36,4)	(34,8)	(25,1)	(35,7)	(30,5)
Sozial-emotionale	n	7	8	15	76	86	162
Entwicklung	(%)	(29,2)	(36,4)	(32,6)	(33,5)	(36,1)	(34,8)

Zur Bildung eines Wertes für die Qualitätsdimension *Pädagogische Interaktionen* werden folgende Merkmale aufsummiert: *Begrüßung und Verabschiedung, Anregung zur Kommunikation, Nutzung der Sprache zur Entwicklung kognitiver Fähigkeiten, Allgemeiner Sprachgebrauch, Beaufsichtigung/Begleitung/Anleitung bei grobmotorischen Aktivitäten, Allgemeine Beaufsichtigung/Begleitung/Anleitung der Kinder, Verhaltensregeln/Disziplin, Fachkraft-Kind-Interaktion, Kind-Kind-Interaktion* und *Freispiel*.

Für die Dimension *Räumlich-materielle Ausstattung* werden folgende Merkmale aufaddiert: *Innenraum, Raumgestaltung, Bücher und Bilder, Künstlerisches Gestalten, Musik, Bausteine, Rollenspiel, Mathematisches Verständnis, Förderung von Toleranz und Akzeptanz von Verschiedenartigkeit/Individualität* und *Tagesablauf*.

Die Gesamtskala umfasst alle 42 Merkmale der KES-R. Die resultierenden Summen werden durch die Anzahl vergebener Items dividiert, sodass die Bewertung der Qualität der einzelnen Merkmale nach dem Bewertungssystem einer 7-stufigen Likert-Skala erfolgt, wobei die Ausprägungen hierarchisch angeordnet sind (von 1 = „unzureichend" bis 7 = „ausgezeichnet"). Die Ergebnisse basieren auf einer dreistündigen Beobachtung durch eine geschulte Beobachterin/einen geschulten Beobachter, ergänzt durch ein anschließendes 45- bis 60-minütiges Interview mit der jeweiligen pädagogischen Fachkraft.

5.1.2.2   Ebene der pädagogischen Fachkräfte

Da anzunehmen ist, dass die *Persönlichkeit* der pädagogischen Fachkräfte die Effektivität der Professionalisierungsmaßnahmen beeinflusst, wurde zu Beginn der Erhebung einmalig der *Big-Five-Persönlichkeitstest* (B5T, Satow 2012a, b) eingesetzt. Mit diesem werden die fünf grundlegenden Dimensionen „Extraversion", „Neurotizismus", „Gewissenhaftigkeit", „Offenheit" und „Verträglichkeit" erfasst. Weiterhin werden die Skalen des Modells von Grundmotiven, „Bedürfnis nach Anerkennung und Leistung", „Bedürfnis nach Macht und Einfluss" sowie „Bedürfnis nach Sicherheit" erhoben (Satow 2012a, b).

Alle Aussagen (z. B. „Ich bin ein ängstlicher Typ.") werden von den Fachkräften auf einer vierstufigen Likert-Skala (von 1 = „trifft gar nicht zu" bis 4 = „trifft genau zu") beurteilt. Jede Aussage ist genau einer Dimension zugeordnet. Die erreichten Rohpunktwerte werden pro Skala aufsummiert und anhand der nach Alter und Geschlecht differenzierten Normtabelle in Stanine-Standardwerte transformiert.

Das *arbeitsbezogene Verhaltens- und Erlebensmuster* der pädagogischen Fachkräfte wurde zu allen Untersuchungszeitpunkten mit dem AVEM (Schaarschmidt und Fischer 2008) ermittelt. Dabei handelt es sich um ein mehrdimensionales, persönlichkeitsdiagnostisches Verfahren. Es bietet die Möglichkeit, Aussagen über gesundheitsförderliche bzw. -hemmende Verhaltens- und Erlebensweisen bei der Bewältigung der arbeitsbezogenen Anforderungen zu treffen. Hierbei werden auf der Grundlage von elf theoretisch begründeten und faktorenanalytisch fundierten Dimensionen Selbsteinschätzungen erhoben. Diese Dimensionen sind wiederum den drei inhaltlichen Bereichen des Arbeitsengagements, der psychischen Widerstandskraft und der berufsbegleitenden Emotionen zugeordnet, wobei jedem dieser drei Bereiche eine spezifische Bedeutung zugrunde liegt. Die Einzelskalen bzw. die Dimension lassen sich zu vier komplexeren Verhaltens- und Erlebensmustern verdichten.

• Das Muster G (= psychische Gesundheit) ist durch ein hohes berufliches Engagement, eine ausgeprägte Widerstandsfähigkeit gegenüber Belastungen und ein positives Lebensgefühl charakterisiert.

Tab. 5.2 5 Stufen der Musterausprägung. (Schaarschmidt und Fischer 2008, S. 16)

Stufe	Musterausprägung	Kriterium für die Musterzuordnung	Auftretens häufigkeit
1	*volle Ausprägung*: die obigen Musterbeschreibungen treffen uneingeschränkt zu	ein Muster > 95 %	23 %
2	*akzentuierte Ausprägung*: klare Musterzugehörigkeit, nur geringfügige Abweichungen von der obigen Musterbeschreibung	ein Muster > 80 % und 95%	27 %
3	*tendenzielle Ausprägung*: Charakteristik des jeweiligen Musters steht im Vordergrund, tritt aber schwächer als bei 1 und 2 zutage	ein Muster > 50 % und ≤ 80 % kein zweites Muster > 30 %	25 %
4	*Kombination*: Merkmale von zwei Mustern treten (mehr oder weniger gleichberechtigt) auf, nahezu ausschließlich handelt es sich um G/S, G/A, S/B und A/B	zwei vorherrschende Muster, beide insgesamt > 80 %, wobei das schwächer ausgeprägte Muster > 30 %	20 %
5	*nicht zuordenbar*: es ist keine Bevorzugung des einen oder anderen Musters ausweisbar	keines der obigen Kriterien trifft zu	5 %

- Fachkräfte mit dem Muster S (= Schonung) zeigen eine ausgeprägte Schutzhaltung gegenüber beruflichen Anforderungen.
- Das Risikomuster A (= Anstrengung) ist dagegen durch exzessives Engagement bis hin zur Selbstüberforderung bei eingeschränktem Lebensgefühl und verminderter Widerstandsfähigkeit gegenüber Belastungen gekennzeichnet.
- Beim Risikomuster B (= Burn-Out) herrscht bereits das Erleben von Überforderung, Resignation und Erschöpfung vor (Schaarschmidt und Fischer 2008, S. 14).

In der Mehrzahl der Fälle kann allerdings keine eindeutige Typisierung vorgenommen werden. Es überwiegt zwar ein Muster, mitunter treten aber auch zwei Muster in unterschiedlicher Gewichtung parallel auf. Die Tab. 5.2 gibt eine Übersicht der fünf Stufen der Musterausprägungen, deren prozentuale Auftretenswahrscheinlichkeiten sowie eine Orientierung und klare Struktur für die Auswertung und Interpretation.

Die Auswertung des Verfahrens erfolgt computergestützt. Als Standardwerte sind in den Normtabellen Stanine-Werte sowie T-Werte und Prozentränge angegeben.

Zu allen drei Messzeitpunkten wurde das *fachspezifische Wissen* der pädagogischen Fachkräfte über Wissensfragebögen erhoben, die in Anlehnung an den ersten Teil des Fragebogens zur Erfassung sprachbezogener Kompetenzen von Fachkräften in der Frühpädagogik (*FESKO-F*, Hendler et al. 2011) konzipiert wurden. Die insgesamt 33 Originalitems beziehen sich auf sprachwissenschaftliche Grundbegriffe, Besonderheiten der deutschen Sprache sowie häufig vertretener Migrantensprachen, Meilensteine der kindlichen Sprachentwicklung, Verfahren zur Sprachdiagnostik sowie spezifische Sprachentwicklungsstörungen und Fördermöglichkeiten. Die Fragebogenautoren berichten von einer Normalverteilung der erreichten Summenwerte in ihrem sprachlichen Wissenstest ohne erkennbare Decken- und Bodeneffekte. Die interne Konsistenz fällt allerdings mit Cronbachs $\alpha = 0,54$ vergleichsweise gering aus. Dies wird von den Autoren damit erklärt, dass es sich beim sprachlichen Wissen um ein sehr komplexes und breites Konstrukt handelt (Hendler et al. 2011, S. 536).

Die konkrete Auswahl der Fragebogenitems für das KOMPASS-Projekt orientierte sich an den Inhalten der projektinternen Fortbildungen, die in Kap. 3 dargestellt wurden. Der Fragebogen zur Erfassung des sprachspezifischen Wissens, der direkt aus dem FESKO-F generiert wurde, umfasst 19 der 33 Originalitems. Mit 14 Items zur Erfassung des Wissens im Bereich frühe mathematische Bildung und 15 Items zur Erfassung des Wissens zur sozial-emotionalen Entwicklung sind diese Fragebögen geringfügig kürzer (Anhang I). Von den jeweils vier Antwortmöglichkeiten pro Frage ist eine Antwort korrekt. Richtige Antworten werden mit 1, falsche Antworten mit 0 bewertet.

Das *entwicklungsförderliche Verhalten* der Fachkräfte wird in Schlüsselsituationen (Begrüßung, Mittagessen und gemeinsames Betrachten von Bilderbüchern) im Alltag der Kindertageseinrichtungen videografiert und sowohl qualitativ als auch quantitativ ausgewertet.

1. *Sprachförderliche und -hemmende Verhaltensweisen*

Um die Qualität der sprachlichen Interaktionsqualität der Fachkräfte zu erfassen, wurden das gemeinsame Betrachten eines Bilderbuches als Protosituation zur Spracheinführung sowie die Mittagssituation videografiert. Die halbstrukturierte Mittagssituation findet in allen Einrichtungen statt und bietet somit gute Vergleichsmöglichkeiten. Eine stärker strukturierte Situation zur Sprachanregung stellt das gemeinsame Betrachten eines Bilderbuchs dar, welches den Kindern einen ersten Zugang zur Schriftsprache ermöglicht und sie zum Sprechen und Nachdenken über die dargestellten Ereignisse, Personen und Gefühle anregt (Behrens et al. 2003).

Um das sprachförderliche und -hemmende Verhalten der Fachkräfte in der standardisierten Bilderbuchsituation sowie Mittagssituation zu erfassen, wurde zu allen drei Messzeitpunkten jeweils 15 bis 40 min Filmmaterial aufgezeichnet. Daraus wurde anschließend für die Mittagssituation eine vergleichbare Sequenz von 40 bis 180 s unter Berücksichtigung einer hohen Interaktionsdichte sowie der Sichtbarkeit der beteiligten Personen (Bohnsack 2011) ausgewählt. In der Bilderbuchsituation wurde den pädagogischen Fachkräften das Buch „Lieselotte lauert" von Alexander Steffensmeier (2010) zur Verfügung gestellt. Hierbei wurde eine Sequenz von 180 s festgelegt, sobald die Fachkraft den Aufmerksamkeitsfokus auf das Buch lenkte. Nach der Transkription der ausgewählten Sequenzen wurden die sprachförderlichen und -hemmenden Verhaltensweisen nach einem zuvor erstellten Kategoriensystem computergestützt (MaxQData, Version 10) codiert. Die Kategorien wurden hierfür unter Beachtung der zugrundeliegenden Forschungsliteratur (z. B. Buschmann und Jooss 2007; Dannenbauer 1997) sowie aus dem transkribierten und somit nicht verfälschten Material heraus entwickelt. Das theoriegeleitete Codegerüst, das während der Vorüberlegungen erstellt worden war, wurde direkt am Datenmaterial ausdifferenziert und erweitert. Zur Analyse des Verhaltens der pädagogischen Fachkräfte in der Mittagssituation entstand dadurch ein Codegerüst mit 67 Kategorien, die den folgenden acht sprachlichen Bereichen zugeordnet sind:

* Aktionen der pädagogischen Fachkräfte – Schaffen von Sprechanlässen, z. B. die Fachkraft initiiert eine Interaktion;
* Peer- oder Fachkraft-Kinder-Interaktion, z. B. die Fachkraft weist ein Interaktionsangebot ab;
* Aufforderungen und Fragen, z. B. die Fachkraft stellt eine offene Frage;
* Sprachlehrstrategien, z. B. die Fachkraft wiederholt eine korrekte kindliche Äußerung;
* Reaktion auf sprachliche Fehler, z. B. die Fachkraft imitiert eine inkorrekte Äußerung;
* Sprachliche Verhaltensweisen, z. B. die Fachkraft wechselt das Thema, obwohl das Kind daran interessiert ist;
* Außersprachliche Verhaltensweisen zur Kommunikationsförderung, z. B. die Fachkraft wendet sich während des Gesprächs dem Kind zu;
* Sprachliche Verhaltensweisen zur Kommunikationsförderung, z. B. die Fachkraft lobt das Kind ehrlich und gezielt.

Die Bilderbuchsituation beinhaltete zudem vier weitere Bereiche (in Anlehnung an Piasta et al. 2012; Zevenbergen und Whitehurst 2003):

* Initiierung eines Dialogs, z. B. die Fachkraft fordert zum Erzählen über die abgebildeten Darstellungen auf;
* Literacy-Förderung, z. B. die Fachkraft verweist auf einzelne Buchstaben;
* Nonverbale Initiierung eines Dialoges, z. B. die Fachkraft lenkt die Aufmerksamkeit auf bestimmte Aspekte des Buches;
* Nonverbale Literacy-Förderung, z. B. die Fachkraft zeigt auf einzelne Buchstaben.

Zur besseren Vergleichbarkeit der Ergebnisse wurden die Verhaltenshäufigkeiten auf jeweils 60 s angeglichen und abschließend anhand inhaltsanalytischer Gütekriterien überprüft. Hierbei wurde eine Interrater-Reliabilität von $\tau = 0{,}999^{**}$ mit dem Rangkorrelationskoeffizienten Kendalls Tau-b bestimmt. Nachdem das transkribierte Material mit Hilfe des Kategoriensystems ausgewertet wurde, konnten die Mittelwerte der Verhaltenshäufigkeiten berechnet werden.

Anhand des transkribierten Materials wurden zudem die Redeanteile der pädagogischen Fachkräfte und Kinder sowie deren Veränderungen über die Zeit in beiden Alltagssituationen mit Hilfe des Programms F4 ermittelt. Hierfür wurde aus dem Filmmaterial der Bilderbuchsituation eine vergleichbare Sequenz von fünf Minuten ausgewertet, sobald die Fachkraft den Aufmerksamkeitsfokus auf das Buch lenkte. In der Mittagssituation wurden zehn Minuten des Materials mit Beginn des Tischspruchs ausgewählt.

2. Verhaltensweisen mit niedrigem vs. hohem kognitiven Anregungsniveau zur alltagsintegrierten Förderung mathematischer Kompetenzen

Um Fortbildungseffekte auf die alltagsintegrierte Förderung mathematischer Basiskompetenzen durch die pädagogischen Fachkräfte zu überprüfen, wurden ebenfalls 15 bis 40 min der Mittagssituation gefilmt. Davon wurden insgesamt zehn Minuten – jeweils fünf Minuten vor und fünf Minuten nach dem Aufsagen des Tischspruchs – gesichtet und analog zum PRIMEL-Projekt (Kuchartz et al. 2014) nach Verhaltensweisen mit niedrigem bzw. hohem kognitiven Anregungsniveau codiert. Nach Kuchartz et al. (2014) umfasst das Kategoriensystem die folgenden zwölf Kategorien:

- Niedriges kognitives Anregungsniveau
  - Anregen zu mathematisch bedeutsamen, motorischen oder praktischem Tun, z. B. die Fachkraft fordert auf, noch mal das Besteck durchzuzählen;
  - Wissensabfrage Mathe, z. B. die Fachkraft fragt, wo das Besteck hingelegt wird;
  - Verbaler Wissensinput Mathe oder Frage mit mathematischen Inhalten an das Kind, z. B. das Kind zählt die Teller und die Fachkraft weist es auf die korrekte Anzahl hin;
  - Inhaltliches Reagieren/Eingehen auf Wünsche und Fragen mathematischen Inhalts, z. B. die Fachkraft reagiert auf die Frage, wie viele Tassen vorhanden sind;
  - Inhaltliches Reagieren/Eingehen auf das mathematische Vorwissen und Können, z. B. die Fachkraft fragt das Kind, ob es sich noch an das Experiment erinnern kann und weiß, wie es geht;

- Inhaltliches Reagieren/Eingehen auf mathematische Lösungsprozesse, Lösungsprodukte und Fehler, z. B. die Fachkraft weist das Kind darauf hin, dass es beim Zählen aller Kinder im Morgenkreis ein Kind vergessen hat;
- Demonstration von mathematischen bedeutsamen Handlungsabläufen, z. B. die Fachkraft zeigt, wie ein Kreis gezeichnet wird.
• Hohes kognitives Anregungsniveau
  - Anregen zum mathematischen Explorieren und Forschen, z. B. die Fachkraft fordert das Kind zum Nachdenken über bestimmte Materialien und deren spezifischen Eigenschaften auf;
  - Anregen zum Formulieren eigener mathematischer Gedanken und Überlegungen, z. B. die Fachkraft fragt, für wie viele Personen das Kind zu Hause den Tisch decken muss;
  - Anregen zum Nachdenken innerhalb einer mathematischen Situation, z. B. die Fachkraft erfragt, ob bei allen Kindern ein großer Löffel liegt;
  - Anregen zum Weiterdenken über die Situation hinaus, z. B. die Fachkraft fragt, was passiert, wenn neben der Holzkugel eine andere Kugel rollt;
  - Anregen zum Äußern/Einbeziehen und Fortführen von eigenen Erfahrungen und Erinnerung, z. B. die Fachkraft fordert das Kind auf, sich an vergangene Abläufe beim Decken des Tisches zu erinnern.

Die Werte wurden zur besseren Vergleichbarkeit der Ergebnisse auf jeweils zehn Minuten angeglichen. Im Anschluss an die Codierung wurde die die Interrater-Reliabilität ermittelt und konnte auch hier als sehr gut eingeschätzt werden ($\tau=0{,}94$).

3. *Sozial-emotional entwicklungsfördernde vs. -hemmende Verhaltensweisen*

Für den Bereich sozial-emotionale Entwicklung wurde das kategoriale Kodierungssystem zur Analyse entwicklungsförderlicher und -hemmender Verhaltensweisen in der Begrüßungs- sowie in der Mittagssituation in Anlehnung an Remsperger (2011), König (2006) und Ahnert (2005) sowie auf der Grundlage des vorhandenen Materials abgeleitet und auf Beobachterübereinstimmung geprüft. Die Interrater-Reliabilität kann auch hier als sehr gut eingestuft werden ($\tau=0{,}877$).

Durch die stetige Generierung weiterer Codes zur Erweiterung des theoriegeleiten Codegerüsts lagen dem Kategoriensystem abschließend 14 entwicklungsförderliche und 16 entwicklungshemmende Verhaltensweisen für die Mittagssituation zu Grunde, die den folgenden drei Bereichen zugeordnet sind:

• Reaktion der pädagogischen Fachkraft auf ein an sie gerichtetes Signal
  - Promptheit nach kindlichem Signal, z. B. die Fachkraft reagiert verzögert auf ein kindliches Interaktionsangebot;

- Eingehen auf kindliches Signal, z. B. die Fachkraft reagiert inhaltlich angemessen auf eine Frage des Kindes;
- Involviertheit nach kindlichem Signal, z. B. die Fachkraft zeigt Freude durch Anlächeln des Kindes.
- Aktion der pädagogischen Fachkraft ohne vorheriges kindliches, an sie gerichtetes Signal
  - Zugewandtheit ohne kindliches Signal, z. B. die Fachkraft wendet sich dem Kind zu und begibt sich auf Augenhöhe mit ihm;
  - Involviertheit ohne kindliches Signal, z. B. die Fachkraft verhält sich dem Kind grob gegenüber.
- Mögliche, zusätzlich förderliche Aspekte des Handelns der pädagogischen Fachkraft bei jedem Interaktionsverhalten
  - Gruppenorientiertes Verhalten zur Unterstützung, z. B. die Fachkraft verweist auf andere Kinder, die helfen können;
  - Verweis auf andere Kinder ohne Einbezug in Interaktionen, z. B. die Fachkraft verweist auf ein anderes Kind, ohne es selbst in die Interaktion einzubeziehen;
  - Unterstützung kindlicher Handlungen, z. B. die Fachkraft hilft dem Kind beim Ausführen von Handlungen;
  - Reaktion auf kindliche Gefühle, z. B. die Fachkraft erkennt und spiegelt kindliche Emotionen verbal.

Zudem wurde aus den videografierten Begrüßungssituationen jeweils eine Sequenz per Zufall ausgewählt und ausgewertet. Hierfür wurde der Bereich *Mögliche, zusätzlich förderliche Aspekte des Handelns der pädagogischen Fachkraft bei jedem Interaktionsverhalten* um vier Kategorien (in Anlehnung an Tietze et al. 2005; Fröhlich-Gildhoff 2013) erweitert:

- Gestaltung der Begrüßung des Kindes, z. B. die Fachkraft begrüßt das Kind persönlich;
- Triadische Interaktion, z. B. es findet ein wechselseitiger Austausch zwischen Fachkraft, Elternteil und Kind über eine Situation oder ein mitgebrachtes Spielzeug statt.

Die entwickelten Kategoriensysteme zur Codierung der Verhaltensweisen in den drei Bereichen sind dem Anhang II-V zu entnehmen.

5.1.2.3 Ebene der Kinder

Für jedes Kind wurde über einen projektintern konzipierten Elternfragebogen (Anhang VI) einmalig erhoben, in welchen familiären Verhältnissen es aufwächst.

Hierfür wurden unter anderem der Ausbildungsstand und die Berufstätigkeit der Eltern, die Anzahl der im Haushalt lebenden Personen und das Haushaltsnettoeinkommen ermittelt. Diese Variablen lassen sich zum *sozioökonomischen Status* verdichten. Nach der modifizierten OECD-Skala geht der Hauptbezieher des Einkommens mit dem Faktor 1,0 in die Gewichtung ein, alle weiteren Familienmitglieder des Haushaltes im Alter von 14 und mehr Jahren mit 0,5 und alle anderen mit 0,3 (Lampert und Kroll 2009). Der ermittelte Wert wird zudem mit dem Ausbildungsgrad und der beruflichen Stellung der Eltern in Verbindung gesetzt. Der sozioökonomische Status wird erfasst, weil vermutet wird, dass gerade Kinder aus sozial benachteiligten Familienverhältnissen von einer alltagsintegrierten Förderung durch ihre Bezugserzieher und Bezugserzieherinnen profitieren könnten. Des Weiteren wurde die durchschnittliche Betreuungszeit in der Kindertageseinrichtung ermittelt, da diese Variable in der frühpädagogischen Forschung hinsichtlich ihrer Auswirkungen auf die kindliche Entwicklung durchaus kontrovers diskutiert wird (Anders 2012).

Als weitere Kontrollvariable wurde der *nonverbale Intelligenzquotient* mit den Untertests *Wiedererkennen von Gesichtern, Handbewegungen, Dreiecke, Fotoserie* und *räumliches Gedächtnis* der Sprachfreien Skala der Kaufman-Assessment Battery for Children (K-ABC, Melchers und Preuß 2009) erfasst, die gestisch-mimisch dargeboten und rein motorisch beantwortet werden können. Die nonverbale Intelligenz wurde erhoben, da angenommen werden kann, dass Kinder in Abhängigkeit von ihrem intellektuellen Leistungsniveau in unterschiedlichem Ausmaß von alltagsintegrierten Förderanregungen durch ihre Bezugsfachkräfte profitieren.

Als abhängige Variablen wurden die sprachlichen, die frühen literalen sowie die mathematischen Kompetenzen direkt bei den Kindern zu allen drei Untersuchungszeitpunkten erfasst.

1. *Sprache und Early Literacy*

Mit allen Kindern im Alter von 3;0 bis 5;11 Jahren wurde zunächst das Sprachscreening für das Vorschulalter (SSV, Grimm et al. 2003) durchgeführt. Dabei handelt es sich um jeweils zwei Untertests aus dem Sprachentwicklungstest für drei- bis fünfjährige Kinder (SETK 3–5, Grimm 2010) zur Identifikation von Kindern mit Sprachentwicklungsproblemen: Phonologisches Arbeitsgedächtnis für Nichtwörter (PGN) und Morphologische Regelbildung (MR, nur bei den 3;0 bis 3;11 Jahre alten Kindern) bzw. Satzgedächtnis (SG, bei den 4;0 bis 5;11 Jahre alten Kindern).

Zunächst wurden nur bei den Kindern, die in beiden Untertests des Sprachscreenings unterdurchschnittlich abschnitten, zusätzlich die weiteren Untertests des SETK 3–5 eingesetzt. Nachdem sich im Posttest 1 herausgestellt hatte, dass die

Untertests PGN und SG wenig veränderungssensitiv sind, wurde im Posttest 2 der komplette SETK 3–5 mit allen Kindern durchgeführt. Die internen Konsistenzen der Untertests liegen zwischen $\alpha=0{,}62$ und $0{,}89$.

Bei Kindern, die älter als 5;11 Jahre waren, wurden statt des SETK 3–5 vier der insgesamt 10 Untertests des Sprachstandserhebungstests für Kinder im Alter zwischen 5 und 10 Jahren (SET 5–10, Petermann 2012) als Äquivalente zu den Untertests des SETK 3–5 eingesetzt. Dabei handelt es sich um Untertest 4 *Handlungssequenzen* (Erfassung des Sprachverständnisses über das Nachspielen von 12 Handlungssequenzen), Untertest 8 *Singular-Plural-Bildung* bei insgesamt neun realen und Kunstwörtern, Untertest 9 *Erkennen/Korrektur inkorrekter Sätze* (12 Items, Morphologie und Syntax) sowie Untertest 10 *Kunstwörter nachsprechen* (20 Items, auditive Merkmerkfähigkeit). Dabei wurde zudem darauf geachtet, die Untertests auszuwählen, deren internen Konsistenzen über $\alpha=0{,}70$ liegen.

Die frühen literalen Fähigkeiten der Kinder wurden mit dem Verfahren Erzähl- und Lesekompetenzen bei drei- bis fünfjährigen Kindern erfassen (EuLe 3–5, Meindl und Jungmann 2014) erhoben. Es basiert auf den Komponenten der frühen literalen Entwicklung nach Whitehurst und Lonigan (1998) und setzt sich entsprechend aus fünf Untertests zur Erzählfähigkeit mit sieben Items, zum Schriftwissen mit zehn Items, zur Schrift- und Wortbewusstheit mit zwölf bzw. acht Items sowie zur Buchstabenkenntnis mit 21 Items zusammen. Die Testergebnisse werden durch die anschließende Addition der Rohwerte ermittelt. Als Reliabilitätsmaße wurden die internen Konsistenzen der einzelnen Skalen und des gesamten Verfahrens ermittelt. Auf Skalenebene sind diese als zufriedenstellend (Skala Schriftwissen $\alpha=0{,}76$ und Wortbewusstheit $\alpha=0{,}80$) bis gut (Skala Buchstabenkenntnis $\alpha=0{,}87$, Erzählkompetenz $\alpha=0{,}85$, Skala Schriftbewusstheit $\alpha=0{,}87$) zu bezeichnen. Für den Gesamttest ist der Wert mit $\alpha=0{,}92$ sehr gut. Die theoretische Konstruktion der fünf Skalen zur Erfassung früher Erzähl- und Lesekompetenzen wurde durch konfirmatorische Faktorenanalysen bestätigt (Meindl und Jungmann 2014).

Die Sprachtests sind T-Wert-normiert, d. h. der Mittelwert liegt bei 50 mit einer Standardabweichung von 10. Werte zwischen 40 und 60 markieren den Normalbereich, Werte unter 40 deuten auf unterdurchschnittliche Sprachleistung hin, Werte über 60 sind als überdurchschnittlich zu bezeichnen. Das Verfahren EuLe 3–5 befindet sich derzeit noch in der Normierungsphase, daher wird im Folgenden mit den Rohwerten gerechnet.

2. *Mathematische Kompetenzen*

Zu allen Untersuchungszeitpunkten wurde die Forschungsversion des Kieler Kindergartentests (KiKi; Grüßing et al. 2013) eingesetzt, da neben dem mathemati-

Tab. 5.3 Empfohlene Zuordnung der Rohwerte im SDQLehrer. (Goodman 2014)

SDQ-Skalen	unauffällig	grenzwertig	auffällig	sehr auffällig
Gesamtproblemwert	0 – 11	12 – 15	16 – 18	19 – 40
Emotionale Probleme	0 – 3	4	5	6 – 10
Verhaltensauffälligkeiten	0 – 2	3	4	5 – 10
Hyperaktivität	0 – 5	6 – 7	8	9 – 10
Probleme mit Gleichaltrigen	0 – 2	3 – 4	5	6 – 10
Prosoziales Verhalten	6 – 10	5	4	0 – 3

schen Inhaltsbereich „Mengen, Zahlen und Operationen" auch die Kompetenzen in den Bereichen „Größen & Messen", „Raum & Form", „Daten & Zufall", „Veränderung & Beziehung" mit insgesamt 32 Aufgaben erfasst werden. Die mathematische Kompetenz der Kinder wird auf Basis der Item-Response-Theory für die Messzeitpunkte geschätzt. Die Personenfähigkeiten (Weighted Likelihood Estimates, WLE) zu den jeweiligen Erhebungszeitpunkten liegen dabei auf einer gemeinsamen Logit-Skala und sind daher direkt miteinander vergleichbar. Die EAP/PV-Reliabilität ist mit 0,844 (Prätest) bzw. 0,833 (Posttest 1) und 0,798 (Posttest 2) als gut einzuschätzen.

3. Sozial-emotionale Entwicklung

Die kindlichen Stärken und Schwächen im Bereich sozial-emotionale Entwicklung wurden durch die pädagogischen Fachkräfte mit dem Strengths and Difficulties Questionnaire (SDQ$_{Lehrer}$ 4–16, Goodman 1997) eingeschätzt. Hierfür wurde den Fachkräften ein zeitlicher Rahmen von etwa drei Wochen gesetzt. Es war ihnen freigestellt, die ausgefüllten Fragebögen postalisch an das KOMPASS-Projekt zu übersenden oder persönlich an die Mitarbeitenden des Projektes zu übergeben. Zur Validierung des Fachkrafturteils wurden zusätzlich auch die Eltern gebeten, ihr Kind mit dem SDQ einzuschätzen. Jedem Item können die Rohwerte 0 (=„nicht zutreffend"), 1 (=„teilweise zutreffend") und 2 (=„eindeutig zutreffend") zugewiesen werden. Durch Addition wird für die fünf Einzelskalen ein Rohwert zwischen 0 und 10 ermittelt. Die Skalenrohwerte (mit Ausnahme der Skala „Prosoziales Verhalten") werden zu einem Gesamtproblemwert aufsummiert, der von 0 bis 40 variieren kann (Klasen et al. 2003; s. Tab. 5.3).

Die angegebene Zuordnung der Rohwerte ist so gewählt, dass etwa 80 % der Kinder als normal, 10 % als grenzwertig auffällig, 5 % als auffällig sowie weitere 5 % als sehr auffällig eingestuft werden (Goodman 2014). Die faktorielle Struktur des SDQ konnte weitgehend gesichert werden, sowohl die Reliabilität als auch die Validität fallen zufriedenstellend aus (Adarnetto und Schneider 2009).

5.1.3 Untersuchungsablauf

Für die Studienteilnahme wurde zwischen dem KOMPASS-Projekt der Universität Rostock und den Kindertageseinrichtungen ein Kooperationsvertrag geschlossen. Von den teilnehmenden pädagogischen Fachkräften sowie den Erziehungsberechtigten wurde das Einverständnis mit der Untersuchungsteilnahme ihrer Kinder eingeholt, das allerdings jederzeit widerrufen werden konnte. Somit bestand über den gesamten Untersuchungszeitraum eine freiwillige Teilnahme. Die pädagogischen Fachkräfte übergaben ihre ausgefüllten Fragebögen in einem verschlossenen Rückumschlag an die Projektmitarbeitenden. Alle erhobenen Daten wurden anonymisiert ausgewertet und archiviert.

Die Erhebung der Merkmale auf Fachkraftebene erfolgte überwiegend mit Selbsteinschätzungsverfahren in Form von Fragebögen, die in traditioneller Papier-Bleistift-Form beantwortet werden konnten. Hierzu zählen u. a. der AVEM sowie die Wissensfragebögen. Insgesamt sollte die Beantwortung der Fragebögen je Fachkraft und Messzeitpunkt nicht mehr als 30 min in Anspruch nehmen.

Für die weiteren Erhebungen der kindbezogenen Merkmale wurden die beschriebenen psychometrischen Verfahren von geschulten Projektmitarbeitenden durchgeführt. Neben den genauen Durchführungsanweisungen zur Sicherung der Standardisierung achteten sie zu jeder Zeit auf eine angenehme ruhige Testatmosphäre, ein freundliches Verhältnis zu den Kindern sowie zu den pädagogischen Fachkräften.

5.2 Ergebnisse der summativen Evaluation

Im Folgenden werden zuerst die Ergebnisse auf der Ebene der Kindertageseinrichtungen dargestellt. Im Anschluss daran werden die Ergebnismuster zu den fachkraftbezogenen Merkmalen Persönlichkeit, arbeitsbezogene Verhaltens- und Erlebensmuster sowie zum Fachwissen beschrieben. Dabei werden jeweils die Interventionsgruppen I und II vergleichend betrachtet, um zum einen Unterschiede zwischen den Interventionsgruppen bereits zum Prätest sichtbar zu machen bzw. mögliche Effekte der Fortbildungen und Coachings zu erfassen. Abschließend werden Veränderungen über die Zeit auf der Ebene der Kinder in den drei Bildungsbereichen Sprache und Literacy, frühe mathematische Bildung und sozial-emotionale Entwicklung beleuchtet. In die Analysen gingen lediglich die Fälle mit vollständigen Datensätzen ein.

Tab. 5.4 Vergleichende Betrachtung der Kindergartenqualität in der IG I und II vom Prä- zum Posttest 2

		N	M	SD	Min	Max		N	M	SD	Min	Max
		Prozessqualität						Prozessqualität***				
	Prätest	16	4,4	1,0	1,4	5,6		18	4,7	0,9	3,0	5,9
Kindergartenqualität IG I	Posttest 2	16	4,8	0,7	3,3	6,4	Kindergartenqualität IG II	18	6,4	0,7	4,5	7,0
		Strukturqualität						Strukturqualität***				
	Prätest	16	3,6	0,7	2,6	5,2		18	3,7	0,5	2,9	4,5
	Posttest 2	16	3,9	0,5	3,4	4,7		18	5,0	0,9	3,7	6,4
		Gesamtwert**						Gesamtwert***				
	Prätest	16	3,8	0,6	2,8	5,3		18	4,1	0,4	3,3	4,7
	Posttest 2	16	4,4	0,4	3,4	4,9		18	5,3	0,7	4,2	6,2

$*p \leq 0,05$; $**p \leq 0,01$; $***p \leq 0,001$; n.s. nicht signifikant

5.2.1 Qualität der Kindertageseinrichtungen

Wie Tab. 5.4 zeigt, ist das ermittelte Ausgangsniveau der Kindergartenqualität in beiden Untersuchungsgruppen in den Dimensionen Prozess- und Strukturqualität im Mittel als gut zu bezeichnen und annähernd vergleichbar.

Über den Zeitraum der Untersuchung nimmt die Qualität sowohl auf der Individual- als auch auf der Gruppenebene numerisch deutlich und statistisch signifikant zu (Haupteffekt „Zeit": Prozessqualität, $F_{(1;33)} = 22,548$, $p = 0,000$; Strukturqualität, $F_{(1;33)} = 26,314$, $p = 0,000$, Gesamtskala, $F_{(1;33)} = 57,456$, $p = 0,000$).

Während die Fachkräfte der IG I ihr Qualitätsniveau in der Dimension „Prozessqualität" und im Gesamtwert um durchschnittlich eine halbe Skalenstufe erhöhen konnten (n.s), entwickelten die Fachkräfte der IG II die Qualität ihrer Kindertageseinrichtung in beiden Dimensionen ebenso wie im Gesamtwert um mehr als eine Qualitätsstufe weiter. Somit befinden sie sich im oberen Drittel der Qualitätsanforderungen für eine Kindertageseinrichtung. Besonders hervorzuheben ist die beinahe ausgezeichnete Interaktionsqualität der Fachkräfte (M=6,4 Punkte). Entsprechend sind die Qualitätsunterschiede zwischen den Interventionsgruppen im Posttest 2 hochsignifikant (Haupteffekt „Gruppe": Prozessqualität, $F_{(1;32)}$=0,012, p=0,000; Strukturqualität, $F_{(1;32)}$=13,020, p=0,000, Gesamtskala, $F_{(1;32)}$=6,102, p=0,000).

5.2.2 Ebene der Fachkräfte

5.2.2.1 Persönlichkeitsmuster

Die Ausprägung der Persönlichkeitsmuster der pädagogischen Fachkräfte, die mit dem B5T erfasst wurden, zeigt Tab. 5.5 im Überblick.

Dabei werden jeweils die Fachkräfte, die sich hinsichtlich ihrer Persönlichkeit ähneln, gebündelt. Da es sich beim B5T um ein persönlichkeitsdiagnostisches Instrument handelt, sind die Items entsprechend personenbezogen formuliert. Infolge dessen kam es in der vorliegenden Untersuchung häufig zu einer Teilnahmeverweigerung, wodurch die Stichprobengrößen reduziert sind. Bei den Fachkräften, die den Fragebogen ausgefüllt haben, ist davon auszugehen, dass durch sozial erwünschtes Antwortverhalten die Aussagekraft begrenzt ist. Dieses spiegelt sich in der Skala „Ehrlichkeit" wider, die eine niedrige Ausprägung sowohl für die Teilstichproben und dementsprechend auch für die Gesamtgruppe zeigt.

In der Gesamtbetrachtung der Persönlichkeitsmuster fällt auf, dass sich die Fachkräfte hinsichtlich ihrer Persönlichkeitsstrukturen lediglich in kleinen Nuancen unterscheiden. Alle Fachkräfte schätzen sich als gut bis überdurchschnittlich stark belastbar und stresserprobt ein. Dahingegen zeigen sich die deutlichsten Abstufungen bezüglich der Arbeitshaltung, die von sorglos und wenig gewissenhaft bis hin zu außergewöhnlich gewissenhaft, pflichtbewusst und ordentlich reichen. Für eine anschaulichere Darstellung wurden die Musterausprägungen zusätzlich nach dem DISC-Modell[1] ausgewertet (siehe Abb. 5.1 und 5.2).

Analog zu der tabellarischen Auswertung zeigt sich auch in diesem Schema, dass die Mehrheit der Fachkräfte nahezu identische ausgeglichene Persönlichkeitsstrukturen aufweist. Die „initiativen" Fachkräfte sind stärker charakterisiert durch eine hohe Überzeugungskraft und können andere leicht für sich gewinnen.

---

[1] Mit dem englischen Akronym DISC bzw. seinem deutschen Pendant DISG werden die vier Grundtypen der Persönlichkeit *dominance* (Dominanz), *influence* (Initiative), *steadiness* (Stetigkeit) und *conscientiousness* (Gewissenhaftigkeit) bezeichnet. Nach diesem Modell ist die Persönlichkeit eine Funktion der Wahrnehmung und Reaktion einer Person auf die jeweilige Lebenssituation.

Tab. 5.5 Ausprägungen der Persönlichkeitsmuster der pädagogischen Fachkräfte im B5T (Satow 2012)

Pädagogische Fachkräfte	Persönlichkeit	Grundbedürfnisse
PFK 2, 15, 29, 38	**Belastbarkeit:** neigen nicht zu übermäßiger Unruhe, Nervosität oder Ängstlichkeit; können Stress und Druck gut kompensieren **Soziale Umgangsformen:** außergewöhnlich gesellig und unternehmungslustig; durchaus höflich und diplomatisch; Kompetenzen eines Team-Players sind ausbaufähig **Arbeitshaltung:** durchschnittlich gewissenhaft und ordentlich **Offenheit gegenüber Neuem:** eher weniger bis durchschnittlich offen und aufgeschlossen	**Anerkennung:** wenig leistungsorientiert; Anerkennung durch andere ist weniger wichtig **Sicherheit und Ruhe:** Sicherheit, Planbarkeit und Ruhe zählen nicht zu den wichtigen Werten im Leben **Einfluss und Macht:** Interesse, Dinge im Leben mitzugestalten; keine Sehnsucht nach Macht und Einfluss
PFK 7, 26, 49	**Belastbarkeit:** neigen nicht zu übermäßiger Unruhe, Nervosität oder Ängstlichkeit; können Stress und Druck gut kompensieren **Soziale Umgangsformen:** außergewöhnlich gesellig und unternehmungslustig; durchaus höflich und diplomatisch; Kompetenzen eines Team-Players sind ausbaufähig **Arbeitshaltung:** eher sorglos und wenig gewissenhaft **Offenheit gegenüber Neuem:** eher weniger bis durchschnittlich offen und aufgeschlossen	**Anerkennung:** durchschnittlich leistungsorientiert; kein Streben nach übertriebener Anerkennung durch andere **Sicherheit und Ruhe:** Sicherheit und Planbarkeit sind Orientierungswerte **Einfluss und Macht:** Interesse, Dinge im Leben mitzugestalten; keine Sehnsucht nach Macht und Einfluss
PFK 13, 14, 17, 20, 28, 45	**Belastbarkeit:** fast immer ausgeglichen und ruhig; Stress und Druck werden gut verkraftet; überdurchschnittliche Belastbarkeit **Soziale Umgangsformen:** außergewöhnlich gesellig und unternehmungslustig; durchaus höflich, hilfsbereit und diplomatisch; Team-Player **Arbeitshaltung:** außergewöhnlich gewissenhaft, pflichtbewusst und ordentlich **Offenheit gegenüber Neuem:** durchschnittlich offen und aufgeschlossen	**Anerkennung:** wenig leistungsorientiert; Anerkennung durch andere ist weniger wichtig **Sicherheit und Ruhe:** Sicherheit und Planbarkeit sind Orientierungswerte **Einfluss und Macht:** geringes Interesse an Macht und Einfluss; wichtige Entscheidungen werden anderen überlassen

Tab. 5.5 (Fortsetzung)

PFK 31, 32, 34, 35, 37, 39, 40, 42	**Belastbarkeit:** neigen nicht zu übermäßiger Unruhe, Nervosität oder Ängstlichkeit; können Stress und Druck gut kompensieren **Soziale Umgangsformen:** sehr kommunikativ, gesellig und unternehmungslustig; durchaus höflich, hilfsbereit und diplomatisch; Rolle als Team-Player ist ausbaufähig **Arbeitshaltung:** durchschnittlich bis sehr gewissenhaft, pflichtbewusst und ordentlich **Offenheit gegenüber Neuem:** durchschnittlich offen und aufgeschlossen	**Anerkennung:** durchschnittlich leistungsorientiert; kein Streben nach übertriebener Anerkennung durch andere **Sicherheit und Ruhe:** Sicherheit und Planbarkeit sind Orientierungswerte **Einfluss und Macht:** Interesse, Dinge im Leben mitzugestalten; keine Sehnsucht nach Macht und Einfluss
PFK 6, 30, 33, 36, 50, 51	**Belastbarkeit:** neigen nicht zu übermäßiger Unruhe, Nervosität oder Ängstlichkeit; können Stress und Druck gut kompensieren **Soziale Umgangsformen:** durchschnittlich gesellig und unternehmungslustig; durchaus höflich, hilfsbereit und diplomatisch; Team-Player **Arbeitshaltung:** durchschnittlich bis sehr gewissenhaft, pflichtbewusst und ordentlich **Offenheit gegenüber Neuem:** durchschnittlich offen und aufgeschlossen	**Anerkennung:** durchschnittlich leistungsorientiert; kein Streben nach übertriebener Anerkennung durch andere **Sicherheit und Ruhe:** Sicherheit und Planbarkeit sind Orientierungswerte **Einfluss und Macht:** Interesse, Dinge im Leben mitzugestalten; keine Sehnsucht nach Macht und Einfluss
PFK 10, 24	**Belastbarkeit:** neigen nicht zu übermäßiger Unruhe, Nervosität oder Ängstlichkeit; können Stress und Druck gut kompensieren **Soziale Umgangsformen:** durchschnittlich gesellig und unternehmungslustig; durchaus höflich, hilfsbereit und diplomatisch; Team-Player **Arbeitshaltung:** außergewöhnlich gewissenhaft, pflichtbewusst und ordentlich **Offenheit gegenüber Neuem:** sehr offen und aufgeschlossen	**Anerkennung:** durchschnittlich leistungsorientiert; kein Streben nach übertriebener Anerkennung durch andere **Sicherheit und Ruhe:** Sicherheit und Planbarkeit sind Orientierungswerte **Einfluss und Macht:** Interesse, Dinge im Leben mitzugestalten; keine Sehnsucht nach Macht und Einfluss

Tab. 5.5 (Fortsetzung)

PFK 11, 27	**Belastbarkeit:** fast immer ausgeglichen und ruhig; Stress und Druck werden gut verkraftet; überdurchschnittliche Belastbarkeit	**Anerkennung:** durchschnittlich leistungsorientiert; kein Streben nach übertriebener Anerkennung durch andere
	Soziale Umgangsformen: sehr kommunikativ, gesellig und unternehmungslustig; durchaus höflich, hilfsbereit und diplomatisch; Rolle als Team-Player ist ausbaufähig	**Sicherheit und Ruhe:** Sicherheit und Planbarkeit sind Orientierungswerte **Einfluss und Macht:** Sehnsucht nach Macht und Einfluss; zufrieden, wenn im Leben wichtige Dinge gestaltet werden können
	Arbeitshaltung: außergewöhnlich gewissenhaft, pflichtbewusst und ordentlich	
	Offenheit gegenüber Neuem: sehr offen und aufgeschlossen	

Abb. 5.1 Persönlichkeitsstruktur nach dem DISC-Modell für die IG I (n = 13)

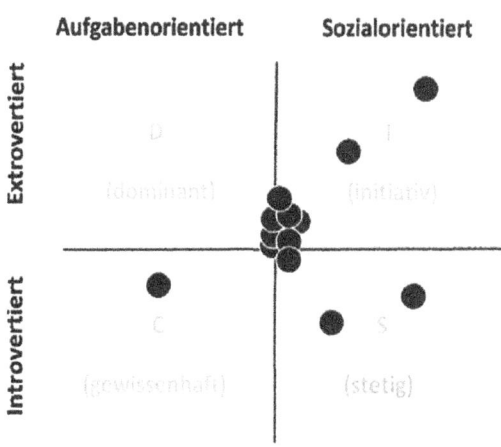

Dahingegen heben sich die „gewissenhaften" Fachkräfte durch stärkere Introvertiertheit und Fokussierung auf Aufgaben von den übrigen Fachkräften ab. Insbesondere die „stetigen" Fachkräfte zeichnen sich dadurch aus, dass sie ihre Absichten und Ziele stringent verfolgen, dabei sehr zuverlässig und planvoll vorgehen sowie auch unter großem Druck ruhig und konzentriert agieren.

Abb. 5.2 Persönlichkeitsstruktur nach dem DISC-
Modell für die IG II ($n=18$)

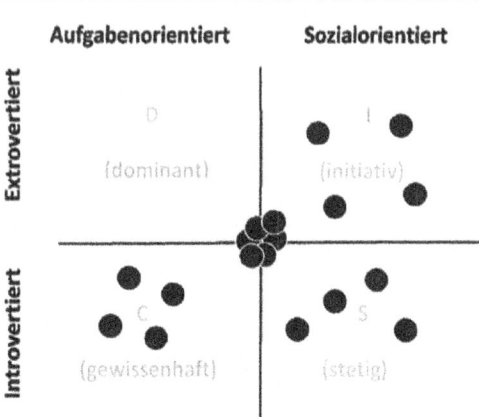

5.2.2.2 Arbeitsbezogene Verhaltens- und Erlebensmuster

Die Darstellung der prozentualen Übereinstimmung mit den Verhaltens- und Er-
lebensmustern „Gesundheit" (G) und „Schonung" (S) sowie den Risikomustern
„Anstrengung" (A) und „Burnout" (B) bzw. deren Mischmustern „G/S", „G/A",
„S/A" und „S/B" der pädagogischen Fachkräfte erfolgt getrennt nach den beiden
Interventionsgruppen über die Zeit.

Wie Abb. 5.3 zeigt, haben sieben Fachkräfte der IG I zu allen drei Messzeitpunkten ein gesundheitsförderliches arbeitsbezogenes Erlebens- und Verhaltensmuster („G", „G/S" sowie „G/A", wobei letzteres nur dann als gesundheitsförder-
lich interpretiert wird, wenn das Muster „G" deutlich dominant ist).

Dementsprechend ist das Verhaltens- und Erlebensmuster nur bei zwei Fachkräften der untersuchten Teilstichprobe über den gesamten Untersuchungszeitraum

Abb. 5.3 Arbeitsbe-
zogene Erlebens- und
Verhaltensmuster der
IG I über den gesamten
Erhebungszeitraum

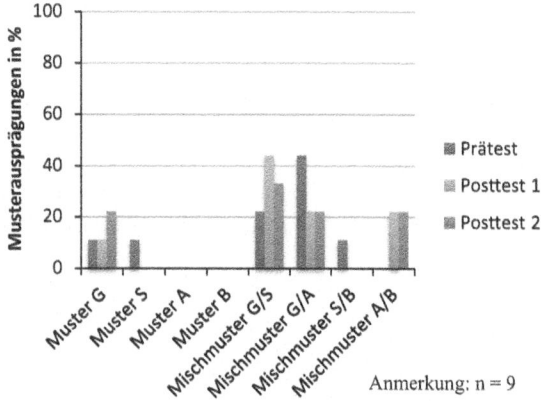

Anmerkung: n = 9

Abb. 5.4 Arbeitsbezogene Erlebens- und Verhaltensmuster der IG II über den gesamten Erhebungszeitraum

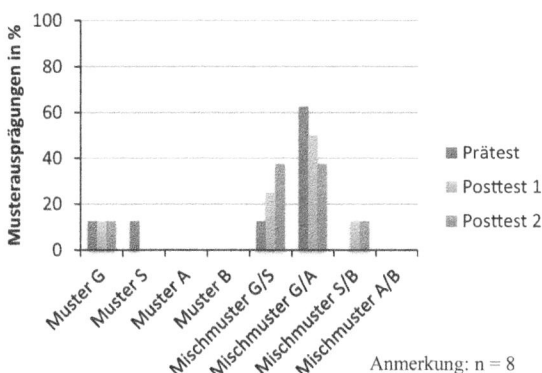

Anmerkung: n = 8

hinweg durch Selbstüberforderung bzw. chronisches Erschöpfungserleben und Resignation geprägt.

Über den Erhebungszeitraum haben die Ausprägungen der Muster G und G/S zugenommen, wohingegen die des Mischmusters G/A stark abgenommen hat. Allerdings ist es überraschend, dass zum Posttest 1 und 2 über 20 % der Fachkräfte einem gesundheitsgefährdenden Belastungsmuster zuzuordnen sind.

Mit sieben Fachkräften der IG II zeigt sich ein ebenso hoher Anteil gesundheitsförderlicher arbeitsbezogener Verhaltens- und Erlebensmuster, wie in der IG I (vgl. Abb. 5.4). Folglich ist das Belastungserleben von nur einer Fachkraft durch Selbstüberforderung bzw. chronisches Erschöpfungserleben und Resignation gekennzeichnet.

In der Betrachtung über die Zeit zeigt sich für die Fachkräfte der IG II eine tendenziell positive Entwicklung des arbeitsbezogenen Belastungserlebens. Die Ausprägung des Musters G bleibt konstant, die Muster S und S/B entfallen über die Zeit vollständig. Zudem minimiert sich der Anteil der Fachkräfte mit dem Mischmuster G/A zugunsten des gesundheitsförderlicheren Mischmusters G/S.

Insgesamt veränderte sich lediglich bei zwei Fachkräften beider Interventionsgruppen das arbeitsbezogene Belastungserleben über die Zeit positiv, dagegen zeigten vier der pädagogischen Fachkräfte unabhängig von der Intensität der Professionalisierungsmaßnahme (Fortbildung + Individualcoaching vs. nur Fortbildung) eine deutlich negative Entwicklungstendenz. Bei der Mehrheit der Fachkräfte ($n = 11$) bleibt das Belastungsempfinden unverändert.

5.2.2.3 Spezifisches Fachwissen und dessen Entwicklung

Das spezifische Fachwissen und die Wissensentwicklung der pädagogischen Fachkräfte in den jeweiligen Fortbildungs- bzw. Coachingschwerpunkten veranschaulichen die Abb. 5.5 bis 5.7.

Abb. 5.5 Wissensentwicklung der pädagogischen
Fachkräfte im Bereich Sprache und Literacy. (Anmer-
kung: *$p \leq 0{,}05$; **$p \leq 0{,}01$;
***$p \leq 0{,}001$; *n.s.* nicht
signifikant)

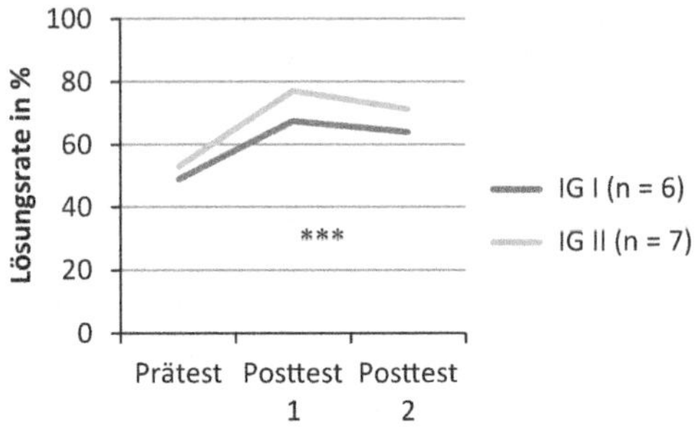

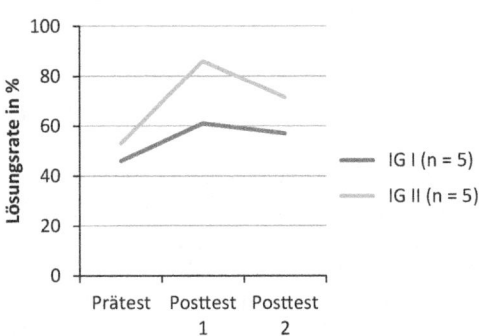

Abb. 5.6 Wissensentwicklung der pädagogischen
Fachkräfte im Bereich frühe
mathematische Bildung.
(Anmerkung: *$p \leq 0{,}05$;
**$p \leq 0{,}01$; ***$p \leq 0{,}001$;
n.s. nicht signifikant)

Die Fachkräfte beider Untersuchungsgruppen verfügten vor den Professionalisierungsmaßnahmen über ein durchschnittliches fachspezifisches Wissen zur
Sprachentwicklung mit einer Lösungshäufigkeit der IG I im Prätest von 49 % und
der IG II von 53 % (n.s.). Dieses konnte durch die Teilnahme an den spezifischen
Fortbildungen im Bereich *Sprache und Literacy* in beiden Interventionsgruppen signifikant gesteigert werden (Lösungshäufigkeit Posttest $1_{IG\,I}$: 67,5 %; Posttest $1_{IG\,II}$:
77 %, $p_{IG\,I}=0{,}028$ vs. $p_{IG\,II}=0{,}043$). Im Posttest 2 blieben die erreichten sprachspezifischen Wissensniveaus annähernd erhalten (Lösungshäufigkeit Posttest $2_{IG\,I}$:
64 %; Posttest $2_{IG\,II}$: 71,2 %). Da es in den Individualcoachings in erster Linie darum
ging, das Wissen in Handlung zu überführen, ist zwar eine Konsolidierung des Wissens zu erwarten, aber kein weiterer Wissenszuwachs. Dennoch wäre anzunehmen,
dass sich dieser Konsolidierungseffekt nicht gleichermaßen in der IG II einstellt.

Bei der längsschnittlichen Betrachtung über den gesamten Untersuchungszeitraum
sind die Wissenszunahmen in der IG I nur tendenziell signifikant ($p=0{,}095$). Dagegen haben die sprachspezifischen Fortbildungen in der IG II ($p=0{,}015$) und in der
Gesamtstichprobe zu einer signifikanten Zunahme des Wissens geführt ($p=0{,}001$).

Auch für den Bereich *frühe mathematische Bildung* zeigt Abb. 5.6, dass die
Fachkräfte beider Untersuchungsgruppen mit einem vergleichbaren Wissenstand

Abb. 5.7 Wissensentwicklung der pädagogischen Fachkräfte im Bereich sozial-emotionale Entwicklung. (Anmerkung: *$p \le 0{,}05$; **$p \le 0{,}01$; ***$p \le 0{,}001$; n.s. nicht signifikant)

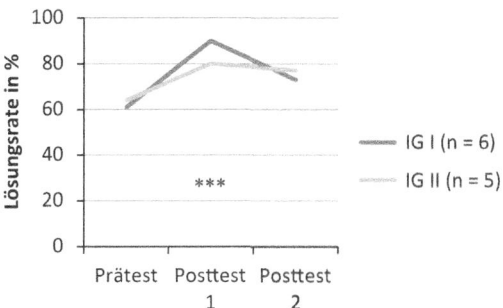

in das Projekt eingestiegen sind (Lösungshäufigkeit Prätest$_{IG\ I}$: 46 %; Prätest$_{IG\ II}$: 53 %, n.s.). Wenngleich die Fachkräfte der IG II von den Fortbildungen in ihrer Wissensentwicklung zum Posttest 1 in numerisch größerem Ausmaß profitierten, sind die Wissenszuwächse nach den Fortbildungsveranstaltungen in beiden Gruppen signifikant (Lösungshäufigkeit Posttest 1$_{IG\ I}$: 61,4 %; Posttest1$_{IG\ II}$: 86 %, Haupteffekt „Gruppe": p$_{IG\ I}$=0,041; p$_{IG\ II}$=0,042). Während sich im Posttest 2 das Wissen in der IG I auf moderatem Niveau konsolidiert, ist in der IG II ohne Individualcoaching ein deutlicher numerischer Abfall der Werte zu verzeichnen, wobei die Lösungshäufigkeit mit 71,4 % immer noch über jener in der IG I von 57 % liegt. Dieser vergleichsweise große Unterschied zwischen den Gruppen wird allerdings statistisch aufgrund der geringen Stichprobengröße nicht signifikant.

Bei längsschnittlicher Betrachtung über den gesamten Untersuchungszeitraum verpassen die moderateren Wissensveränderungen in der IG I nur knapp die Signifikanzgrenze (p=0,065). In der IG II sind die Veränderungen des Wissens über die Zeit jedoch signifikant (p=0,001).

Die Abb. 5.7 zeigt schließlich die Entwicklung des fachspezifischen Wissens getrennt für die Fachkräfte der IG I und II mit dem Fortbildungsschwerpunkt Sozial-emotionale Entwicklung.

Zu Beginn der Untersuchung war der Wissenstand der Fachkräfte beider Untersuchungsgruppen vergleichbar (Lösungshäufigkeit Prätest$_{IG\ I}$: 61 %; Prätest$_{IG\ II}$: 64 %, n.s.). Die Häufigkeit richtig beantworteter Fragen konnte durch die Teilnahme an den spezifischen Fortbildungen zur sozial-emotionalen Entwicklung in der IG I numerisch deutlich und statistisch signifikant gesteigert werden (Lösungshäufigkeit im Posttest I: 90 %, p=0,001), in der IG II fiel der Zuwachs moderater aus (Lösungshäufigkeit im Posttest I: 80 %, p=0,109). Die zusätzlichen Individualcoachings in der IG I führten zu keiner Konsolidierung des hohen Wissensniveaus, während die Wissensstände in der IG II ohne Individualcoaching erhalten blieben. Somit unterschieden sich die Interventionsgruppen im Posttest 2 nicht hinsichtlich

Tab. 5.6 Vergleichende Betrachtung der relativen mittleren Häufigkeit sprachförderlicher (SF) und -hemmender Verhaltensweisen (SH) der Fachkräfte in der IG I und der IG II in der Bilderbuchsituation (relative Häufigkeit je Minute)

	Prätest		Posttest 1		Posttest 2	
	SF	SH	SF	SH	SF	SH
IG I	M = 27,8	M = 7,1	M = 38,2	M = 6,6	M = 37,5	M = 7,1
(n = 5)	(SD =11,4)	(SD = 1,0)	(SD = 7,3)	(SD = 1,6)	(SD = 9,8)	(SD = 1,6)
IG II	M = 22,4	M = 4,2	M = 26,5	M = 2,6	M = 24,4	M = 5,4
(n = 6)	(SD = 5,9)	(SD = 0,5)	(SD = 4,7)	(SD = 1,0)	(SD = 4,8)	(SD = 1,8)

ihres spezifischen Wissens über die sozial-emotionale Entwicklung (Posttest $2_{\text{IG I}}$: 73 %; Posttest $2_{\text{IG II}}$: 74 %, n.s.). Insgesamt haben die Fortbildungen in beiden Interventionsgruppen zu einer signifikanten Verbesserung des fachspezifischen Wissens über die Zeit geführt (Haupteffekt „Zeit": IG I: $F_{(2;10)} = 13,956$, $p = 0,001$ vs. IG II: $F_{(2;8)} = 5,676$, $p = 0,028$). Für die Betrachtung der Gesamtstichprobe konnte eine signifikante Wissensentwicklung über die Zeit festgestellt werden (Haupteffekt „Zeit": $F_{(2;20)} = 17,197$, $p = 0,000$).

5.2.2.4 Sprachförderliche und -hemmende Verhaltensweisen

Die Tabelle 5.6 illustriert die Veränderungen der sprachförderlichen und sprachhemmenden Verhaltensweisen im Entwicklungsbereich *Sprache und Literacy.* Sowohl in der IG I als auch in der IG II tritt beim gemeinsamen Betrachten des Bilderbuchs „Lieselotte lauert" eine Zunahme sprachförderlicher Verhaltensweisen über die Zeit auf. In beiden Interventionsgruppen geht der Anteil sprachhemmender Verhaltensweisen leicht zurück, wobei die Fachkräfte der IG I ein deutlich höheres Ausgangsniveau aufweisen. Weder die sprachförderlichen noch die sprachhemmenden Verhaltensweisen unterscheiden sich über den gesamten Erhebungszeitraum signifikant.

Die Analyse des sprachlichen Interaktionsverhaltens in der Bilderbuchsituation zeigt, dass sich die Redeanteile der Fachkräfte über die Zeit verändern. Die Abb. 5.8 zeigt die prozentualen Anteile der Redezeit der pädagogischen Fachkräfte, der Kinder sowie den Anteil der Ruhezeiten in der IG I und der IG II.

Während im Prätest die Redeanteile der pädagogischen Fachkräfte in beiden Interventionsgruppen dominieren, ist nach der Teilnahme an der Fortbildung eine deutliche Zunahme der kindlichen Redeanteile und eine deutliche Abnahme der Ruhezeiten zu verzeichnen, in denen keine Interaktion zwischen der pädagogischen Fachkraft und den Kindern stattfindet. Nach den Individualcoachings in der IG I verändert sich das Befundmuster nur noch wenig, ohne zusätzliche Coachings in der IG II nimmt der Anteil an Ruhezeiten wieder zu. Die Veränderungen der

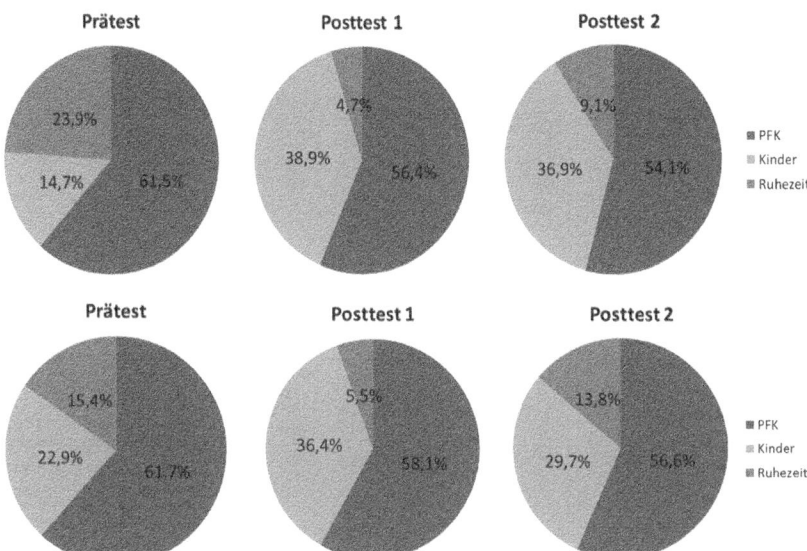

Abb. 5.8 Vergleichende Betrachtung der Redeanteile der pädagogischen Fachkräfte und der Kinder in der IG I (*oben*) und der IG II (*unten*) in der Bilderbuchsituation ($n_{PFK\ IG\ I} = 5$, $n_{PFK\ IG\ II} = 6$)

kindlichen Redeanteile über die Zeit sind in beiden Interventionsgruppen statistisch signifikant (IG I: Haupteffekt „Zeit": $F_{(2;8)} = 15,073$, $p = 0,002$; IG II: Haupteffekt „Zeit": $F_{(2;10)} = 20,036$, $p = 0,000$), was vermutlich auf die Fortbildungen zurückgeführt werden kann. Dagegen ist kein additiver, gleichwohl aber ein konsolidierender Effekt der Individualcoachings auf das sprachförderliche Verhalten der Fachkräfte erkennbar.

Wie die Tab. 5.7 zeigt, treten sprachförderliche Verhaltensweisen in der Mittagssituation drei- bis fünfmal so häufig auf wie sprachhemmende. Dies gilt für

Tab. 5.7 Vergleichende Betrachtung der relativen mittleren Häufigkeit sprachförderlicher (SF) und -hemmender Verhaltensweisen (SH) der Fachkräfte in der IG I und der IG II in der Mittagssituation (relative Häufigkeit je Minute)

	Prätest		Posttest 1		Posttest 2	
	SF	SH	SF	SH	SF	SH
IG I	M = 29,1	M = 9,4	M = 38,7	M = 7,3	M = 26,5	M = 8,5
(n = 6)	(SD =11,1)	(SD = 6,6)	(SD = 25,6)	(SD = 5,9)	(SD = 10,7)	(SD = 5,6)
IG II	M = 32,6	M = 11,4	M = 32,9	M = 7,9	M = 30,3	M = 10,5
(n = 6)	(SD = 12,1)	(SD = 7,5)	(SD = 12,4)	(SD = 4,6)	(SD = 11,5)	(SD = 6,5)

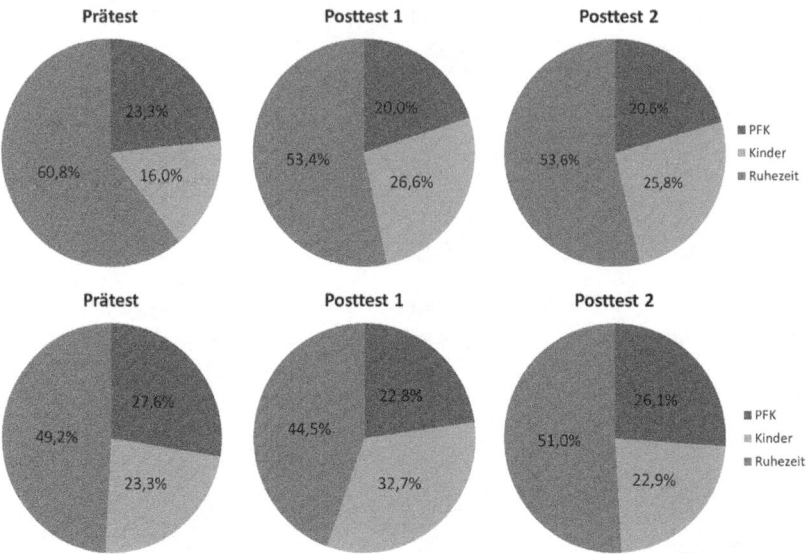

Abb. 5.9 Vergleichende Betrachtung der Redeanteile der pädagogischen Fachkräfte und der Kinder in der IG I (*oben*) und der IG II (*unten*) in der Mittagssituation ($n_{IG\,I} = 6$, $n_{IG\,II} = 6$)

beide Interventionsgruppen. Während der Anteil der sprachförderlichen Verhaltensweisen nach der Fortbildung in der IG I numerisch deutlich zunimmt, nach dem Coaching aber ebenso deutlich wieder abfällt, bleibt der mittlere Anteil sprachhemmender Verhaltensweisen über die Zeit weitestgehend stabil. In der IG II ergeben sich kaum Schwankungen im sprachlichen Verhalten über die Zeit. Am deutlichsten ist noch die leichte Abnahme sprachhemmender Verhaltensweisen nach der Teilnahme an der fachspezifischen Fortbildung im Bereich Sprache und Literacy.

Aufgrund der geringen Stichprobengröße und der großen intra- und interindividuellen Varianz des sprachlichen Verhaltens in der Mittagssituation werden die numerischen Unterschiede statistisch nicht signifikant.

Die Abbildung 5.9 verdeutlicht die Veränderung der Redeanteile der Fachkräfte sowie der Kinder über die Zeit. Neben der Redezeit der pädagogischen Fachkräfte nimmt in der IG I insbesondere die Zeit ohne sprachliche Interaktionen ab und eine Zunahme der kindlichen Redeanteile wird erkennbar. In der IG II zeigen sich kaum Veränderungen der Redeanteile der pädagogischen Fachkräfte. Dagegen ist nach der Teilnahme an der Fortbildung eine deutliche Zunahme der kindlichen Redeanteile zu verzeichnen. Zudem weisen die Fachkräfte der IG II ein niedrigeres Aus-

Tab. 5.8 Vergleichende Betrachtung der relativen mittleren Häufigkeit niedriger und hoher kognitiver Aktivierung der Fachkräfte in der IG I und der IG II in der Mittagssituation (absolute Häufigkeit je 10 min)

	Prätest		Posttest 1		Posttest 2	
	Niedrige Aktivierung	Hohe Aktivierung	Niedrige Aktivierung	Hohe Aktivierung	Niedrige Aktivierung	Hohe Aktivierung
IG I	M = 26,6	M = 0	M = 32,6	M = 0,5	M = 28,7	M = 0
(n = 5)	(SD =20,3)	(SD = 0)	(SD = 8,1)	(SD = 0,8)	(SD = 6,7)	(SD = 0)
IG II	M = 37,4	M = 1,0	M = 35,3	M = 0,5	M = 45,1	M = 2,3
(n = 5)	(SD = 4,9)	(SD = 1,2)	(SD = 13,8)	(SD = 0,9)	(SD = 16,2)	(SD = 4,0)

gangsniveau der Ruhezeiten auf, das über die Zeit leicht zunimmt. Veränderungen über den gesamten Untersuchungszeitraum werden in beiden Gruppen statistisch nicht signifikant.

5.2.2.5 Kognitiv aktivierende und entwicklungsförderliche Verhaltensweisen

Im Entwicklungsbereich **frühe mathematische Bildung** werden zu allen drei Messzeitpunkten in beiden Interventionsgruppen deutlich mehr Handlungsweisen mit niedriger Anregungsqualität gegeben, wie Tab. 5.8 zeigt.

Dies gilt vor allem für die Fachkräfte der IG II schon im Prätest. Nach der Fortbildung setzen lediglich die Fachkräfte in der IG I mehr Impulse zur kognitiven Aktivierung der Kinder. Dieser Wert geht aber im Posttest 2 trotz Individualcoaching fast wieder auf das Ausgangsniveau zurück, während in der IG II eine Zunahme zum Posttest 2 zu verzeichnen ist. Veränderungen über die drei Messzeitpunkte werden in beiden Gruppen nicht statistisch signifikant.

Im Bereich *sozial-emotionale Entwicklung* wurden sowohl die Begrüßungssituation also auch die Mittagssituation analysiert. Wie die nachfolgende Tab. 5.9 zeigt, nimmt in der Begrüßungssituation der Anteil entwicklungsförderlicher Verhaltensweisen in der IG I über die Zeit zu. Hingegen zeigt sich eine Abnahme ent-

Tab. 5.9 Vergleichende Betrachtung der mittleren relativen Häufigkeiten entwicklungsförderlicher (EF) und -hemmender Verhaltensweisen (EH) der Fachkräfte in der IG I und der IG II in der Begrüßungssituation (relative Häufigkeit je Minute)

	Prätest		Posttest 1		Posttest 2	
	EF	EH	EF	EH	EF	EH
IG I	M = 44,8	M = 0	M = 69,5	M = 0	M = 51,9	M = 0,5
(n = 5)	(SD = 4,6)	(SD = 0)	(SD = 28,4)	(SD = 0)	(SD = 27,5)	(SD = 1,2)
IG II	M = 46,9	M = 1,0	M = 43,9	M = 0	M = 42,7	M = 0
(n = 8)	(SD = 25,1)	(SD = 2,1)	(SD = 15,7)	(SD = 0)	(SD = 22,0)	(SD = 0)

Tab. 5.10 Vergleichende Betrachtung der mittleren relativen Häufigkeiten entwicklungsförderlicher (EF) und -hemmender Verhaltensweisen (EH) der Fachkräfte in der IG I und der
IG II in der Mittagssituation (relative Häufigkeit je Minute)

	Prätest		Posttest 1		Posttest 2	
	EF	EH	EF	EH	EF	EH
IG I	M = 29,9	M = 1,6	M = 27,6	M = 0,5	M = 26,0	M = 1,1
(n = 6)	(SD =14,1)	(SD = 2,2)	(SD = 6,1)	(SD = 0,9)	(SD = 10,6)	(SD = 1,4)
IG II	M = 24,5	M = 1,2	M = 26,5	M = 2,3	M = 27,9	M = 1,1
(n = 7)	(SD = 12,2)	(SD = 1,6)	(SD = 6,4)	(SD = 4,6)	(SD = 9,2)	(SD = 1,4)

wicklungsförderlichen Verhaltens in der IG II. Der mittlere Anteil entwicklungshemmender Verhaltensweisen bleibt in beiden Gruppen über die Zeit nahezu stabil.
Die Veränderungen über die Zeit werden statistisch nicht signifikant.

Die Häufigkeitsverteilung förderlicher und hemmender Verhaltensweisen in
der Mittagssituation zugunsten der förderlichen in beiden Interventionsgruppen
ist noch deutlicher als für den Entwicklungsbereich Sprache. Dies illustriert die
Tab. 5.10.

Weder die entwicklungsförderlichen noch die entwicklungshemmenden Verhaltensweisen unterscheiden sich über den gesamten Erhebungszeitraum signifikant.
Dennoch ergeben sich im Vergleich der Interventionsgruppen leicht unterschiedliche Tendenzen zugunsten der Fachkräfte in der IG II, die anscheinend etwas stärker in ihrem Alltagshandeln in der Mittagssituation von den Fortbildungen profitieren konnte. Allerdings weisen die Fachkräfte in der IG I ein höheres Ausgangsniveau förderlichen Verhaltens auf, das über die Zeit leicht zurückgeht. Vermutlich
handelt es sich bei beiden Phänomenen um zufällige inter- und intraindividuelle
Schwankungen im Verhalten, die auch aus unterschiedlichen Anforderungen, die
die jeweilige Mittagssituation an die Fachkräfte gestellt hat, resultieren.

5.2.3   Ebene der Kinder

5.2.3.1   Stichprobencharakteristika

Nachfolgend wird die Verteilung der familiären und kindlichen Charakteristika,
die als Kontrollvariablen für die Effekte der Professionalisierungsmaßnahmen
auf Kindebene dienen, vergleichend für die Untersuchungsgruppen ($n_{IG\ I} = 190$;
$n_{IG\ II} = 169$) gegenübergestellt.

In beiden Untersuchungsgruppen dominiert die Kernfamilie mit zwei Kindern –
mit 49,5 % in der IG I und 44,4 % in der IG II. Knapp 30 % der Kinder wachsen in

Abb. 5.10 Berufstätigkeit
der Mütter

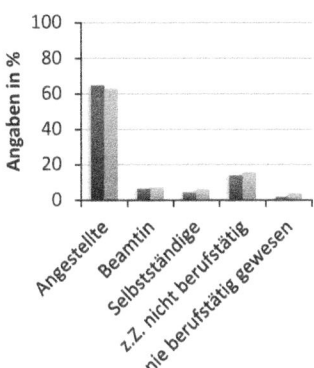

einem Drei-Personen-Haushalt auf, in einem Haushalt mit nur zwei Personen bzw. mehr als vier Personen leben 10 bis 15 % der Kinder. An dieser Stelle sind sicherlich auch andere Familienformen zu berücksichtigen, die jedoch aufgrund des erkenntnisleitenden Interesses des Projektes an diesem Punkt nicht ausdifferenziert werden.

Die Abb. 5.10 und 5.11 zeigen die Verteilung der Eltern auf die beruflichen Tätigkeiten.

Es ergeben sich keine Unterschiede zwischen den Untersuchungsgruppen. Insgesamt arbeiten über 60 % der Eltern im Angestelltenverhältnis, lediglich 6 bis 10 % sind Beamte oder selbstständig. Der Anteil Selbstständiger ist bei den Vätern geringfügig höher als bei den Müttern, die im Vergleich zu den Vätern häufiger erwerbslos sind, was zumeist durch Mutterschutz oder Elternzeit begründet ist. Die Quote derer, die sich noch nie in einem Arbeitsverhältnis befunden haben, liegt in beiden Untersuchungsgruppen unter 5 %.

Abb. 5.11 Berufstätigkeit
der Väter

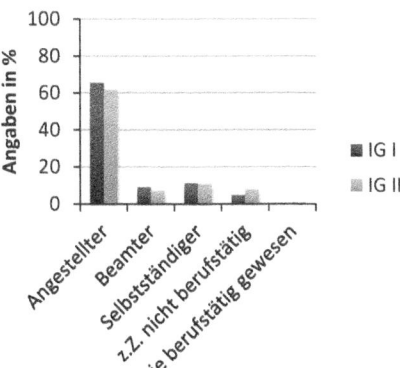

Abb. 5.12 Verteilung der Höhe des monatlichen Haushaltsnettoäquivalenzeinkommens

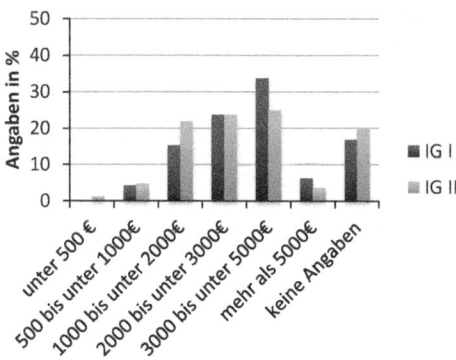

Abb. 5.13 Durchschnittliche Betreuungszeit in der Kindertageseinrichtung

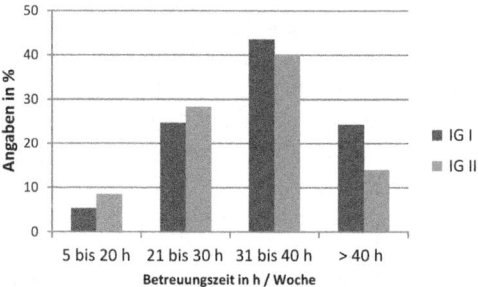

Die positiv einzuschätzende Erwerbslage der Eltern spiegelt sich auch in der Höhe des monatlichen Haushaltsnettoäquivalenzeinkommens der Familien wider, deren Verteilung Abb. 5.12 zeigt.

Jedoch ist davon auszugehen, dass die gute Erwerbstätigkeit der Eltern mit einem erhöhten Betreuungsumfang der Kinder in den Kindertageseinrichtungen einhergeht. Die durchschnittliche wöchentliche Betreuungszeit illustriert die nachfolgende Abb. 5.13.

Die Kinder in der IG I verbringen numerisch mehr Stunden pro Woche in der Tageseinrichtung als jene in der IG II, was aber nicht statistisch signifikant wird.

Zusätzlich zu den familiären Charakteristika wurde als kindliches Merkmal die nonverbale Intelligenz bestimmt. Die Kinder beider Untersuchungsgruppen erreichten mittlere IQ-Werte von $M_{IG\ I}=93,4$ (SD$=13,7$) bzw. $M_{IG\ II}=91,1$ (SD$=15,7$) im unteren Normbereich, die signifikant unter denen der Normierungsstichprobe liegen ($t_{(399)}=-9,641$, $p=000$). Die nonverbalen intellektuellen Fähigkeiten der Kinder sind in allen drei Professionalisierungsbereichen vergleichbar.

Abb. 5.14 Entwicklung der sprachlichen Kompetenzen der Kinder über die Zeit. (Anmerkung: *$p \leq 0,05$; **$p \leq 0,01$; ***$p \leq 0,001$; *n.s.* nicht signifikant)

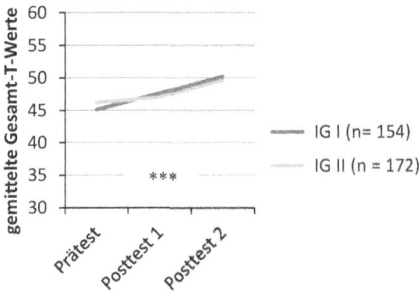

5.2.3.2 Sprach- und Literacyentwicklung

Im Folgenden werden der kindliche Sprachentwicklungsstand sowie die Entwicklung früher literaler Kompetenzen vergleichend für die beiden Interventionsgruppen gegenübergestellt.

Sprachentwicklung Wie Abb. 5.14 zeigt, liegen die mittleren T-Werte in beiden Gruppen über alle Untertests und Altersgruppen hinweg im unteren Normbereich. Über die Zeit ist ein leichter, aber dennoch signifikanter Anstieg der T-Werte von 45 bzw. 46 Punkte im Posttest 1 auf 49 bzw. 50 Punkte im Posttest 2 zu verzeichnen (IG I: Haupteffekt „Zeit": $F_{(2;296)} = 33,498$, $p = 0,000$; IG II: Haupteffekt „Zeit": $F_{(2;336)} = 17,274$, $p = 0,000$). Mädchen und Jungen unterscheiden sich hinsichtlich ihrer sprachlichen Leistungen nicht signifikant voneinander.

Bei Kindern, die in beiden Untertests des Sprachscreenings für das Vorschulalter (SSV) die kritischen Werte unterschritten hatten, wurden die beiden weiteren Untertests aus dem Sprachentwicklungstest für drei- bis fünfjährige Kinder (SETK 3–5) durchgeführt. Dreijährige Kinder, die einen T-Wert unter 40 im Verstehen von Sätzen (VS) und beim Encodieren semantischer Relationen (ESR) erzielten bzw. vierjährige Kinder, die im Verstehen von Sätzen (VS) und in der Morphologischen Regelbildung (MR) einen T-Wert unter 40 erreichten, wurden als „Risikokinder" eingestuft. Die prozentuale Verteilung dieser Kinder getrennt nach Interventionsgruppen sowie in der Gesamtstichprobe zeigt die nachfolgende Abb. 5.15.

Im Prätest wurde ein sehr hoher Anteil von 27,7 % ($n = 46$) der Kinder in der IG I und von 22,7 % ($n = 36$) der Kinder in der IG II als Risikokinder identifiziert. Wie anzunehmen war, entfällt der größte Anteil sprachauffälliger Kinder auf Familien mit einem schwachen sozioökonomischen Status (22,6 %), wohingegen lediglich 12,7 % der sprachauffälligen Kinder aus Elternhäusern mit mittlerem oder hohem Sozialstatus kommen. Ein halbes Jahr später, nach den Fortbildungen im Bereich Sprache und Literacy, war bereits ein Rückgang auf 16,3 % ($n = 27$) Risikokinder

Abb. 5.15 Prozentualer
Anteil von Risikokindern
für eine Sprachentwick-
lungsstörung in den Interventionsgruppen sowie in
der Gesamtgruppe

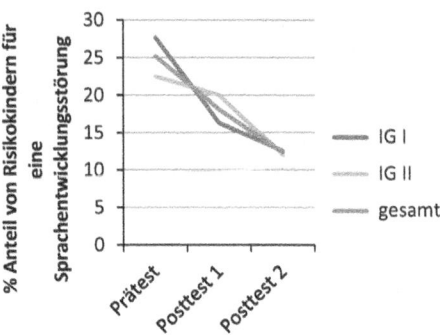

in der IG I und 20 % ($n=30$) Risikokinder in der IG II zu verzeichnen. Insbesondere der Anteil der sprachauffälligen Kinder aus Familien mit einem mittleren
sozioökonomischen Status ging deutlich auf 10,5 % zurück. Nach den Individualcoachings in der IG I hatte sich der prozentuale Anteil der Risikokinder nochmals
deutlich auf 12,3 % ($n=20$) reduziert. Unter Berücksichtigung des Sozialstatus
der Familien zeigt sich ein erwartungskonformes Bild. Insgesamt schwanken die
Raten sprachauffälliger Kinder aus Familien mit niederem und schwachem sozioökonomischen Status zwischen 5 bis 10 %. Dagegen finden sich keine sprachauffälligen Kinder in der Gruppe mit hohem Sozialstatus. Da sich diese positive Veränderung auch sechs Monate nach den Fortbildungen in der IG II ohne zusätzliche
Professionalisierungsmaßnahmen zeigte, ist nicht von einer additiven Wirkung der
Coachings auszugehen. Es kann aber konstatiert werden, dass nach Abschluss des
KOMPASS-Projektes die Prävalenzraten für Risikokinder für eine Sprachentwicklungsstörung am unteren Rand bzw. knapp unter den angegebenen Prävalenzraten
von 15 bis 25 % sprachauffälliger Kindergarten- und Vorschulkinder liegen (z. B.
Adler 2011; Gottschling et al. 2012).

5.2.3.3 Entwicklung früher literaler Kompetenzen

Auch für die frühen Erzähl- und Lesekompetenzen zeigt sich in beiden Untersuchungsgruppen ein positiver Verlauf über die Projektlaufzeit (s. Abb. 5.16).

Die mittleren Gesamtpunktwerte in beiden Gruppen liegen über den Untersuchungszeitraum hinweg auf einem nahezu identischen Entwicklungsniveau.
Jedoch sind insbesondere zum Prätest und Posttest 1 signifikante Entwicklungs-
unterschiede zwischen den Teilstichproben festzustellen, die sich zum Posttest 2
angleichen (Haupteffekt „Gruppe": Prätest, $F_{(1;321)}=5,298$, $p=0,022$; Posttest 1,
$F_{(1;321)}=4,752$, $p=0,030$, Posttest 2 $F_{(1;321)}=3,506$, $p=0,062$). Wenngleich sich für
die Kinder der IG I numerisch geringfügig positivere Entwicklungen erkennen

Abb. 5.16 Gemittelte
Gesamtpunktwerte des
EuLe 3–5 für die IG I
und IG II. (Anmerkung:
*$p \leq 0,05$; **$p \leq 0,01$;
***$p \leq 0,001$; *n.s.* nicht
signifikant)

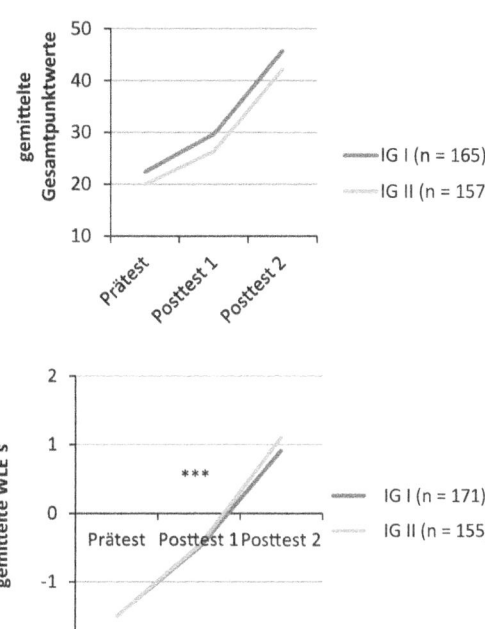

Abb. 5.17 Gemittelte
WLE's des Kieler Kinder-
gartentests (KiKi) für die
IG I und IG II. (Anmer-
kung: *$p \leq 0,05$; **$p \leq 0,01$;
***$p \leq 0,001$; *n.s.* nicht
signifikant)

lassen, werden diese ebenso in der IG II signifikant (IG I: Haupteffekt „Zeit":
$F_{(2;328)} = 369,371$ $p = 0,000$; IG II: Haupteffekt „Zeit": $F_{(2;312)} = 314,864$, $p = 0,000$).
  Da in Ermangelung einer T-Wert-Normierung zunächst mit den Rohwerten ge-
rechnet wurde und diese erwartungsgemäß alterskorreliert zunehmen, ist der Anstieg vermutlich nicht nur den Professionalisierungsmaßnahmen zuzuschreiben.

5.2.3.4 Entwicklung mathematischer Kompetenzen

Die vergleichende Betrachtung der mathematischen Kompetenzentwicklung in
Abb. 5.17 der beiden Untersuchungsgruppen zeigt, dass sowohl die Kinder der
IG I als auch der IG II zu Beginn der Erhebungen im Mittel eine latente mathematische Fähigkeit von −1,5 aufwiesen. Zum Posttest 1 zeigen die Kinder beider
Interventionsgruppen eine deutlich bessere Entwicklung ihrer frühen mathematischen Kompetenzen mit einem Durchschnittswert von −0,5. Im Posttest 2 setzt
sich die Entwicklung der frühen mathematischen Kompetenzentwicklung in beiden Gruppen vergleichbar fort. Die Zuwächse in den mathematischen Kompetenzen Entwicklungen sind insgesamt über die Zeit hoch signifikant (IG I: Haupteffekt „Zeit": $F_{(2;340)} = 314,714$, $p = 0,000$; IG II: Haupteffekt „Zeit": $F_{(2;308)} = 464,839$,
$p = 0,000$).

Abb. 5.18 Prozentuale
Angabe des Gesamtprob-
lemwertes im SDQ für die
Kinder der IG I ($n=136$
Kinder) über den Erhe-
bungszeitraum. (Anmer-
kung: $*p\leq0,05$; $**p\leq0,01$;
$***p\leq0,001$; *n.s.* nicht
signifikant)

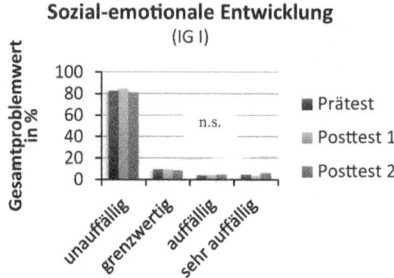

Abb. 5.19 Prozentuale
Angabe des Gesamtprob-
lemwertes im SDQ für die
Kinder der IG II ($n=125$
Kinder) über den Erhe-
bungszeitraum. (Anmer-
kung: $*p\leq0,05$; $**p\leq0,01$;
$***p\leq0,001$; *n.s.* nicht
signifikant)

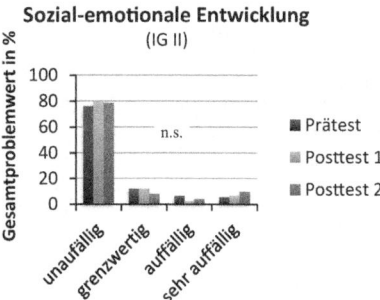

5.2.3.5 Sozial-emotionale Entwicklung

Die Abb. 5.18 und 5.19 veranschaulichen die prozentuale Verteilung der Einschätzungen der kindlichen sozial-emotionalen Kompetenzen als unauffällig, grenzwertig, auffällig und sehr auffällig durch die Fachkräfte in der IG I und der IG II zu den
drei Untersuchungszeitpunkten.

Da 80 % der Kinder der Normierungsstichprobe des SDQ als normal, 10 % als
grenzwertig auffällig und jeweils 5 % als auffällig bzw. sehr auffällig eingestuft
werden (Goodman 2014), kann das Befundmuster in der IG I als erwartungskonform bezeichnet werden.

Die Kinder in der IG II wurden dagegen von ihren Bezugserzieherinnen bzw.
-erziehern vergleichsweise häufiger als grenzwertig eingeschätzt.

Eine varianzanalytische Überprüfung der Ergebnisse zeigt zu keinem der Messzeitpunkte signifikante Unterschiede der Gesamtproblemwerte zwischen Jungen
und Mädchen. Zudem konnten keine signifikanten Veränderungen über die Zeit
ermittelt werden.

Zusätzlich zu den dargestellten Befunden wurden die Ergebnisse varianzana-lytisch betrachtet, um mögliche Kreuzeffekte der Interventionsmaßnahmen auf die kindliche Entwicklung ermitteln zu können. Hierfür wurden die dreistufige un-abhängige Variable „Treatment" (Fortbildung im Bereich Sprache und Literacy, frühe mathematische Bildung, sozial-emotionale Entwicklung) sowie jeweils eine der abhängigen Variablen (Sprach-/Literacyentwicklung, mathematische Kom-petenzen und sozial-emotionale Kompetenzen) auf der Kindebene integriert. Die Analysen zeigten keine signifikanten Kreuzeffekte und trugen lediglich zu einer minimalen Varianzaufklärung (max. 4 %) bei.

5.3 Analyse der Wirkmodelle

Um den relativen Einfluss der zweifach gestuften unabhängigen Variable (Fortbil-dung + Coaching, nur Fortbildung), der abhängigen (Wissen, entwicklungsförder-liches und -hemmendes Verhalten) und der Kontrollvariablen auf den Ebenen der Kindertageseinrichtung (Prozess- und Strukturqualität) und der Fachkraftebene (Persönlichkeit, Arbeitsbelastung) sowie der Kontrollvariablen auf der Kindebe-ne (sozioökonomischer Status, nonverbaler IQ, Geschlecht) zu ermitteln, wurden Mehrebenenanalysen gerechnet. Dafür werden die vorliegenden Daten als hierar-chisches System betrachtet, in dem die Kinder nach ihrer jeweiligen Bezugserzie-herin in den Einrichtungen zu Gruppen geclustert sind.

In einem ersten Schritt wurde zur Bestimmung der Intraklassenkorrelationen (ICC) ein unkonditioniertes Modell für die jeweilige abhängige Variable sprach-liche, literale, mathematische und sozial-emotionale Entwicklung im Prätest spezi-fiziert.

In einem weiteren Schritt wurden slope-as-outcome Modelle gerechnet, um zu ermitteln, welcher Anteil der Veränderungen in der Entwicklung über die Zeit durch die fachkraftspezifischen Faktoren, kontextuelle Faktoren in der Kindergar-tengruppe und durch die Teilnahme der Fachkräfte an den Professionalisierungs-maßnahmen erklärt werden kann.

Die eingesetzten Prädiktoren wurden zur besseren Interpretierbarkeit der Er-gebnisse am jeweiligen Mittelwert der Gesamtgruppe zentriert. Zur Beurteilung der praktischen Relevanz der Ergebnisse wurde das PRE-R^2 nach Bryk und Rau-denbush (1992) herangezogen.

Die Kontrollvariablen auf Kindebene – Geschlecht, sozioökonomischer Status der Eltern – erklärten keine signifikanten Varianzanteile in den Entwicklungsberei-chen, abgesehen von der nonverbalen Intelligenz im Bereich der frühen mathema-tischen Bildung ($p = 0{,}001$). Da sie auch den Modellfit nicht verbesserten, wurden sie in den Berechnungen nicht berücksichtigt.

Tab. 5.11 Slope-as-outcome Modell zur Aufklärung der Varianz der sprachlichen Entwicklung über den gesamten Erhebungszeitraum (Fachkräfte, $n = 39$; Kinder, $n = 326$)

Feste Effekte	Koeffizient B	SE	t-ratio	df	P
Slope-as-outcome-Modell: Sprache					
Modell für den intercept β_{0i} (Sprache$_{t1}$)					
Mittleres Leistungsniveau γ_{00}	45,70	0,34	133,905	321	<.001
Persönlichkeit γ_{01}	0,01	0,00	3,218	321	.001
Belastungserleben	0,29	1,12	0,261	321	.795
Fachwissen γ_{03}	-0,08	0,07	-1,134	321	.257
Kitaqualität γ_{04}	-0,93	0,68	-1,347	321	.179
Modell für den slope β_{1i} (Sprache$_{t2}$)					
Mittlerer Anstieg γ_{10}	0,46	0,05	8,518	317	<.001
Belastungserleben γ_{11}	-0,10	0,14	-0,765	317	.445
Fachwissen γ_{12}	0,00	0,01	0,246	317	.806
Fortbildung γ_{13}	0,15	0,18	0,816	317	.415
Modell für den slope β_{2i} (Sprache$_{t3}$)					
Mittlerer Anstieg γ_{20}	0,13	0,04	2,968	317	<.001
Belastungserleben γ_{21}	-0,08	0,08	-0,897	317	.371
Fachwissen γ_{22}	-0,02	0,00	-2,946	317	.003
Kitaqualität γ_{23}	-0,05	0,03	-1,913	317	.057
Coaching γ_{24}	0,08	0,09	0,916	317	.360
Zufällige Effekte	Standard- abweichung	Varianz- komponente	df	X²	P
Leistungsniveau Sprache$_{t1}$ u_{0i}	2,79	7,08	321	383,632	.009
Level-1-Fehler r_{ij}	5,83	33,99			

Abweichungsstatistik (DIC) = 2178.17

5.3.1 Einflussfaktoren auf die sprachliche Entwicklung

Wenngleich bereits im Vorangegangenen deutlich geworden ist, dass sich die Kinder hinsichtlich ihrer sprachlichen Entwicklung im Prätest nicht bedeutsam unterscheiden, ist es von Interesse, inwiefern die Kompetenzentwicklung bzw. deren Einschätzung von fachkraftspezifischen Determinanten beeinflusst wird. Daher werden in einem nächsten Analyseschritt deren Interaktionseffekte mit der sprachlichen Kompetenzentwicklung der Kinder bestimmt. Hierfür wurden in einem slope-as-outcome Modell die Interaktionseffekte zwischen dem Anstieg (slope) der sprachlichen Entwicklung und den fachkraftspezifischen Prädiktoren (Persönlichkeit, Belastungserleben, Fachwissen, Kitaqualität und Fortbildungs- sowie Coachingteilnahme) zu den jeweiligen Messzeitpunkten modelliert. Die Ergebnisse fasst die Tab. 5.11 zusammen.

Im Mittel wird für die Kinder ein durchschnittliches sprachliches Leistungsniveau von knapp 46 T-Wertpunkten im Prätest erwartet. Dieser Erwartungswert ist signifikant von Null verschieden [$t_{(321)} = 133{,}905$, $p < 0{,}001$], wird jedoch nicht zusätzlich signifikant von dem Belastungserleben der pädagogischen Fachkräfte, deren Fachwissen oder Qualität der Kindertageseinrichtung moderiert. Jedoch zeigt die Persönlichkeit der Fachkräfte einen statistisch bedeutsamen Einfluss $[t_{(321)} = 3,218, p < 0,001]$.

Erhöht sich die Anzahl des erreichten T-Wertes der Kinder im Prätest um einen Punkt, steigt dieser im Posttest 1 um 0,46 Punkte an (γ_{10}). Dieser individuelle Lerneffekt ist wiederum signifikant von Null verschieden $[t_{(317)} = 8,518, p < 0,001]$. Ebenso wie zum Prätest, zeigen das Fachwissen sowie das arbeitsbezogene Belastungserleben der Fachkräfte keinen statistisch bedeutenden Einfluss. Weiterhin sprechen die Ergebnisse dafür, dass die Kinder der Fachkräfte, die an den Fortbildungen zur Sprachentwicklung teilgenommen haben, im Mittel lediglich 0,15 (γ_{13}) T-Wertpunkte mehr erreichten, als die Kinder mit Fachkräften der anderen beiden Fortbildungsschwerpunkte. Dieser Effekt ist statistisch nicht signifikant ($p = 0,415$).

Für den Posttest 2 ist unter der Bedingung, dass sich der T-Wert im Prätest um einen Punkt erhöht, ein minimaler Zuwachs von 0,13 Punkten zu erwarten. Auch dieser individuelle Entwicklungszuwachs ist signifikant von Null verschieden $[t_{(317)} = 2,968, p = <0,001]$. Die Ergebnisse zum abschließenden Messzeitpunkt zeigen für das Belastungserleben der Fachkräfte sowie für die Interventionsmaßnahme des Coachings keine praktisch und statistisch bedeutsamen Einflüsse. Dagegen verpasst der Einfluss der Qualität der Kindertageseinrichtung knapp die Signifikanzgrenze ($p = 0,057$). Allerdings wird die sprachliche Entwicklung der Kinder zusätzlich signifikant durch das Fachwissen der pädagogischen Fachkräfte moderiert ($p = 0,003$).

Insgesamt liegt der Anteil erklärter Varianz der individuellen sprachlichen Kompetenzentwicklung für die Kreuzeffekte mit den genannten Prädiktoren: Persönlichkeit, Belastungserleben, Fachwissen, Kitaqualität und Fortbildungs- und Coachingteilnahme, bei knapp 50 %.

5.3.2 Einflussfaktoren auf die literalen Kompetenzen

Die Ergebnisse zu den Prädiktoren der kindlichen literalen Kompetenzen fasst die nachfolgende Tab. 5.12 zusammen.

Insgesamt kann ein deutlich höheres Aufklärungspotenzial von 70 % über die genannten Prädiktoren für die Entwicklung der frühen literalen Kompetenzen der Kinder ermittelt werden. Im Mittel wird für die Kinder ein durchschnittliches Leistungsniveau von 21,5 Punkten im Prätest erwartet. Dieser Erwartungswert ist signifikant von Null verschieden $[t_{(312)} = 70,707, p < 0,001]$ und wird zusätzlich signifikant von dem Belastungserleben der pädagogischen Fachkräfte ($p = 0,032$), deren Fachwissen ($p = 0,026$) und Qualität der Kindertageseinrichtung ($p = <0,001$) moderiert.

Tab. 5.12 Slope-as-outcome Modell zur Aufklärung der Varianz der frühen literalen Kompetenzen über den gesamten Erhebungszeitraum (Fachkräfte, $n=39$; Kinder, $n=317$)

	Slope-as-outcome-Modell: Literacy				
Feste Effekte	*Koeffizient B*	*SE*	*t-ratio*	*df*	*p*
	Modell für den intercept β_{0i} (EuLe$_{t1}$)				
Mittleres Leistungsniveau γ_{00}	21,5	0,30	70,707	312	.001
Persönlichkeit γ_{01}	0,00	0,00	1,266	312	.206
Belastungserleben γ_{02}	**-2,19**	**1,02**	**-2,152**	**312**	**.032**
Fachwissen γ_{02}	**-0,15**	**0,06**	**-2,236**	**312**	**.026**
Kitaqualität γ_{02}	**-1,46**	**0,32**	**-4,460**	**312**	**.001**
	Modell für den slope β_{1i} (EuLe$_{t2}$)				
Mittlerer Anstieg γ_{10}	0,48	0,03	14,148	308	.001
Belastungserleben γ_{11}	0,09	0,07	1,225	308	.222
Fachwissen γ_{12}	**0,02**	**0,01**	**2,086**	**308**	**.038**
Fortbildung γ_{13}	**-0,35**	**0,17**	**-2,005**	**308**	**.046**
	Modell für den slope β_{2i} (EuLe$_{t3}$)				
Mittlerer Anstieg γ_{20}	0,03	0,02	1,332	308	.184
Belastungserleben γ_{21}	**-0,17**	**0,06**	**-2,742**	**308**	**.006**
Fachwissen γ_{22}	-0,00	0,00	0,229	308	.819
Kitaqualität γ_{23}	0,00	0,00	-0,819	308	.413
Coaching γ_{24}	-0,03	0,08	-0,473	308	.636
Zufällige Effekte	*Standardabweichung*	*Varianzkomponente*	*df*	*X2*	*P*
Leistungsniveau EuLe$_{t1}$ u$_{0i}$	2,37	5,65	312	372,50032	.011
Level-1-Fehler r$_{ij}$	4,96	24,67			

Abweichungsstatistik (DIC)=2025.600

    Erhöht sich die Anzahl des erreichten Punktwertes der Kinder im Prätest um einen Punkt, steigt dieser im Posttest 1 um 0,48 Punkte an (γ_{10}). Dieser individuelle Kompetenzzuwachs ist wiederum signifikant von Null verschieden [t$_{(308)}$ = 14,148, $p<0{,}001$]. Entgegen des Prätestungen zeigt das arbeitsbezogene Belastungserleben der Fachkräfte keinen statistisch bedeutenden Einfluss, allerdings das Fachwissen ($p=0{,}038$) sowie die Interventionsmaßnahme „Fortbildung" ($p=0{,}046$).

    Die Ergebnisse zum abschließenden Messzeitpunkt zeigen für die angeführten Prädiktoren keine praktisch und statistisch bedeutsamen Einflüsse, mit Ausnahme des arbeitsbezogenen Belastungserlebens der pädagogischen Fachkräfte ($p=0{,}006$).

5.3.3 Einflussfaktoren auf die mathematischen Kompetenzen

Wenngleich sich die Kinder auch hinsichtlich ihrer frühen mathematischen Entwicklung nicht bedeutsam unterscheiden (s. Tab. 5.13), ist es von Interesse, in-

Tab. 5.13 Slope-as-outcome Modell zur Aufklärung der Varianz in den mathematischen Kompetenzen über den gesamten Erhebungszeitraum (Fachkräfte, $n=24$; Kinder, $n=326$)

Slope-as-outcome-Modell: Frühe mathematische Bildung					
Feste Effekte	*Koeffizient B*	*SE*	*t-ratio*	*df*	*p*
Modell für den intercept β_{0i} (KiKi$_{t1}$)					
Mittleres Leistungsniveau γ_{00}	-1.50	0.05	-27.724	322	< .001
Belastungserleben γ_{01}	-0.20	0.16	-1.250	322	.212
Fachwissen γ_{02}	-0.02	0.01	-1.043	322	.298
Kitaqualität γ_{03}	-0.12	0.08	-1.540	322	.125
Modell für den slope β_{1i} (KiKi$_{t2}$)					
Mittlerer Anstieg γ_{10}	0.46	0.06	7.332	317	< .001
Belastungserleben γ_{11}	-0.05	0.09	-0.601	317	.549
Fachwissen γ_{12}	-0.06	0.04	-1.540	317	.125
Fortbildung γ_{13}	0.61	0.46	1.306	317	.193
Modell für den slope β_{2i} (KiKi$_{t3}$)					
Mittlerer Anstieg γ_{20}	0.32	0.08	4.055	317	< .001
Belastungserleben γ_{21}	-0.22	0.16	-1.401	317	.162
Fachwissen γ_{22}	**0.03**	**0.01**	**2.824**	**317**	**.005**
Kitaqualität γ_{23}	0.03	0.04	0.893	317	.373
Coaching γ_{24}	-0.06	0.19	-0.325	317	.746
Zufällige Effekte	*Standardabweichung*	*Varianzkomponente*	*df*	χ^2	*P*
Leistungsniveau KiKi$_{t1}$ u$_{0i}$	0.42	0.17	322	384.870	.009
Level-1-Fehler r$_{ij}$	0.88	0.77			

Abweichungsstatistik (DIC) = 945.49

wiefern die Professionalisierungsmaßnahmen des KOMPASS-Projektes die frühe mathematische Entwicklung der Kinder beeinflussen.

Im Mittel wird für die Kinder ein durchschnittliches Leistungsniveau von $-1,50$ Logits im Kieler Kindergartentest (KiKi) (Prätest) erwartet. Dieser Erwartungswert ist signifikant von Null verschieden [$t_{(322)}=-27,724$, $p<0,001$], wird jedoch nicht zusätzlich signifikant von dem Belastungserleben der pädagogischen Fachkräfte, deren Fachwissen oder Qualität der Kindertageseinrichtung moderiert. Ebenso zeigte die Persönlichkeit der Fachkräfte keinen praktisch und statistisch bedeutsamen Einfluss, sodass sie an dieser Stelle im Modell nicht berichtet wird.

Erhöht sich die Anzahl der erreichten Logits der Kinder im Prätest um einen Punkt, steigt diese ebenso im Posttest 1 um 0,46 Logits an (γ_{10}). Dieser individuelle Lernzuwachs ist wiederum signifikant von Null verschieden [$t_{(317)}=7,332$, $p<0,001$]. Ebenso wie zum Prätest zeigen das Fachwissen sowie das arbeitsbezogene Belastungserleben der Fachkräfte keinen statistisch bedeutenden Einfluss. Jedoch erzielten die Kinder der Fachkräfte, die an den Fortbildungen zur frühen mathematischen Bildung teilgenommen haben, im Mittel 0,61 Logits mehr als die Kinder mit Fachkräften der anderen beiden Fortbildungsschwerpunkte. Dieser Effekt wird allerdings nicht statistisch signifikant ($p=0,193$).

Für den Posttest 2 ist unter der Bedingung, dass sich der Wert im Kieler Kindergartentest (KiKi) im Prätest um einen Logit erhöht, ein Zuwachs von 0,32 Logits zum Posttest 2 zu erwarten. Auch dieser individuelle Kompetenzzuwachs ist signifikant von Null verschieden [$t_{(317)}$=4,055, p=<0,001]. Die Ergebnisse zum abschließenden Messzeitpunkt zeigen mehrheitlich keine statistisch und praktisch bedeutsamen Veränderungen, mit Ausnahme des Fachwissens der pädagogischen Fachkräfte. Dieses beeinflusst signifikant die Entwicklung der frühen mathematischen Kompetenzen der Kinder [$t_{(317)}$=2,824, p=0,005].

Insgesamt liegt der Anteil erklärter Varianz in der individuellen mathematischen Kompetenzentwicklung für die genannten Prädiktoren: Belastungserleben, Fachwissen, Kitaqualität und Fortbildungs- und Coachingteilnahme bei 62 %.

5.3.4   Einflussfaktoren auf die sozial-emotionale Entwicklung

Ein ebenso hoher Anteil erklärter Varianz lässt sich über die Prädiktoren für die sozial-emotionale Kompetenzentwicklung der Kinder feststellen.

Der mittlere Gesamtproblemwert der Kinder wird von den Fachkräften entsprechend der Normtabelle (s. Tab. 5.3, S. 115) als unauffällig eingeschätzt. Inwiefern die fachkraftbezogenen Variablen einen Einfluss auf diese Einschätzung ausüben, fasst die Tab. 5.14 zusammen.

Im Mittel wird für die 261 Kinder der vorliegenden Stichprobe ein durchschnittlicher Gesamtproblemwert von 7,50 Punkten im SDQ zum Prätest erwartet. Dieser Erwartungswert ist signifikant von Null verschieden [$t_{(257)}$=30,788, p<0,001] und wird bereits zu Beginn der Erhebungen signifikant positiv von der Qualität der Kindertageseinrichtung [$t_{(257)}$=2,322, p=0,021] sowie tendenziell negativ vom arbeitsbezogenen Belastungserleben der pädagogischen Fachkräfte beeinflusst [$t_{(257)}$=−1,891, p=0,060]. Weder das fachspezifische Wissen, noch die Persönlichkeit der Fachkräfte ist zu Beginn der Erhebungen statistisch relevant für die Einschätzung der sozial-emotionalen Kompetenzen. Daher werden diese Faktoren auch im Modell nicht weiter berücksichtigt.

Erhöht sich der Gesamtproblemwert der Kinder im Prätest um einen Punkt, steigt der Problemwert im Posttest 1 um 0,55 Punkte an (γ_{10}). Dieser individuelle Anstieg ist wiederum signifikant von Null verschieden [$t_{(252)}$=6,382, p<0,001]. Das Fachwissen der Fachkräfte beeinflusst auch unmittelbar nach der Fortbildung nicht deren Einschätzung der kindlichen sozial-emotionalen Kompetenzen. Jedoch zeigen die Ergebnisse, dass nach den Fortbildungen die Kinder zum Posttest 1 (γ_{12}) in ihrer sozial-emotionalen Kompetenzentwicklung gegenüber dem Prätest (γ_{02}) minimal besser eingeschätzt werden, wenn ein Wissenszuwachs bei den Fachkräften erfolgte. Nach der Teilnahme an der Fortbildung werden die Kinder

Tab. 5.14 Slope-as-outcome Modell zur Aufklärung der Varianz im SDQ über den gesamten Erhebungszeitraum (Fachkräfte, $n=26$; Kinder, $n=261$)

Feste Effekte	Koeffizient B	SE	t-ratio	df	p
Slope-as-outcome-Modell: Sozial-emotionale Entwicklung					
Modell für den intercept β_{0i} (SDQ$_{t1}$)					
Mittleres Leistungsniveau γ_{00}	7,50	0,24	30,788	257	<.001
Belastungserleben γ_{01}	**-1,56**	**0,82**	**-1,891**	**257**	**.060**
Fachwissen γ_{02}	0,02	0,05	0,354	257	.724
Kitaqualität γ_{03}	**1,00**	**0,43**	**2,322**	**257**	**.021**
Modell für den slope β_{1i} (SDQ$_{t2}$)					
Mittlerer Anstieg γ_{10}	0,55	0,09	6,382	252	<.001
Belastungserleben γ_{11}	**0,36**	**0,13**	**2,718**	**252**	**.007**
Fachwissen γ_{12}	-0,02	0,02	-1,015	252	.311
Fortbildung γ_{13}	**0,31**	**0,15**	**2,044**	**252**	**.042**
Modell für den slope β_{2i} (SDQ$_{t3}$)					
Mittlerer Anstieg γ_{20}	0,20	0,08	2,491	252	.013
Belastungserleben γ_{21}	-0,16	0,10	-1,514	252	.131
Fachwissen γ_{22}	-0,01	0,01	-1,025	252	.307
Kitaqualität γ_{23}	0,05	0,03	1,321	252	.188
Coaching γ_{24}	-0,02	0,08	-0,213	252	.832
Zufällige Effekte	Standardabweichung	Varianzkomponente	df	χ^2	P
Leistungsniveau SDQ$_{t1}$ u_{0i}	1,62	2,62	257	304,475	.022
Level-1-Fehler r_{ij}	3,39	11,54			

Abweichungsstatistik (DIC)=1462.36

als signifikant verhaltensauffälliger eingeschätzt [$t_{(252)}=2,044$, $p=0,042$]. Stärker arbeitsbelastete Fachkräfte beurteilen die sozial-emotionale Entwicklung der von ihnen betreuten Kinder als signifikant schlechter [$t_{(252)}=2,718$, $p=0,007$] als ihre unbelasteten Kolleginnen und Kollegen.

Für den Posttest 2 wäre unter der Bedingung, dass sich der Gesamtproblemwert im SDQ um einen Punkt erhöht, lediglich ein Zuwachs von 0,2 Punkten zu erwarten, auch dieser individuelle Entwicklungseffekt ist signifikant von Null verschieden [$t_{(257)}=2,491$, $p=0,013$]. Die Ergebnisse zum abschließenden Messzeitpunkt zeigen mehrheitlich keine statistisch und praktisch bedeutsamen Veränderungen, sodass in diesem Zusammenhang auch Coachingeffekte auf die sozial-emotionale Entwicklung auszuschließen sind.

5.4 Diskussion der Ergebnisse

Bezogen auf die Qualität der Kindertageseinrichtungen ist zu konstatieren, dass diese bereits im Ausgangsniveau im Mittel als gut zu bezeichnen ist. Dies gilt für beide Interventionsgruppen gleichermaßen. Während in der IG I nach den Fortbildungen und Coachings lediglich eine Steigerung um eine halbe Qualitätsstufe zu verzeichnen war, konnte das Qualitätsniveau in der IG II bereits nach den Fortbildungen um mehr als eine Stufe gesteigert werden.

Dieses Befundmuster wird durch die kategorialen Videointeraktionsanalysen in der Begrüßungs-, in der Bilderbuch- und in der Mittagssituation allerdings nur bedingt gestützt. Fachkräfte beider Interventionsgruppen in allen drei Bildungsbereichen zeigen eine Zunahme entwicklungsförderlicher Verhaltensweisen sowie einen Rückgang entwicklungshemmender Verhaltensweisen, wobei sich keine signifikanten Unterschiede über den gesamten Erhebungszeitraum ergeben. Solche Unterschiede zugunsten der IG I wären zu erwarten gewesen, wenn die Individualcoachings einen additiven Effekt entfaltet hätten. Vor dem Hintergrund der deutlich höheren Werte in der Interaktionsqualität gemessen über die KES-R wären dagegen förderlichere Interaktionsmuster der Fachkräfte in der IG II zu erwarten gewesen.

Das fachspezifische Wissen nahm bei den Fachkräften aller Bereiche nach den Fortbildungen signifikant zu, die Individualcoachings entfalteten allenfalls konsolidierende Effekte. Während diese für das sprachliche und mathematische Wissen der Fachkräfte in der IG I nachweisbar waren, blieben im Unterschied dazu die Wissensstände zur sozial-emotionalen Entwicklung bei den Fachkräften in der IG II erhalten, die kein Individualcoaching erhielten.

Diese zum Teil widersprüchlichen Befundmuster könnten auf individuelle Unterschiede zwischen den Fachkräften in ihrer Persönlichkeit und ihrer Arbeitsbelastung zurückführbar sein, die sich bereits in den Ergebnissen der Prozessevaluation (Kap. 4) zeigten. Diese bestehen sowohl in der Rezeption der Fortbildungsinhalte als auch in der Motivation und Bereitschaft, sich selbstreflexiv mit dem eigenen Handeln und der Beziehungsgestaltung zu den Kindern auseinanderzusetzen. Sicherlich sind sie aber auch auf die Veränderungssensitivität der Untersuchungsinstrumente und ihren Einfluss auf das Verhalten der Fachkräfte zurückführbar. Die KES-R beruht auf umfangreichen Beobachtungen im Kindergartenalltag, während sich die Videointeraktionsanalysen aus Gründen der besseren Vergleichbarkeit auf sehr selektive Situationen bezogen. Es ist zu vermuten, dass sich die Fachkräfte während der dreistündigen Beobachtungen in ihrem Alltag natürlicher verhielten als in den vergleichsweise kürzeren Sequenzen der Begrüßung der Kinder, des gemeinsamen Mittagessens und des Bilderbuchbetrachtens. In diesen Situationen waren sie sich möglicherweise der Videokamera und der Tatsache, dass sie beobachtet wurden, bewusster, was auch ihr Verhalten entsprechend beeinflusst haben mag. Weiterhin ist zu berücksichtigen, dass bei der Stichprobenakquise die Kindertageseinrichtungen vorrangig so ausgewählt wurden, dass jeweils eine Fachkraft aus jeder Einrichtung in einem der drei Bereiche fortgebildet bzw. fortgebildet und gecoacht wurde. Die Rückmeldungen zu den Fortbildungen und den Coachings in Kap. 4 sprechen dafür, dass der Austausch zwischen den Fachkräften als ein wesentlicher, besonders positiver Aspekt der Professionalisierung empfunden wurde. In einigen Einrichtungen wurde den Kolleginnen und Kollegen über Fortbildungsinhalte im Rahmen der regelmäßigen Dienstbesprechungen berichtet, in anderen Einrichtungen erfolgte die Weitergabe von Praxistipps und Spielesammlungen informell in Form von Tür-und-Angel-Gesprächen. Dies könnte die signifikanten Verbesserungen in der Qualität der Kindertageseinrichtungen zumindest zum Teil erklären.

Auf der Ebene der Kinder ließen sich signifikante Kompetenzzuwächse im sprachlichen, literalen und mathematischen Bereich über die Zeit bestätigen. Zudem war eine Abnahme des prozentualen Anteils an Risikokindern für eine Sprachentwicklungsstörung zu verzeichnen. Dies gilt nicht für den Bereich sozial-emotionale Entwicklung. Im Wesentlichen entspricht der prozentuale Anteil der Kinder, die als grenzwertig oder problematisch eingeschätzt werden, dem der Normierungsstichprobe des SDQ. Hier sind auch lediglich leichte Veränderungen über die Zeit zu verzeichnen. Um Aufschluss darüber zu erhalten, ob die gefundenen Veränderungen über die Zeit bzw. die Varianz in den kindlichen Kompetenzen durch das veränderte Interaktionsverhalten der Fachkräfte ihnen gegenüber erklärt werden kann und insbesondere, ob die Professionalisierungsmaßnahmen einen Teil dieser Varianz erklären zu vermögen, wurden Mehrebenenanalysen gerechnet. Insgesamt ist der Anteil erklärter Varianz der individuellen Kompetenzentwicklung für die Kreuzeffekte mit den erfassten Prädiktoren Persönlichkeit, Belastungserleben und Fachwissen auf der Ebene der Fachkräfte, Qualität der Kindertageseinrichtungen sowie der Teilnahme an den Professionalisierungsmaßnahmen mit knapp 50 % für den Bereich Sprache, leicht über 60 % für die Bereiche frühe mathematische Kompetenzen und sozial-emotionale Entwicklung und 70 % für den Bereich frühe literale Kompetenzen sehr hoch. Die Einflüsse dieser Prädiktoren sind aber in Abhängigkeit von den Bildungsbereichen und vom Zeitpunkt der Erfassung unterschiedlich stark: Nach Abschluss der Professionalisierungsmaßnahmen zum Posttest 2 erklärt das fachspezifische Wissen der Fachkräfte den höchsten Anteil der Varianz in den sprachlichen Leistungen, gefolgt von der Qualität der Kindertageseinrichtung. Dieser starke Einfluss des Fachwissens zeigt sich in der mehrebenenanalytischen Betrachtung der frühen mathematischen Kompetenzen im Posttest 2, während die Qualität der Kindertageseinrichtung keinen signifikanten Einfluss ausübt. Beide Faktoren erklären im Prä- und Posttest 1 substantielle Anteile der Varianz in den literalen Kompetenzen. Zum Posttest 1 wird auch der Einfluss der Fortbildungsteilnahme auf die kindliche Literacyentwicklung signifikant. Dagegen erklären zum Posttest 2 nur noch strukturelle Aspekte, die mit dem Belastungserleben der Fachkräfte im Zusammenhang stehen, substantielle

Varianzanteile in den literalen Kompetenzen. Dieser Befund kann sicherlich als
eher überraschend bezeichnet werden. Erwartungskonform werden dagegen die
Fachkrafteinschätzungen des kindlichen Verhaltens im Bereich sozial-emotionale
Entwicklung im Prätest sowie im Posttest 1 sehr stark von deren Belastungserleben
im Alltag beeinflusst. Die Fachkräfte, die angaben, belasteter zu sein, tendieren
dazu, kindliches Verhalten eher als problematisch wahrzunehmen. Somit kann es
möglicherweise als ein Erfolg der Professionalisierungsmaßnahme gewertet werden, dass das Belastungserleben im Posttest 2 diese Einschätzungen nicht mehr
verzerrt. Dies scheint allerdings stärker auf die Fortbildungsmaßnahmen als auf
die Individualcoachings zurückführbar zu sein, denn diese erweisen sich im Unterschied zu den Coachings als signifikanter Faktor zur Erklärung der Varianz in den
SDQ-Einschätzungen.

Zusammengefasst ergeben sich einige Effekte der Professionalisierungsmaßnahmen auf der Fachkraft- und Kindebene, insbesondere aber auf der Ebene der
Kindertageseinrichtung. Allerdings sind diese nicht konsistent, sondern variieren
bei individueller Betrachtung der Fachkräfte relativ stark. Während die Effekte
der Fortbildungen auf das fachspezifische Wissen der Fachkräfte und ihr entwick-
lungsförderliches Verhalten über alle Bildungs- und Entwicklungsbereiche erkennbar sind, entfalten die Individualcoachings allenfalls konsolidierende Effekte auf
das fachspezifische Wissen, wirken sich aber nicht weitergehend positiv auf den
Transfer der Fortbildungsinhalte in den Kindergartenalltag aus. Dies spiegelt sich
auch in den Ergebnissen der Mehrebenenanalysen wider.

Ein Grund für die zum Teil inkonsistente Befundlage und gleichzeitig eine
wichtige Limitation der Aussagekraft der Befunde könnte die anfallende und somit
selektive Stichprobe von Fachkräften und der von ihnen betreuten Kinder sein. Es
war keine zufällige Zuweisung zu IG I und IG II möglich, da die Professionalisierungsmaßnahmen um ein Jahr versetzt starteten. Somit handelt es sich bei der IG II
um keine echte Kontrollgruppe oder Wartekontrollgruppe für die gesamte Professionalisierungsmaßnahme, sondern lediglich für die additiven Effekte des Individualcoachings. Von diesen wurde die Schließung der Transferlücke zwischen Fortbildungsinhalten und Handlungskompetenzen der Fachkräfte im Alltag erhofft.
Dieser Effekt des Coachings in Form einer Verbesserung des Transfers deutete sich
in den qualitativen Analysen, deren Ergebnisse in Kap. 4 berichtet werden, zwar
teilweise an, konnte aber mit der summativen Ergebnisevaluation trotz der gewählten Vielfalt der Untersuchungsinstrumente nicht bestätigt werden. Möglicherweise
war der Zeitraum von nur wenigen Wochen zwischen dem Ende der Coachings und
dem Posttest II zu kurz, um sich in ihrer Wirkung auf der Ebene der Kinder nieder-
zuschlagen. Obwohl sowohl die Fortbildungsreihen als auch die Individualcoachings praxisnah auf die alltägliche Arbeit der Fachkräfte abgestimmt waren, um
eine möglichst schnelle Implementierung der Professionalisierungsmaßnahmen zu

gewährleisten, wäre selbst dann, wenn ein rascher und reibungsloser Transfer auf alle Alltagssituationen erfolgte, die Zeitspanne zwischen Prä- und Posttest II zu kurz, um die Entwicklung der kindlichen Kompetenzen nachhaltig und umfassend beeinflussen zu können. Hier wäre ein Follow-up-Messzeitpunkt im Schulalter, der ursprünglich geplant war, sich aber aufgrund von Verzögerungen in der Akquise und dem Ausfall von pädagogischen Fachkräften nicht realisieren ließ, erhellend gewesen, um die Frage nach den längerfristigen Effekten der Professionalisierungsmaßnahme im Übergang zur Schule klären zu können.

Literatur

Adarnetto, C., & Schneider, S. (2009). Diagnostisches Vorgehen. In S. Schneider & J. Margraf (Hrsg.), *Lehrbuch der Verhaltenstherapie. Band 3: Störungen im Kindes- und Jugendalter* (S. 123–144). Heidelberg: Springer.

Adler, Y. (2011). *Kinder lernen Sprache(n). Alltagsorientierte Sprachförderung in der Kindertagesstätte.* Stuttgart: Kohlhammer.

Ahnert, L. (2005). *Bildung, Betreuung und Erziehung von Kindern unter sechs Jahren.* München: Verlag Deutsches Jugendinstitut.

Anders, Y. (2012). Modelle professioneller Kompetenzen für frühpädagogische Fachkräfte. Aktueller Stand und ihr Bezug zur Professionalisierung. München. http://www.aktionsratbildung.de/fileadmin/Dokumente/Expertise_Modelle_professioneller_Kompetenzen.pdf. Zugegriffen: 24. Okt. 2014.

Behrens, U., Dickmann, M., Faulwasser, M., Langner, R., Mallon, G., Mücke, A., & Pieper-Schönrock, I. (2003). *Didaktisch-Methodische Empfehlungen für die vorschulische Sprachförderung.* Hannover: Niedersächsisches Kultusministerium.

Bohnsack, R. (2011). *Qualitative Bild- und Videointerpretation: Die dokumentarische Methode* (2. Aufl.). Stuttgart: UTB.

Bryk, A. S., & Raudenbush, S. W. (1992). *Hierarchical linear models: Applications and data analysis methods (Advanced quantitative techniques in the social sciences* (Bd. 1). Newbury Park: Sage.

Buschmann, A., & Jooss, B. (2007). Frühintervention bei verzögerter Sprachentwicklung: „Heidelberger Elterntraining zur frühen Sprachförderung". *Forum Logopädie, 5,* 6–11.

Dannenbauer, F. M. (1997). Grammatik. In S. Baumgartner & I. Füssenich (Hrsg.), *Sprachtherapie mit Kindern* (S. 123–203). München: Ernst Reinhardt Verlag.

Fröhlich-Gildhoff, K. (2013). Die Zusammenarbeit von pädagogischen Fachkräften und Eltern im Feld der frühkindlichen Bildung, Betreuung und Erziehung. *Bildungsforschung, 10*(1), 11–25.

Goodman, R. (1997). The strengths and difficulties questionnaire: A research note. *Journal of Child Psychology and Psychiatry, 38,* 581–586.

Goodman, R. (2014). Scoring the Strengths and Difficulties Questionnaire for age 4–17. http://sdqinfo.org/py/sdqinfo/c0.py. Zugegriffen: 17. Sept. 2014.

Gottschling, A., Franze, M., & Hoffmann, W. (2012). Entwicklungsverzögerungen bei Kindern: Screening als Grundlage für eine gezielte Förderung. *Deutsches Ärzteblatt, 3,* 123–125.

Grimm, H. (2010). *Sprachentwicklungstest für drei- bis fünfjährige Kinder (SETK 3–5)*. Göttingen: Hogrefe.

Grimm, H., Aktas, M., & Kießig, U. (2003). *Sprachscreening für das Vorschulalter (SSV)*. Göttingen: Hogrefe.

Grüßing, M., Heinze, A., Duchhardt, C., Ehmke, T., Knopp, E., & Neumann, I. (2013). KiKi – Kieler Kindergartentest Mathematik zur Erfassung mathematischer Kompetenz von vier- bis sechsjährigen Kindern im Vorschulalter. In M. Hasselhorn, A. Heinze, W. Schneider, & U. Trautwein (Hrsg.), *Diagnostik mathematischer Kompetenzen* (S. 67–80). Göttingen: Hogrefe.

Hendler, J., Mischo, C., Strohmer, J., & Wahl, S. (2011). Das sprachbezogene Wissen angehender pädagogischer Fachkräfte im Wissenstest und in der Selbsteinschätzung. *Empirische Pädagogik, 25*(4), 518–542.

Jungmann, T., & Brand, T. (2012). Die besten Absichten zu haben ist notwendig, aber nicht hinreichend – Qualitätsdimensionen in den Frühen Hilfen. *Praxis der Kinderpsychologie & Kinderpsychiatrie, 61*, 723–737.

Klasen, H., Woerner, W., Rothenberger, A., & Goodman, R. (2003). Die deutsche Fassung des Strengths and Difficulties Questionnaire (SDQ-Deu) – Übersicht und Bewertung erster Validierungs- und Normierungsbefunde. *Praxis der Kinderpsychologie und Kinderpsychiatrie, 52*(7), 474–490.

König, A. (2006). *Dialogisch-entwickelnde Interaktionsprozesse zwischen ErzieherIn und Kind(-ern). Eine Videostudie aus dem Alltag des Kindergartens*. Wiesbaden: VS Verlag für Sozialwissenschaften.

Lampert, T., & Kroll, L. E. (2009). Die Messung des sozioökonomischen Status. In M. Richter & K. Hurrelmann (Hrsg.), *Gesundheitliche Ungleichheit. Grundlagen, Probleme, Perspektiven* (2. Aufl., S. 209–230). Wiesbaden: VS Verlag für Sozialwissenschaften.

Meindl, M., & Jungmann, T. (2014). Erfassung der frühen Erzähl- und Lesekompetenzen im Vorschulalter zur primären Prävention von Schwierigkeiten im Schriftspracherwerb. *Empirische Sonderpädagogik, 3*, 211–226.

Melchers, P., & Preuß, U. (2009). *Kaufman Assessment Battery for Children (dt. Version) (KAB-C)* (8. Aufl.). Frankfurt a. M.: Pearson Assessment.

Petermann, F. (2012). *Sprachstandserhebungstest für Kinder im Alter zwischen 5 und 10 Jahren (SET 5–10)* (2. Aufl.). Göttingen: Hogrefe.

Piasta, S. B., Justice, L. M., McGinty, A. S., & Kaderavek, J. N. (2012). Increasing young children's contact with print during shared reading: Longitudinal effects on literacy achievement. *Child Development, 83*(3), 810–820.

Remsperger, R. (2011). *Sensitive Responsivität. Zur Qualität pädagogischen Handelns im Kindergarten*. Wiesbaden: VS Verlag für Sozialwissenschaften.

Satow, L. (2012a). Big-Five-Persönlichkeitstest (B5T): Test- und Skalendokumentation. http://www.drsatow.de. Zugegriffen: 10. Sept. 2014.

Satow, L. (2012b). Big-Five-Persönlichkeitstest (B5T): Testmanual und Normen. http://www.drsatow.de. Zugegriffen: 10. Sept. 2014.

Schaarschmidt, U., & Fischer, A. W. (2008). *Arbeitsbezogenes Verhaltens- und Erlebensmuster (AVEM-44)*. Frankfurt a. M.: Pearson. Assessment.

Steffensmeier, A. (2010). *Lieselotte lauert* (12. Aufl.). Mannheim: Sauerländer.

Tietze, W., Schuster, K. M., Grenner, K., & Roßbach, H. G. (2005). *Kindergarten-Skala (KES-R). Revidierte Fassung* (3. Aufl.). Berlin: Cornelsen.

Whitehurst, G. J., & Lonigan, C. J. (1998). Child development and emergent literacy. *Child Development, 69*(3), 848–872.

Zevenbergen, A., & Whitehurst, G. J. (2003). Dialogic reading: A shared picture book reading intervention for preschoolers. In A. Kleeck, S. Stahl, A. Bauer, & B. Eurydice (Hrsg.), *On reading books to children: Parents and teachers* (S. 177–202). Mahwah: Lawrence Erlbaum Associates.

Julia Böhm (Jahrgang 1987) MA Bildungswissenschaft „Frühe Hilfen" Staatlich anerkannte Erzieherin, Studium der Erziehungswissenschaft und Soziologie, Schwerpunkt „Differenz und Heterogenität" an der Universität Bielefeld, Masterstudium Bildungswissenschaft, Schwerpunkt „Frühe Hilfen" an der Universität Rostock, wissenschaftliche Mitarbeiterin am Institut für Sonderpädagogische Entwicklungsförderung und Rehabilitation (ISER) der Universität Rostock. Forschungsschwerpunkte: Professionalisierung pädagogischer Fachkräfte im Bereich sozial-emotionale Entwicklung.

Jule Stelter (Jahrgang 1988) MA Bildungswissenschaft „Frühe Hilfen" Studium der Soziologie, Studium der Erziehungswissenschaft, Masterstudium Bildungswissenschaft, Schwerpunkt „Frühe Hilfen" an der Universität Rostock, wissenschaftliche Mitarbeiterin am Institut für Sonderpädagogische Entwicklungsförderung und Rehabilitation (ISER) der Universität Rostock. Forschungsschwerpunkte: qualitative Forschung, Videointeraktionsanalysen im Elementarbereich.

Prof. Dr. Tanja Jungmann (Jahrgang 1972) Diplom-Psychologin Professorin für Sonderpädagogische Frühförderung und Sprachbehindertenpädagogik am Institut für Sonderpädagogische Entwicklungsförderung und Rehabilitation (ISER) der Universität Rostock. Forschungsschwerpunkte: Professionalisierung pädagogischer Fachkräfte im Bereich Sprache und Literacy, Sprachentwicklungsdiagnostik, alltagsintegrierte Sprach- und Kommunikationsförderung, Frühe Hilfen.

Schlussbetrachtungen 6

Tanja Jungmann und Katja Koch

Inhaltsverzeichnis

Die nationale und internationale Professionalisierungsforschung hat wiederholt gezeigt, dass bei der Übertragung des vermittelten Wissens und der Kompetenzen aus Fort- und Weiterbildungsmaßnahmen in den pädagogischen Alltag eine Transferlücke entsteht (Kap. 2). Deshalb wurden im Rahmen des KOMPASS-Projektes zusätzlich zu Fortbildungsmaßnahmen Individualcoachings realisiert. Die Effekte dieser Zusatzmaßnahme wurden prozessbegleitend wissenschaftlich evaluiert. Konzeption und Durchführung der Coachings, das Fortbildungskonzept sowie das Evaluationsdesign wurden im Kap. 3 ausführlich beschrieben. Im Rahmen der prozessbegleitenden Evaluation wurden zwischen den Interventionsgruppen Unterschiede in der Rezeption und Umsetzung der Fortbildungsinhalte sowie interindividuelle Unterschiede zwischen den pädagogischen Fachkräften deutlich (Kap. 4). Die Unterschiede zwischen den Interventionsgruppen schlugen sich auch in stärkeren Verbesserungen der Struktur-, Prozess- und Gesamtqualität der Kindertages-

T. Jungmann (✉) · K. Koch
ISER, Universität Rostock, August-Bebel-Str. 28, Rostock,
Mecklenburg-Vorpommern 18051, Deutschland
E-Mail: tanja.jungmann@uni-rostock.de

K. Koch
E-Mail: katja.koch@uni-rostock.de

© Springer Fachmedien Wiesbaden 2017   151
T. Jungmann, K. Koch (Hrsg.), *Professionalisierung pädagogischer
Fachkräfte in Kindertageseinrichtungen,* Psychologie in Bildung und Erziehung:
Vom Wissen zum Handeln, DOI 10.1007/978-3-658-10270-8_6

einrichtung nieder, allerdings zugunsten der Fachkräfte in der Gruppe, die keine Individualcoachings erhalten hatte (Interventionsgruppe II). Verbesserungen des fachspezifischen Wissens ließen sich vor allem nach den Fortbildungen erkennen, die Coachings entfalteten allenfalls einen konsolidierenden Effekt. Auch auf das entwicklungsförderliche Verhalten der Fachkräfte sowie – vermittelt darüber – auf die kindliche Entwicklung wirken sich die Fortbildungsveranstaltungen stärker aus als die Individualcoachings (Kap. 5). In diesem abschließenden Kapitel werden zum einen Implikationen für die Praxis (6.1), insbesondere auch im Hinblick auf die sich noch anschließende Multiplikatorenarbeit abgeleitet, zum anderen Implikationen für die weitere Professionalisierungsforschung (6.2) diskutiert.

6.1 Implikationen für die Professionalisierungspraxis

Wie in Kap. 3 erwähnt, fungieren die Teilnehmenden der IG I, die sowohl die Fortbildungen als auch die Individualcoachings in den drei Bereichen Sprache und Literacy, frühe mathematische Bildung und sozial-emotionale Entwicklung erhalten hatten, als Multiplikatorinnen und Multiplikatoren für den jeweiligen Bildungsbereich in ihren Einrichtungen. Damit wird das Ziel verfolgt, dass die Fachkräfte Lernprozesse anstoßen und somit letztlich zur Teamentwicklung und zur Etablierung gemeinsamer Strukturen für die zielgerichtete ganzheitliche Förderung der Kinder im Alltag beitragen (Zacher et al. 2008, vgl. Kap. 3). Die Ergebnisse der Prozessevaluation sprechen dafür, dass für den Wissenstransfer und die Verbreitung von Interventionen das Festhalten des Vorgehens in schriftlicher Form (Manualisierung) wichtig ist. So wurde wiederholt um Zusammenfassungen der wichtigsten Punkte aus den einzelnen Fortbildungsblöcken gebeten. Allerdings sollten bei der schriftlichen Fixierung der Inhalte auch die Probleme bzgl. ihrer Übertragung in die Praxis thematisiert werden. Konkret wurde hierzu von den Fachkräften geäußert, dass sie sich einen stärkeren Praxisbezug und praktische Beispiele der Umsetzung von Fortbildungsinhalten in den Alltag wünschen, die lediglich durch theoretische Ausführungen unterlegt werden bzw. diese illustrieren. Dadurch erhalten die Fachkräfte Impulse und Anregungen zur konkreten Ausgestaltung der frühen Bildung in den einzelnen Bereichen, aber auch bereichsübergreifende Anregungen, wie z. B. zur Förderung mathematischer Basiskompetenzen durch den gezielten Einsatz von Sprache.

Eine solche Manualisierung der Fortbildungseinheiten, die diesen Bedürfnissen der Fachkräfte Rechnung trägt, liegt mittlerweile mit den Praxisbüchern „Überall steckt Sprache drin" (Jungmann et al. 2015a), „Überall steckt Mathe drin" (Koch et al. 2015) und „Überall stecken Gefühle drin" (Jungmann et al. 2015b) vor. Trotz der darin enthaltenen zahlreichen Anregungen zur spielerischen Förderung in verschiedenen Alltagssituationen sowie deren theoretischer Fundierung bleiben die Auswahl der Alltagssituationen und das konkrete Vorgehen der einzelnen Fachkraft überlassen. Die Praxisbücher werden den Multiplikatorinnen und Multiplikatoren ebenso zur Verfügung gestellt wie die Foliensätze der KOMPASS-Fortbildungen. Diese werden nach dem Baukastensystem derzeit für alle Bereiche partizipativ mit den Fachkräften der IG I konzipiert. Übergreifende Bausteine sind jeweils die aus den Fortbildungen bekannten Blöcke *Meilensteine der Entwicklung, Verzögerungen/Auffälligkeiten in der Entwicklung, Anforderungen an die pädagogischen Fachkräfte* sowie *Förderung in der Kita*. Bereichsspezifisch werden diese durch weitere Bausteine komplettiert.

- Im Bereich Sprache und Literacy handelt es sich dabei um die Bausteine *Mehrsprachigkeit, Beobachtung und Dokumentation, Vernetzung und Elternarbeit* sowie *Sprachlehrstrategien*.
- Im Bereich frühe mathematische Bildung liegen spezifische Bausteine zu *didaktischen Prinzipien*, zu *ausgewählten Förderbereichen*, wie z. B. dem *Abzählen*, dem *Umgang mit kindlichen Fehlern* sowie zur *Beobachtung und Dokumentation* vor.
- Im Bereich sozial-emotionale Entwicklung werden insbesondere die *Beziehungsgestaltung zu den Kindern, Soziale Regeln* und *Strategien zum Umgang mit Konflikten* aber auch die Themen *Übergänge* (von der Familie in die Kindertageseinrichtung/Schule), sowie die *Elternarbeit und Vernetzung* in einzelnen Bausteinen aufgearbeitet.

Hinter den einzelnen Bausteinen verbergen sich wiederum konkrete Themen, zu denen in sich abgeschlossene Foliensätze vorliegen, die die Multiplikatorinnen und Multiplikatoren je nach Bedarf für eigene Fortbildungen bzw. für das kollegiale Coaching im Alltag nutzen können. Jeder Foliensatz führt anhand eines Praxisbeispiels in das Thema ein und stellt die ihm zugrunde liegende Theorie kurz und verständlich dar. Auf dieser Grundlage wird anschließend das Beispiel in die behandelte Theorie eingeordnet. Darauf aufbauend werden Hinweise zur Förderung im Alltag abgeleitet. Vor diesem Hintergrund können nun mithilfe des Praxisbuches selbstgewählte Situationen und Spiele hinsichtlich ihres Förderpotenzials untersucht werden.

Die Arbeit mit den Praxisbüchern und den Foliensätzen ist als Arbeitserleichterung für die Fachkräfte in einer ersten Orientierungsphase gedacht. Langfristig ersetzen sie aber nicht die Entwicklung von allgemeinen und spezifischen Beratungskompetenzen bei den Fachkräften und deren Unterstützung durch eine kontinuierliche kollegiale Fachberatung oder externe Supervision.

Auf allgemeinerer Ebene – jenseits der Multiplikatorenarbeit im Rahmen des KOMPASS-Projektes – lassen sich weitere Implikationen für die Professionalisierungspraxis unter Rückgriff auf die in Kap. 1 beschriebenen Qualitätsdimensionen ableiten.

- Die *Strukturqualität* und somit die Rahmenbedingungen in den Kindertageseinrichtungen beeinflussen maßgeblich die Umsetzbarkeit der ursprünglichen Professionalisierungsmaßnahmen, aber auch, inwiefern der sich anschließenden Multiplikatorenarbeit Zeit und Raum gegeben wird. So nennen die Fachkräfte immer wieder zeitliche und räumliche Beschränkungen, die ihnen den Transfer der Fortbildungsinhalte in den Alltag erschwert haben. Nach Fixsen et al. (2005) lassen sich neben den Arbeitsbedingungen auch die Auswahl der Fachkräfte, deren Qualifizierung, Häufigkeit von Fachberatung und Supervision, ihre Beschäftigungsverhältnisse sowie die Dokumentation und kontinuierliche Evaluation der Bildungsprozesse in der Kindertageseinrichtung als generelle Elemente für eine gelungene Umsetzung von Professionalisierungsmaßnahmen identifizieren. Wie bereits in Kap. 1 ausgeführt, gehört die Optimierung der strukturellen Qualität in den Aufgabenbereich der fachlichen Leitung. Dies umfasst auch die Bewirtschaftung und Personalführung, die Kooperation mit den Eltern, die Öffentlichkeitsarbeit sowie die Kontakte mit dem Träger und den Behörden als Voraussetzungen für die Leistungsfähigkeit des Personals in der Gestaltung der pädagogischen Prozesse mit den Kindern. Erfolgreiche Professionalisierungsmaßnahmen sollten daher auch die Leitungsebene stärker mit einbeziehen als dies im KOMPASS-Projekt möglich war.
- Für eine kontinuierliche Qualitätsentwicklung der Kindertageseinrichtungen müssen weiterhin langfristig Formen der Prozessdokumentation und Evaluation, die im Rahmen des KOMPASS-Projektes durch das Forschungsteam bereitgestellt wurden, strukturell integriert werden. Es reicht nicht, die Wirksamkeit oder Prozessgüte von Professionalisierungsmaßnahmen einmalig in einem Modellversuch festzustellen. So weist Kliche (2010, S. 134) darauf hin, dass nachhaltige Praxisimplementierungen eher gelingen, wenn sie nicht „urwüchsig vor sich hin wuchern", sondern bewusst gesteuert und weiterentwickelt werden. Durch die Professionalisierungsmaßnahmen im KOMPASS-Projekt konnten Veränderungen der Struktur- und Prozessqualität erreicht werden. Um diese in den Einrichtungen auf einem hohen Niveau zu halten bzw. noch weiter auszubauen, müsste auch die Multiplikatorenarbeit durch regelmäßige Feedbackschleifen zum Stand der Umsetzung begleitet werden.
- Die sich aus den Bildungsplänen und -konzeptionen der Länder ergebenden Aufgabenkomplexe für pädagogische Fachkräfte sind mit fachlichen und per-

sönlichen Herausforderungen verbunden. Die häufig gestellte Frage, ob akademisch ausgebildete Fachkräfte diesen besser gewachsen sind als Fachkräfte mit der klassischen Fachausbildung, lässt sich aufgrund der vorliegenden Befunde aus dem KOMPASS-Projekt nicht beantworten, da die gewählte Stichprobe nicht repräsentativ ist. Die Auswertung qualitativer Interviews mit Fachschulleitungen aus der gesamten Bundesrepublik (Rudolph 2012) zeigt aber, dass der Anspruch an eine qualitativ hochwertige Versorgung des frühpädagogischen Berufsfeldes mit gut ausgebildetem Fachpersonal nicht notwendigerweise durch eine flächendeckende Akademisierung der Ausbildung von Erzieherinnen und Erziehern zu gewährleisten ist. Vielmehr wird die enge Praxisverzahnung der Fachschulen als der größte Vorteil in diesem Ausbildungsgang gesehen. Dahinter bleibt nach Ansicht der meisten Fachschulleiter die Hochschulausbildung weit zurück. Auch in der Frage, ob Führungspositionen in Kindertageseinrichtungen eher mit akademisch ausgebildetem Personal zu besetzen seien oder mit Fachschulausgebildeten, die eine entsprechende Weiterbildungsqualifikation durchlaufen haben, wird den Absolventinnen und Absolventen von Fachschulen der Vorzug gegeben. Je nach Grundqualifikation der Fachkräfte variiert der Bedarf an Fortbildung, deren Inhalte zur Personalauswahl und Fachberatung passen sollten.

• Neben der Frage der *Grundqualifikation* sind auch das *fachspezifische Handlungswissen* und *persönliche Eigenschaften* der Fachkräfte von Bedeutung. Wie die vorliegenden Befunde gezeigt haben, lässt sich das fachspezifische Wissen gut durch intensive fachspezifische Fortbildungen beeinflussen. Das hohe Wissensniveau blieb aber lediglich in Einzelfällen erhalten, während sich bei anderen Fachkräften bis zum Posttest 2 ein erneuter Zerfall des erworbenen Wissens einstellte. Dies war z. T. trotz intensiver Individualcoachings der Fall. Im Mittel hatten die Coachings allerdings einen konsolidierenden Einfluss auf das erworbene Wissen. Dagegen ließen sich persönliche Eigenschaften nur schwer durch Fortbildung allein bzw. durch Fortbildung und Coaching beeinflussen. Während die Persönlichkeit der Fachkräfte von vornherein lediglich als eine Kontrollvariable erfasst wurde, gingen wir davon aus, dass die Professionalisierungsmaßnahmen einen günstigen Einfluss auf die Arbeitsbelastung haben könnten. An den arbeitsbezogenen Verhaltens- und Erlebensmustern änderte sich allerdings über die Zeit nur wenig, z. T. war auch eine Zunahme eher mit negativen Gesundheitsfolgen assoziierter Muster zu konstatieren. Für diese Fachkräfte erhöhte die Professionalisierungsmaßnahme zumindest mittelfristig den Druck, der durch vermehrte Anstrengung zu bewältigen versucht wurde.

Daher reichen Fortbildungen allein oft nicht aus, um Konzepte früher Bildung, wie die alltagsintegrierte Förderung aller Kinder in verschiedenen Bildungsbereichen, in der Praxis zu verankern. Die inhaltlichen Impulse, die in Fortbildungen gegeben werden, müssen internationalen Studienergebnissen zufolge in regelmäßiger begleitender Beratung aufgegriffen und vertieft werden, damit sie erfolgreich in der Praxis umgesetzt werden können (z. B. Neuman und Wright 2010). Solchen Individualcoachings wird ein hoher Stellenwert für die Qualität früher Bildung beigemessen. Da sich durch eine Regelimplementierung von Individualcoachings die Professionalisierung pädagogischer Fachkräfte deutlich verteuern würde, wären allerdings unter kosten-nutzen-analytischen Gesichtspunkten noch mehr Wirksamkeitsstudien zu Individualcoachingkonzepten erforderlich, zumal sich die internationalen Befunde im Rahmen des KOMPASS-Projektes nur bedingt replizieren ließen.

6.2 Implikationen für die Professionalisierungsforschung

Generelle Probleme, die sich bei der Durchführung von Forschung im Feld stellen, waren auch bei der Durchführung und Evaluation der Professionalisierungsmaßnahmen im KOMPASS-Projekt offensichtlich. Dazu gehören Probleme bei der Akquise der teilnehmenden Kindertageseinrichtungen, vor allem in der Interventionsgruppe I. Hierdurch kam es zu zeitlichen Verzögerungen, die dazu führten, dass das ursprünglich geplante Follow-up ein halbes Jahr nach dem Ende der Professionalisierungsmaßnahmen nicht mehr möglich war.

Weiterhin erschwerten Fachkraftwechsel die Messbarkeit des Erfolges dieser Maßnahmen, da eine fortgebildete und gecoachte Fachkraft keine positiven Effekte mehr auf die Bildung und Entwicklung der im Prätest erfassten Kinder haben konnte, wenn sie mittlerweile eine andere Gruppe betreute. Die Forschung hatte zudem mit dem Problem zu kämpfen, dass die Fragebögen, die von Fachkräften und Eltern auszufüllen waren, nur sehr stark verzögert oder gar nicht zurückkamen. Die Angaben in den Fragebögen, die ausgefüllt wurden, unterlagen z. T. deutlichen sozialen Erwünschtheitstendenzen. Dies gilt vor allem für die Persönlichkeitsfragebögen, aber vermutlich auch für die Fragebögen zum arbeitsbezogenen Verhalten und Erleben. Die genannten Schwierigkeiten und Probleme lassen sich vermutlich nicht ganz vermeiden, durch eine höhere Planungsqualität aber vermutlich abmildern.

Zu einer guten *Planungsqualität* gehören Analysen des objektiven Bedarfs, der subjektiven Bedarfe und Bedürfnisse der Akteure im Feld sowie die Erkundung der lokalen Umsetzungsbereitschaft (Jungmann und Brand 2012). Zunächst gilt es, den konkreten Bedarf für den sozialen Kontext, in dem die Maßnahme umgesetzt werden soll, zu ermitteln. Dazu gehört die Erfassung der Verbreitung von Problemlagen und die Erkundung der Professionalisierungslandschaft, z. B. welche Fort- und Weiterbildungsangebote für die Bereiche Sprache und Literacy, frühe mathematische Bildung und sozial-emotionale Entwicklung es bereits in dem konkreten Kontext gibt. Je mehr über die konkreten Problemlagen der Kindertageseinrichtungen in einer Region und deren Ressourcen im Kontext bekannt sind, desto besser können die Angebote an die Bedarfe angepasst werden. Je besser wiederum die Angebote zu den Bedarfen passen, desto besser wird deren Rezeption durch die Fachkräfte und deren Implementierung in die pädagogische Praxis sein.

Bei der Planung der Professionalisierungsmaßnahmen im Rahmen des KOM-PASS-Projektes wurde vor allem von den Problemlagen des Landes Mecklenburg-Vorpommern und seinen Besonderheiten ausgegangen. Konkret ist es das Bundesland mit der zweithöchsten Armutsquote (BMAS 2013), aber einem eher geringen Anteil von Kindern mit Migrationshintergrund von 4,9 % in den Kindertageseinrichtungen. Besondere Ressourcen sind darin zu sehen, dass es sich durch die hohe Betreuungsquote von 94,5 % der drei- bis sechsjährigen Kinder, davon mehr als 50 % in ganztägiger Betreuung auszeichnet. Somit ist zu vermuten, dass von einer hohen Qualität institutioneller Betreuung auch viele Kinder profitieren werden, die aus eher sozial benachteiligten familiären Settings kommen.

Für eine ausführlichere Analyse der Bedürfnisse der Fachkräfte, für die diese Maßnahmen geplant wurden, blieb aber ebenso wenig Zeit, wie für eine Erfassung der Einschätzungen der Träger zur Notwendigkeit der Professionalisierung. Es wäre aber unter Umständen zur konkreten Planung der Fortbildungen und insbesondere der Coachings wesentlich gewesen, zu erfahren, welche Unterstützung sich die Fachkräfte konkret wünschen, und wie Fortbildungen und Individualcoachings gestaltet sein müssen, damit die teilnehmenden Fachkräfte davon optimal profitieren können. Diese Bedürfnisse wurden zwar durch qualitative Methoden wie (Fokus-)Gruppendiskussionen ermittelt, allerdings nicht vor den stattfindenden Qualifizierungsmaßnahmen, sondern erst prozessbegleitend. In der zukünftigen Professionalisierungsforschung ist mehr Zeit für vorausgehende Analysen dieser Art einzuplanen, ggf. bietet sich auch eine längere Pilotphase an. Beispielsweise lässt die vergleichende Betrachtung der Interventionsgruppen vermuten, dass durch die Erfahrungen der Fortbildnerinnen in der Interventionsgruppe I, die Fortbildungen in der Interventionsgruppe II qualitativ hochwertiger und besser angepasst an die Bedürfnisse der Fachkräfte erfolgten. Übertragen auf die Idee der verlängerten Pilotphase, hätten in der Interventionsgruppe I zunächst die Professionalisierungskonzepte erprobt werden müssen. Die eigentliche Intervention, deren Effektivität dann auch überprüft wird, wäre ein Jahr später mit der Interventionsgruppe II implementiert worden.

Die Trägerebene wurde zwar informiert, aber nicht aktiv in den Professionalisierungsprozess und die Evaluationsforschung mit einbezogen. Hierdurch hätte möglicherweise verhindert werden können, dass Fachkräfte im laufenden Professionalisierungsprozess anderen Gruppen von Kindern zugeteilt werden und dadurch die Aussagen zur Effektivität der Maßnahmen beeinträchtigt werden. Im Rahmen des KOMPASS-Projektes wurde versucht, ein günstiges Implementationsklima zu schaffen, indem die Beteiligung der Einrichtungen und der Fachkräfte an den Professionalisierungsmaßnahmen in den Erwerb eines Zertifikats mündete und somit eine Anerkennung und ein Zugewinn an Reputation verbunden war. Dies ist sicherlich ein probates Mittel zur Erhöhung der Teilnahmebereitschaft, das auch in der weiteren Professionalisierungsforschung Verwendung finden sollte.

Weiterhin stellt sich die Frage, ob und in welchem Ausmaß die richtige Zielgruppe erreicht wurde. Wie die Befunde aus der Evaluationsforschung zeigen, wurde die mittlere Qualität der Kindertageseinrichtungen beider Interventionsgruppen bereits im Prätest als gut eingeschätzt. Durch die durchgeführten Professionalisierungsmaßnahmen konnten zwar noch weitere Qualitätssteigerungen erzielt werden, allerdings wären größere Effekte bei niedrigeren Ausgangsniveaus zu erwarten gewesen. Hierbei stellt sich auch die Frage, aus welchen Gründen Träger der Teilnahme einer oder mehrerer Einrichtungen zustimmten und welches die Beweggründe für die Fachkräfte waren. So konnten viele Fachkräfte nicht den Schwerpunkt wählen, in dem sie fortgebildet und ggf. zusätzlich gecoacht wurden, vielmehr wurde dies von der Leitung vorgegeben. Die Ergebnisse der Prozessevaluation zeigen, dass die Fachkräfte zumeist bereits an Fortbildungen zu ähnlichen Themen teilgenommen hatten, wenngleich sie noch keine Individualcoachings erhielten. Somit liegt zum einen die Vermutung nahe, dass gerade die Kindertageseinrichtungen, die einen hohen Qualitätsanspruch haben, eher gewillt waren, an dem KOMPASS-Projekt teilzunehmen, als jene, deren Qualität dringend zu verbessern wäre. Zum zweiten ist anzunehmen, dass die Fachkräfte einen Schwerpunkt gewählt haben, an dem sie ohnehin bereits großes Interesse haben und über eine gewisse Expertise verfügen. Diese Fachkräfte, die motivierter und interessierter waren sowie bereits über das größere Fachwissen verfügten, konnten vermutlich auch für ihr Alltagshandeln stärker von den Professionalisierungsangeboten profitieren als jene, bei denen die Leitungen den Fortbildungs- und Coachingschwerpunkt festgelegt hatten.

Geeignete Instrumente zur Erfassung der Motivation der Fachkräfte liegen ebenso wenig vor, wie solche zur Erfassung des fachspezifischen Wissens. Eine Ausnahme bildet hier der erste Teil des Fragebogens zur Erfassung sprachbezogener Kompetenzen von Fachkräften in der Frühpädagogik (*FESKO-F,* Hendler et al. 2011). Nach dessen Vorbild wurden auch die Wissensfragebögen zu den Bereichen frühe mathematische Bildung und sozial-emotionale Entwicklung konzipiert. Diese konnten allerdings aufgrund der kleinen Stichprobe auf Fachkraftebene nicht standardisiert und normiert werden. Somit liegen zu ihrer Güte keinerlei Informationen vor. Für die zukünftige Professionalisierungsforschung ist die Entwicklung solcher Instrumente unerlässlich. Ähnliches gilt für die Erfassung der sozial-emotionalen Entwicklung der Kinder. Da Instrumente fehlen, um Verhaltensprobleme zuverlässig bei den Kindern selbst zu erheben, wurden im KOMPASS-Projekt die Stärken und Schwierigkeiten der Kinder in diesem Entwicklungsbereich über Fachkraft- und Elterneinschätzungen erhoben. Die Fachkrafteinschätzungen sind wiederum stark gefärbt von deren empfundener Arbeitsbelastung, aber auch von impliziten Vorstellungen und Haltungen, die schwer erfassbar sind. Zur Validierung des Fachkrafturteils sollten die Elterneinschätzungen dienen, bei denen allerdings der eingangs erwähnte schlechte Rücklauf zu verzeichnen war. Somit bleibt offen, ob sich tatsächlich keine Veränderungen im Bereich sozial-emotionale Entwicklung über die Zeit gezeigt haben oder ob deren Einschätzungen durch die Fachkräfte zu wenig veränderungssensitiv waren, um diese abzubilden.

Abschließend wäre es sicherlich im Rahmen der weiteren Professionalisierungsforschung angezeigt, statt des gestuften Treatments, wie es im Rahmen des KOMPASS-Projektes realisiert wurde, eine echte Kontrollgruppe zu akquirieren. Dies war auch in der ursprünglichen Projektkonzeption vorgesehen, davon musste dann aber aufgrund der Schwierigkeiten, Kindertageseinrichtungen für die Interventionsgruppe I zu gewinnen, Abstand genommen werden. Durch den zeitlichen Verzug war es zu diesem Zeitpunkt auch nicht mehr möglich, mit einer Wartekontrollgruppe zu arbeiten. Hierdurch wären aber sicherlich belastbarere Aussagen über die tatsächliche Effektivität der Professionalisierung möglich gewesen.

Literatur

Brand, T., & Jungmann, T. (2013). *Kinder schützen, Familien stärken. Erfahrungen und Empfehlungen für die Ausgestaltung Früher Hilfen aus der „Pro Kind"-Praxis und -Forschung.* Weinheim: Beltz Juventa.

Bundesministerium für Arbeit- und Soziales. (2013). Lebenslagen in Deutschland. Armuts- und Reichtumsberichterstattung der Bundesregierung. http://www.bmas.de/SharedDocs/ Downloads/DE/PDF-Publikationen-DinA4/a334-4-armuts-reichtumsbericht-2013. pdf?__blob=publicationFile. Zugegriffen: 09. Sept. 2015.

Fixsen, D. L., Naoom, S. F., Blase, K. A., Friedman, R. M., & Wallace, F. (2005). *Implementation research: A synthesis of the literature.* Tampa: University of South Florida, Louis de la Parte Florida Mental Health Institute (No. 231).

Hendler, J., Mischo, C., Strohmer, J., & Wahl, S. (2011). Das sprachbezogene Wissen angehender pädagogischer Fachkräfte im Wissenstest und in der Selbsteinschätzung. *Empirische Pädagogik, 25*(4), 518–542.

Jungmann, T., Morawiak, U., & Meindl, M. (2015a). *Überall steckt Sprache drin*. München: Reinhardt.

Jungmann, T., Koch, K., & Schulz, A. (2015b). *Überall stecken Gefühle drin*. München: Reinhardt.

Kliche, T. (2010). Wie bekomme ich neue Ansätze in die Praxis? Erfolgsfaktoren für die Verbreitung, Einführung und Verstetigung von Innovationen. In S. Friedrich & T. Möbius (Hrsg.), *Ressourcenorientierte Ansätze der Sozialen Arbeit* (S. 173–232). Wiesbaden: VS.

Koch, K., Schulz, A., & Jungmann, T. (2015). *Überall steckt Mathe drin*. München: Reinhardt.

Neuman, S. B., & Wright, T. S. (2010). Promoting language and literacy development for early childhood educators: A mixed-methods study of coursework and coaching. *The Elementary School Journal, 1*, 63–86.

Rudolph, B. (2012). *Das Berufsbild der Erzieherinnen und Erzieher im Wandel – Zukunftsperspektiven zur Ausbildung aus der Sicht der Fachschulleitungen*. München: DJI.

Zacher, H., Felfe, J., & Glander, G. (2008). Lernen im Team: Zusammenhänge zwischen Personen- und Teammerkmalen und der Leistung von Multiplikatoren. *Zeitschrift für Arbeits- und Organisationspsychologie A & O, 52*(2), 81–90.

Prof. Dr. Tanja Jungmann (Jahrgang 1972) Diplom-Psychologin Professorin für Sonderpädagogische Frühförderung und Sprachbehindertenpädagogik am Institut für Sonderpädagogische Entwicklungsförderung und Rehabilitation (ISER) der Universität Rostock. Forschungsschwerpunkte: Professionalisierung pädagogischer Fachkräfte im Bereich Sprache und Literacy, Sprachentwicklungsdiagnostik, alltagsintegrierte Sprach- und Kommunikationsförderung, Frühe Hilfen.

Prof. Dr. Katja Koch (Jahrgang 1970) Sonderpädagogin Professorin für Frühe Sonderpädagogische Entwicklungsförderung – Kognitive Entwicklung am Institut für Sonderpädagogische Entwicklungsförderung und Rehabilitation (ISER) der Universität Rostock. Forschungsschwerpunkte: Vorschulische und frühe schulische Förderung, Entwicklung inklusiver Bildungssysteme, soziologische Aspekte bei Behinderungen.

Instrumente und Methoden

Ulrike Morawiak

Inhaltsverzeichnis

U. Morawiak (✉)
ISER, Universität Rostock, August-Bebel-Straße 28, 18051 Rostock,
Mecklenburg-Vorpommern, Deutschland
E-Mail: ulrike.morawiak@uni-rostock.de

© Springer Fachmedien Wiesbaden 2017
T. Jungmann, K. Koch (Hrsg.), *Professionalisierung pädagogischer
Fachkräfte in Kindertageseinrichtungen*, Psychologie in Bildung und Erziehung:
Vom Wissen zum Handeln, DOI 10.1007/978-3-658-10270-8_7

Anhang I: Wissensfragebögen im KOMPASS Projekt

I.1 Wissensfragebogen im Bereich Sprache

Fragebogen zum
Wissen über Sprache

Name: _____

Einrichtung: _____

Liebe KollegInnen,

Datenschutz

Wir versichern Ihnen, dass sämtliche persönliche Daten anonymisiert und streng vertraulich behandelt werden sowie nur für den mit der Untersuchung verbundenen Zweck verarbeitet werden.

Hinweise zum Ausfüllen der Fragebögen

Bis zum Abschluss der Datenaufbereitung wird Ihr Fragebogen an der Universität Rostock gesichert aufbewahrt und anschließend vernichtet.

Bitte beantworten Sie nun die Fragen. **Es ist immer nur eine Antwort richtig.** Wenn Sie eine Antwort nicht wissen, kreuzen Sie bitte trotzdem eine der dargebotenen Antworten an. **Bitte beantworten Sie alle Fragen.**

Sprachwissenschaftliche Grundbegriffe

1. Was ist ein Teilbereich der Linguistik (Sprachwissenschaft)?

☐ Phonomatik

☐ Phrenomatik

☐ Praxeolexie

☐ Pragmatik

2. Die Wörter „Katze" und „Tatze" unterscheiden sich nur in einem Sprachlaut, aber sie haben verschiedene Bedeutungen. Wie nennt man diese kleinsten bedeutungsunterscheidenden Sprachlaute?

☐ Idiome

☐ Lexeme

☐ Sememe

☐ Phoneme

3. Welche Kompetenz erwerben Kinder, wenn sie Strukturen des Wortaufbaus (z.B. bei der Pluralbildung) und Satzstrukturen (z.B. beim Bestimmen von Fragesatz, Hauptsatz und Nebensatz u.a. über die Verbposition) erkennen lernen?

☐ die kommunikative bzw. pragmatische Kompetenz

☐ die morpho-syntaktische Kompetenz

☐ die phonologische Kompetenz

☐ die prosodische Kompetenz

4. „Semantische Kompetenz" bedeutet ...

☐ ... Sprachlaute erkennen, unterscheiden und produzieren zu können.

☐ ... die Bedeutung von Wörtern und ihre Kombination zu kennen.

☐ ... Intonation, Betonung, rhythmische Gliederung und Satzmelodie erkennen und richtig anwenden zu können.

☐ ... Sätze sozial und kommunikativ angemessen verwenden und Dialoge strukturieren zu können.

5. Man spricht von einem doppelten Erstspracherwerb, wenn ...

☐ ... ein Kind von Geburt an gleichzeitig zwei Sprachen erwirbt, z.B. wenn Mutter und Vater verschiedene Sprachen mit dem Kind sprechen.

☐ ... ein Kind, das seine Muttersprache bereits spricht, zusätzlich eine Fremdsprache in einer natürlichen Sprachumgebung erwirbt, z.B. im Spiel mit anderen Kindern in der Kindergartengruppe.

☐ ... ein Kind, das seine Muttersprache bereits spricht, zusätzlich eine Fremdsprache in einem Sprachkurs lernt und diese später akzentfrei spricht.

☐ ... ein fremdsprachiges Kind, das seine Muttersprache bereits spricht, die Landessprache mit Eintritt in die Grundschule lernt.

6. Wie werden Kinder bezeichnet, die mit 2 Jahren weniger als 50 Wörter sprechen und meist noch keine Zwei-Wort-Äußerungen produzieren, aber diesen Rückstand bis 3 Jahren wieder aufholen?

☐ Late Bloomer

☐ Late Talker

☐ Late Speaker

☐ Late Converser

Kindliche Sprachentwicklung

7. Wann können Kinder normalerweise 50 Wörter aussprechen und ca. 200 Wörter verstehen?

☐ mit ca. 6 bis 12 Monaten

☐ mit ca. 18 bis 24 Monaten

☐ mit ca. 30 bis 36 Monaten (2,5 bis 3 Jahre)

☐ mit ca. 42 bis 48 Monaten (3,5 bis 4 Jahre)

8. Wann beginnen Kinder normalerweise einzelne Wörter zu 2- und 3-Wort-Äußerungen zu kombinieren (wie z.B. „mehr haben" oder „Mama auch Aua")?

☐ mit ca. 6 bis 12 Monaten

☐ mit ca. 18 bis 24 Monaten

☐ mit ca. 30 bis 36 Monaten (2,5 bis 3 Jahren)

☐ mit ca. 42 bis 48 Monaten (3,5 bis 4 Jahren)

9. Bis zu welchem Alter ist die Vorverlagerung von Konsonanten, d.h. „tommt" anstatt „kommt", als normale Entwicklungserscheinung anzusehen?

☐ bis ca. 1,5 Jahre

☐ bis ca. 3 Jahre

☐ bis ca. 4,5 Jahre

☐ bis ca. 6 Jahre

10. Die Übergeneralisierung ist ein Zeichen für einen fortgeschrittenen Erwerbsprozess. Was ist KEIN Beispiel für eine Übergeneralisierung?

☐ wenn unregelmäßige Verben mit den Regeln für regelmäßige Verben konjugiert (gebeugt) werden, z.B. „gehte" anstatt „ging"

☐ wenn mit „wau wau" nicht nur Hunde, sondern auch Katzen bezeichnet werden

☐ wenn eine Pluralregel auf alle Nomen angewendet wird, z.B. „die Buchs" anstatt „die Bücher"

☐ wenn Artikel und Präpositionen ausgelassen werden, z.B. „Ich gehe Kindergarten" anstatt „Ich gehe in den Kindergarten."

11. Wann beginnen Kinder Aussagesätze mit temporalen Nebensätzen zu bilden (wie z.B. „Ich spiel das, bis du fertig bist.")?

☐ zwischen 1 Jahr und 2 Jahren

☐ zwischen 2,5 und 3,5 Jahren

☐ zwischen 4 und 5 Jahren

☐ zwischen 5,5 und 6 Jahren

Sprachdiagnostik

12. Was ist ein standardisierter Sprachentwicklungstest?

☐ eine geplante Beobachtung des kindlichen Sprachverhaltens in Alltagssituationen und dessen Interpretation durch Fachpersonal (z.B. einer Erzieherin, Frühpädagogin, Logopädin)

☐ ein Verfahren mit Aufgaben, um festzustellen, wie die sprachlichen Leistungen eines Kindes im Vergleich zur Altersnorm zu beurteilen sind

☐ ein einheitliches Raster, mit dem das kindliche Sprachverhalten gezielt und über einen längeren Zeitraum hinweg beobachtet und dokumentiert wird

☐ eine strukturierte Befragung der Eltern zum Sprachverhalten ihres Kindes

13. Was ist ein Gütekriterium von standardisierten Sprachentwicklungstests und Sprachscreenings?

☐ Valenz

☐ Relativität

☐ Objektivität

☐ Transitivität

14. Wann liegt eine spezifische Sprachentwicklungsstörung (SSES) vor?

☐ bei Schwierigkeiten beim Zweitspracherwerb trotz einer altersgemäßen Laut-, Wortschatz-, oder Grammatikentwicklung in der Muttersprache

☐ bei einer nicht korrekten sowie nicht flüssigen Aussprache von Sprachlauten aufgrund einer anatomischen Störung im Mundraum

☐ bei einer mangelnden Sprachbeherrschung eines Kindes mit Beeinträchtigung des Hörvermögens

☐ bei einer nicht altersgemäßen Laut-, Wortschatz-, oder Grammatikentwicklung ohne körperliche, neurologische oder psychische Beeinträchtigung

15. Was ist KEIN Symptom des Stotterns?

☐ Schwierigkeiten in der Wortfindung

☐ Wiederholung von Lauten, Silben, oder kurzen Wörtern

☐ Dehnung und Verlängerung von Lauten

☐ Blockierungen vor und in Worten

16. Eine geringe Wortschatzgröße ist ein Zeichen für eine Sprachauffälligkeit. In welchem Alter sollte ein Kind mindestens schon 100 Wörter sprechen können?

☐ mit ca. 2 Jahren

☐ mit ca. 3 Jahren

☐ mit ca. 4 Jahren

☐ mit ca. 5 Jahren

Sprachförderung

17. Es werden verschiedene Sprachstile von Erwachsenen unterschieden, die die intuitive Anpassung der Erwachsenensprache an das kindliche Sprachvermögen widerspiegeln.

Welcher Sprachstil wird hier beschrieben?

Erwachsener: „Oh, schau, was das ist!"
Kind (2;0): „Hühnchen."
Erwachsener: „Ja, das ist ein Hühnchen."

☐ Ammensprache bzw. Babytalk zur Förderung der lautsprachlichen Entwicklung

☐ stützende Sprache bzw. Scaffolding zur Förderung des Wortschatzes

☐ lehrende Sprache bzw. Motherese zur Förderung grammatikalischen Entwicklung

☐ interviewende Sprache bzw. Interviewing zur Anregung der Kommunikationsfreude

18. Was wird allgemein empfohlen, wie ein Erwachsener besonders sprachförderlich auf eine kindliche fehlerhafte Äußerung reagieren kann?

☐ mit einer direkten Korrektur durch einen freundlichen Hinweis, dass das Kind einen Fehler gemacht hat

☐ mit einer indirekten Korrektur durch die Wiederholung der kindlichen Äußerung in der richtigen Form

☐ das Kind zum korrekten Nachsprechen auffordern

☐ so tun, als ob man das Kind nicht verstanden hätte

19. Welche dieser Frageformen wird z.B. bei der Bilderbuchbetrachtung als besonders sprachförderlich erachtet?

☐ rhetorische Fragen, wie z.B. „Ist hier nicht viel auf dem Bild zu sehen?"

☐ Ja-/ Nein-Fragen , wie z.B. „Siehst du den Jungen auf dem Bild?"

☐ Suchfragen, wie z.B. „Wo ist der Junge auf dem Bild?"

☐ Warum-Fragen, wie z.B. „Warum versteckt sich der Junge hinter dem Baum?"

I.2 Wissensfragebogen im Bereich Mathematik

Fragebogen zum
Wissen über mathematische
Kompetenzen

Name: _____

Einrichtung: _____

Liebe KollegInnen

in den nun beginnenden drei Fortbildungseinheiten werden Ihnen mathematische Inhalte, Methoden und kindliche Entwicklungsschritte mathematischer Kompetenzen vermittelt. Die drei Bereiche werden in diesem Fragebogen erfasst.

Wir versichern Ihnen, dass sämtliche persönliche Daten anonymisiert und streng vertraulich behandelt werden sowie nur für den mit der Untersuchung verbundenen Zweck verarbeitet werden.
Bis zum Abschluss der Datenaufbereitung wird Ihr Fragebogen an der Universität Rostock gesichert aufbewahrt und anschließend vernichtet.

Hinweise zum Ausfüllen der Fragebögen

Bitte beantworten Sie nun die Fragen. **Es ist immer nur _eine_ Antwort richtig.** Wenn Sie eine Antwort nicht wissen, kreuzen Sie bitte trotzdem eine der dargebotenen Antworten an.

Sollten Sie noch Fragen haben, wenden Sie sich bitte an unsere Mitarbeiterin. Inhaltliche Hilfestellung können wir leider nicht geben.

Mathematische Begriffe und mathematisches Handeln

1. Zahlen werden in der Mathematik auf verschiedene Weisen verwendet, welche als Zahlaspekte bezeichnet werden. Welche Begriffe stellen Zahlaspekte dar?

☐ Einzahl und Mehrzahl

☐ Ordnungszahl und Maßzahl

☐ gerade Zahl und ungerade Zahl

☐ Lieblingszahl und Glückszahl

2. Welcher Bereich ist <u>KEINE</u> fundamentale Idee der Mathematik?

☐ Zahlenspiele und Rätsel

☐ Raum und Form

☐ Größen und Messen

☐ Daten, Häufigkeit und Wahrscheinlichkeit

3. Eine Aussage ist richtig. Welche?

☐ Jedes Viereck ist ein Rechteck.

☐ Jedes Rechteck ist ein Quadrat.

☐ Jedes Quadrat ist ein Rechteck.

☐ Keine der anderen Antwort ist richtig.

4. Was ist ein Repräsentant einer Größe?

☐ Die Bezeichnung einer Größe, z.B. Länge oder Gewicht.

☐ Die Skalierung einer Größe, z.B. Meter und Zentimeter für Längen.

☐ Eine Person, die mit dieser Größe arbeitet, z.B. die Erzieherin, die die Kinder misst.

☐ Ein Objekt, das Träger der Eigenschaft „Größe" (Länge, Gewicht etc.) ist, z.B. ein Gewicht, das 500 Gramm wiegt.

5. In einem Gefäß sind drei rote und drei blaue Kugeln. Sie dürfen, ohne hinzugucken, einmal eine Kugel ziehen. Wodurch können Sie vorab die Wahrscheinlichkeit erhöhen, eine ROTE KUGEL zu ziehen?

☐ Indem Sie das Gefäß gut durchschütteln.

☐ Indem Sie nochmals drei rote und drei blaue Kugeln hineingeben.

☐ Indem Sie weitere blaue Kugeln hineingeben.

☐ Indem Sie weitere rote Kugeln hineingeben.

6. Was liegt so gut wie allen mathematischen Vorgängen zugrunde?

☐ Das Zählen.

☐ Das Rechnen.

☐ Das Klassifizieren und Sortieren.

☐ Das Wiederholen.

7. Welche Handlung ist am wenigsten geeignet, mathematische Kompetenzen der Kinder zu beschreiben?

☐ Ein Kind befühlt eine ausgeschnittene Ziffer 1 aus Sandpapier.

☐ Ein Kind hängt seine Jacke an seinen Garderobenhaken.

☐ Ein Kind beschreibt seinen Weg von Zuhause zur Kita.

☐ Ein Kind füllt einen Becher mit Wasser.

8. Kinder bauen eine Sanduhr. Was lernen sie dabei auf jeden Fall?

☐ Welcher Tag gerade ist.

☐ Wie Konstruktionen geplant werden.

☐ Was Zeit bedeutet.

☐ Sand kann rieseln.

Kindliche Entwicklung des mathematischen Denkens und seine Förderung

9. Schon Babys haben ein intuitives Verständnis von Mathematik. Was können Kinder im Alter von 9 Monaten <u>NICHT</u> intuitiv?

☐ Mengen mit einfacher und doppelter Anzahl voneinander unterscheiden.

☐ Anzahlen intermodal als gleich wahrnehmen (z.B. 3x klopfen hören und 3 Bälle sehen).

☐ Unterschiede in der Anzahl von Mengen mit ein bis drei Elementen wahrnehmen.

☐ Kleinere Unterschiede in der Anzahl bei großen Mengen wahrnehmen.

10. In welchem Alter können Kinder normalerweise asynchron zählen, d.h. sie zählen in der richtigen Reihenfolge, übersehen dabei aber oft einzelne Objekte oder zählen sie doppelt?

☐ mit ca. 2,5 bis 3 Jahren

☐ mit ca. 3,5 bis 4 Jahren

☐ mit ca. 4,5 bis 5 Jahren

☐ mit ca. 5,5 bis 6 Jahren

11. Welches ist die höchste Entwicklungsstufe des Kindes im Umgang mit Mustern?

☐ Muster intuitiv fortsetzen können.

☐ Muster erkennen können.

☐ Muster erklären können.

☐ Muster nachlegen können.

12. Welche der genannten Fähigkeiten spielt für die mathematische Förderung von Kindern im Kindergarten die geringste Rolle?

☐ Innere Vorstellungen von Zahlen aufbauen.

☐ Zahlen erkennen können.

☐ Zahlen schreiben können.

☐ Zahlen benennen können.

13. Welche Kompetenz des Kindes erlaubt die beste Vorhersage über die schulische Leistung des Kindes im Fach Mathematik?

☐ Gedächtniskapazität

☐ Intelligenz

☐ Zahlen- und Mengenwissen

☐ Räumliche Vorstellung

14. Ein Kind macht eine fehlerhafte mathematische Äußerung. Welche Reaktion Ihrerseits ist allgemein empfehlenswert und besonders förderlich?

☐ Eine direkte Korrektur durch einen freundlichen Hinweis, dass das Kind einen Fehler gemacht hat.

☐ Eine indirekte Korrektur durch die Wiederholung der kindlichen Äußerung in der richtigen Form.

☐ Das Kind zum korrekten Nachsprechen auffordern.

☐ So tun, als ob man das Kind nicht verstanden hätte.

I.3 Wissensfragebogen im Bereich sozial-emotionale Entwicklung

Fragebogen zum Wissen über sozial-emotionale Entwicklung

Name: _____

Einrichtung: _____

Liebe KollegInnen

Datenschutz

Wir versichern Ihnen, dass sämtliche persönliche Daten anonymisiert und streng vertraulich behandelt werden sowie nur für den mit der Untersuchung verbundenen Zweck verarbeitet werden.

Hinweise zum Ausfüllen der Fragebögen

Bis zum Abschluss der Datenaufbereitung wird Ihr Fragebogen an der Universität Rostock gesichert aufbewahrt und anschließend vernichtet.

Bitte beantworten Sie nun die Fragen. **Es ist immer nur eine Antwort richtig.** Wenn Sie eine Antwort nicht wissen, kreuzen Sie bitte trotzdem eine der dargebotenen Antworten an. **Bitte beantworten Sie alle Fragen.**

1. Sekundäre Emotionen sind

☐ Freude und Ärger

☐ selbstbezogene soziale Emotionen

☐ abhängig von der Intelligenz des Kindes

☐ vom Kind nicht gezeigte Emotionen

2. Was gehört nicht zur emotionalen Kompetenz?

☐ eigener mimischer Emotionsausdruck

☐ sprachlicher Emotionsausdruck

☐ selbstgesteuerte Emotionsregulation

☐ Motivation des Kindes

3. Emotionsregulation bedeutet …

☐ das kindliche Verständnis von Emotionswissen

☐ die Steuerung der Intensität, Dauer, Ausdrucksweise und Qualität einer Emotion

☐ negative Gefühle möglichst dauerhaft zu unterdrücken

☐ die eigenen Gefühle in der Mimik nicht erkennen zu lassen

4. Folgende Maßnahme ist nicht geeignet zur Förderung emotionaler Kompetenz

☐ das Zeigen einer Emotion

☐ sensibles Eingehen auf emotionale Bedürfnisse des Kindes

☐ mit Kindern über Gefühle reden

☐ Vermeidung negativer Gefühle beim Kind

5. Was ist Empathie?

☐ Das Kind versetzt sich in die Lage eines anderen und betrachtet die Situation von seinem Standpunkt aus.

☐ Das Kind reagiert mitfühlend auf die Emotionen anderer Personen.

☐ Das Kind hat Mitleid, wenn es beispielsweise eine tote Maus sieht.

☐ Das Kind kann Konflikte ohne Hilfe klären.

6. Was sind Peers?

☐ Kinder mit ähnlichem kognitiven und sozio-moralischem Entwicklungsstand

☐ beste Freunde auch unterschiedlichen Alters

☐ alle Kinder einer Gruppe

☐ Freunde außerhalb des Kindergartens im gleichen Alter

7. Was bedeuten externalisierende Verhaltensstörungen?

☐ Das Kind ist übertrieben fröhlich und albern.

☐ Das Kind zeigt auffälliges Verhalten nur außerhalb der Kita.

☐ Das Kind ist aggressiv, laut, hat häufig negative Emotionen.

☐ Das Kind zeigt Auffälligkeiten nur außerhalb der Familie.

8. Kriterien für Verhaltenseinschätzung ist/ sind nicht

☐ Alter und Geschlecht des Kindes

☐ Dauer des Verhaltens

☐ Gegenwärtige Lebensumstände

☐ Selbstständigkeit des Kindes

9. Welche Verhaltensweisen sind Kennzeichen sozial unsicheren Verhaltens?

☐ Das Kind reagiert schnell aggressiv bei Anforderungen.

☐ Das Kind ist schüchtern, gehemmt und kontaktscheu insbesondere bei sozialen Anforderungen.

☐ Das Kind zeigt übermäßiges Lachen und Albern sein bei Abwesenheit der Bezugsperson.

☐ Das Kind lästert und lügt hinter dem Rücken anderer.

10. Funktionen von Bindung

☐ Spielfreude und Neugier wecken

☐ Heimweh und Trennungsangst vermeiden

☐ Sicherheit und Schutz geben

☐ Selbstständigkeit und Autonomie fördern

11. Bindungsverhaltensweisen

☐ rufen und nachlaufen

☐ lachen und weinen

☐ fröhlich und lustig sein

☐ verstecken und herkommen

12. Ein Kind baut zu der Person eine sichere Bindung auf

☐ die es mit Nahrung versorgt

☐ die seine Signale wahrnimmt und angemessen darauf reagiert

☐ mit der es den meisten Kontakt hat

☐ zu jeder liebvollen Person

13. Ein Kind kann gut seine Umwelt erkunden, wenn

☐   es weiß, dass es seine Mutter bei Bedarf erreichen kann

☐   es schon früh selbstständig ist

☐   es früh gelernt hat, Probleme selbst zu lösen

☐   die Mutter dauerhaft anwesend ist

14. Bindung und Verhaltensauffälligkeiten

☐   sind ausschließlich in der Elementarpädagogik zusammenhängende Bereiche

☐   sind nur unter der Bedingung der Adoption zu beachten

☐   zeigen Zusammenhänge

☐   sind voneinander getrennt zu betrachtende Bereiche

15. Konflikte

☐   sollten möglichst unterbunden werden

☐   sollten immer mit den Eltern besprochen werden

☐   bieten eine Lerngelegenheit

☐   fördern aggressives Verhalten

Anhang II: Kategoriensysteme im KOMPASS-Projekt

II.1 Kategoriensysteme zur Interaktionsbeobachtung in der Mittags- und Begrüßungssituation

II.1.1 Sprache und Literacy

Aktionen der PFK – Schaffen von Sprechanlässen (Buschmann und Jooss 2007)

SF sprachförderlich		SH sprachhemmend	A Aktionen		
Code	Aktion der PFK	Beschreibung	Ankerbeispiel	SF	SH
A1	PFK initiiert Interaktion (internal)	PFK tritt in Kontakt mit Kind ohne erkennbare Initiation, PFK spricht Themen oder Ereignisse an, um die Kinder zum Erzählen zu motivieren	PFK beobachtet ein Kind, beginnt ein Gespräch: „Heute ist doch schönes Wetter, da können wir noch rausgehen. Heute scheint die Sonne."	X	
A2	PFK initiiert kein Gespräch (ungenutzte Gelegenheit)	PFK ist passiv, keine Initiative in Richtung Kinder	Schweigen beim Mittagessen, die Kinder sitzen beim Essen, PFK schneidet die Äpfel und beachtet die Kinder nicht		X
A3	PFK initiiert Interaktion (external)	PFK tritt in Kontakt mit Kind nach vorhergehender externaler Stimulation, PFK spricht Themen an, um zum Erzählen anzuregen	Es klingelt beim Mittagessen. PFK: „Jetzt kommt die Mama und du bist noch gar nicht fertig."	X	
A4	PFK initiiert kein Gespräch nach externalem Reiz (ungenutzte Gelegenheit)	Externer Reiz wie Ansprache durch Kollegen, Erwachsenen etc. werden nicht zum Auftakt für ein Gespräch genutzt	PFK 2: „Monika ist heute Mittagskind." Keine Reaktion der PFK 1 in Richtung Kind		X
A5	PFK tritt in einen Dialog zwischen Peers mit ein	Kinder führen ein Gespräch, PFK tritt von außen dazu und nimmt das Thema mit auf oder/und PFK wurde unterbrochen (K2) und nimmt das Gespräch wieder auf	Die Kinder sprechen über Filme. PFK: „Ach so, für Tim ist es zu gefährlich, für dich ist der Film nicht zu gefährlich?"	X	

Peer- oder Fachkraft-Kind-Interaktion

I Interaktion

Code	Aktion der PFK	Beschreibung	Ankerbeispiel	SF	SH
I1	Fortgesetztes gemeinsames Denken („sustained shared thinking", Sylva et al. 2004)	Thema eines Kindes wird von der PFK oder einem anderem Kind aufgegriffen und beibehalten; es entspinnt sich ein Dialog über das Thema, welches nun im gemeinsamen Aufmerksamkeitsfokus der Dialogpartner steht, Wird auch vergeben, wenn ein Themawechsel im laufenden Gespräch eintritt	Alle reden über ein Müllauto. Kind 1: „Ein Müllauto." PFK: „Ein Müllauto, nein. Keine Ahnung, was das ist." Kind 2: „Doch, das ist ein Müll."	X	
I2	Peerinteraktion PFK wechselt Thema	Zwei Kinder unterhalten sich über ein Thema, PFK unterbricht den Austausch	Alle reden über ein Müllauto. PFK: „Daniel, du bist aber beim Essenauffüllen. Dann musst du auf deinen Teller achten."		X
I3	Umleitung PFK-gerichteter Interaktionsangebote an Peers („redirects", Schuele und Rice 1995)	Kind stellt Frage bzw. versucht Interaktion mit PFK aufzubauen und PFK leitet diese an andere Kinder weiter – Unterstützung der Peerinteraktion	Kind: „Was ist das?" PFK nimmt die Frage auf und leitet sie an alle Kinder weiter: „Was ist das?"	X	
I4	Abgewiesenes Interaktionsangebot Ungenutzte Gelegenheit	Kind spricht PFK an, PFK ignoriert das Kind, antwortet nicht, auch nicht verzögert, reagiert nicht auf das Angebot	Kind 1 sagt etwas in Richtung PFK. PFK sieht und spricht zu Kind 2		X
I5	Ansprache durch Kinder	Kind spricht PFK an, PFK geht auf das Kind/ Kinder ein, es entsteht hieraus ein Dialog oder Gespräch	Kind: „Kati." PFK: „Ja." Kind: „Guck mal, ich ess so viel auch auf." PFK: „Meinst du, du schaffst das?"	X	

Aufforderungen und Fragen

F Aufforderungen und Fragen

Code	Fragen	Beschreibung	Ankerbeispiel	SF	SH
F1	Aufforderung, etwas zu zeigen	PFK fordert das Kind auf, etwas zu zeigen	„Zeige mir den Hund!" „Wo ist das Auto?"		X
F2	Aufforderung, etwas zu benennen	PFK fragt das Kind/ die Kinder gezielt	„Was ist das?", „Wie heißt das?", „Wie nennt man das?", „Wer ist das?"	X	
F3	Ja-Nein-Frage, geschlossene Frage	Fragen, die mit Kopfnicken oder mit Ja-Nein beantwortet werden kann	„Gehört der Apfel zum Obst?" „Möchtest du noch etwas Gurkensalat?"		X
F3.1	Suggestivfrage oder Rhetorische Frage	Frage suggeriert schon die Antwort./ Es wird keine Antwort erwartet	„Gibt es heute vielleicht Kartoffeln?" „Sollen wir dann mal anfangen?"		X
F4	Alternativfrage/ Auswahlfrage	Es werden mehrere Optionen gestellt	„Möchtest du eine Möhre oder eine Gurke?"	X	
F5	Aufforderung zur Satzergänzung	Kind wird verbal oder durch stimmliche Veränderungen aufgefordert, den Satz zu ergänzen	„Ein kleines Schaf nennt man ein...?"	X	
F6	Rück- & Erinnerungsfrage (Zevenbergen und Whitehurst 2003)	Frage, die darauf abzielt, sich an Dinge zu erinnern und zu versprachlichen	„Was gab es denn gestern zum Mittag?"	X	
F7	Offene Frage (Zevenbergen und Whitehurst 2003)	Frage, die eine beschreibende Antwort verlangt, z. B. W- Fragen: warum, was, wie, wodurch?	„Was siehst du hier?", „Was ist hier los?", „Was passiert hier?", „Was tut jemand?"	X	
F8	Kettenfragen	PFK stellt viele Fragen hintereinander, so dass eine präzise Antwort nicht möglich ist	„Möchtest du ein großes oder ein halbes? Schaffst du ein Ganzes? Wollen wir das erst mal durchbrechen?"		X

Sprachlehrstrategien (SLS)

S Sprachlehrstrategien

Code	Sprachlehrstrategie	Beschreibung	Ankerbeispiel	SF	SH
Den kindlichen Äußerungen nachfolgende Sprachmodelle					
S1	Hilfestellung durch Benennen	PFK nennt als Reaktion auf wortlosen kindlichen Fingerzeig, fragenden Blick, das Wort. Kind fragt „Was ist das?" oder Kind rätselt herum oder sucht nach Formulierung. PFK benennt	Kind beschreibt einen Gegenstand, PFK: „Meinst du den Helm?"	X	

Grundsätzlich: S2–S6 wird nur bei **korrekter Äußerung** eines Kindes vergeben.
Wenn Äußerung des Kindes nicht korrekt ist, wird „Reaktion auf Fehler" codiert. → Bei der Kodierung muss sofort über Korrektheit der kindlichen Äußerung entschieden werden.

Code	Sprachlehrstrategie	Beschreibung	Ankerbeispiel	SF	SH
S2	Imitation/ Wiederholung einer korrekten kindlichen Äußerung: Exakte Reproduktion	Exakte Reproduktion der kindlichen Äußerung, auch von Lautmalereien; Wiederholung ohne Veränderung der kindlichen Äußerung. *Ja und nein werden nicht als Imitation codiert*	Kind: „Ist das ein Feuerwehrbrot?", PFK: „Ein Feuerwehrbrot?"	X	
S3	Reduzierte Reproduktion Imitation/ Wiederholung einer korrekten kindlichen Äußerung	Kindliche Äußerung wird wiederholt, aber etwas reduziert	Kind: „Rate mal, wie Oskar dann wieder nach Hause kommt." PFK: „Wie Oskar wieder nach Hause kommt?"	X	
S4	**Erweiterung mit Wiederholung,** Vervollständigung auf *korrekte* kindliche Äußerung mit Aufgreifen der Wortwahl des Kindes (Zevenbergen und Whitehurst 2003)	*Wird nicht codiert* Alle Erweiterungen, die sich auf eine kindliche Äußerung beziehen und darüber hinausgehen (syntaktisch und/oder semantisch)			

S Sprachlehrstrategien

Code	Sprachlehrstrategie	Beschreibung	Ankerbeispiel	SF	SH
S4.1	**Expansion** (Ausdehnung) (Dannenbauer 2002)	Die kindliche Äußerung wird unter Einbau der korrekten Zielstruktur vervollständigt. Erweiterung kindlicher Aussagen, indem die PFK wiederholt, was das Kind gesagt hat, und neue Informationen hinzufügt	Kind zählt die Anzahl der Kinder: „Fünf." PFK: „Fünf brauchst du."	X	
S4.2	**Extension** (Erweiterung) (Dannenbauer 2002)	Die PFK wiederholt und knüpft *semantisch* an die kindliche Äußerung an und führt diese logisch unter Verwendung der Zielstruktur weiter	Kind: „Fünf." PFK: „Fünf brauchst du, fünf Gabeln und fünf Messer."	X	
S5	Inhaltliche Reaktion **ohne** Wiederholung oder Erweiterung	Inhaltliche Reaktion auf korrekte verbale kindliche Äußerung, **ohne** diese zu wiederholen oder zu erweitern. Thema wird weitergeführt, geben von Zusatzinformation/neuer Aspekt, auch in Form einer Frage	Kind kommt mit einer Gabel zur PFK und weint. PFK: „Die ist verbogen."	X	
S8	Umformung (Dannenbauer 2002)	Die Äußerung des Kindes wird aufgenommen, aber umgeformt. Kindliche Äußerungen werden in veränderter Form wiedergegeben, wobei die Zielstruktur eingeführt oder variiert wird	Kind: „Ich möchte, ich mein das." PFK: „Du meinst das?"	X	
Den kindlichen Äußerungen vorausgehende Sprachmodelle					
S6	Handlungen sprachlich begleiten	Handlungen der PFK oder der Kinder werden von der PFK sprachlich begleitet	„Ich schneide mal die Wurst noch durch. Wer noch ein Stück Wurst möchte, kann herkommen."	X	

S Sprachlehrstrategien

Code	Sprachlehrstrategie	Beschreibung	Ankerbeispiel	SF	SH
S6.1	Handlung wird nicht sprachlich begleitet (verpasste Chance)	PFK oder Kinder handeln, ohne sprachliche Begleitung oder Untermalung durch die PFK	PFK geht um den Tisch und gießt den Kindern kommentarlos ein		X
S7	Präsentation (Dannenbauer 2002) Vorausgehende Sprachmodelle	Sprachentwicklungsrelevantes Wort, Wortform oder grammatikalische Zielform wird demonstriert *ohne* vorhergehende Äußerung eines Kindes. Und gehäufte Einführung eines Wortes oder einer gramm. Struktur, auch Einführung neuer Wörter	„Obst und Gemüse ist gesund. Wenn man immer Obst und Gemüse isst, dann wird man nicht krank."	X	

Reaktion auf sprachliche Fehler

ER Fehler

Code	Reaktion auf Fehler	Beschreibung	Ankerbeispiel	SF	SH
ER1	*Keine* Reaktion auf sprachliche Fehler, auf das Thema des Kindes	PFK wendet sich ab oder wechselt das Thema	Kinder unterhalten sich über einen Zug. Kind: „Tschuhug." PFK reagiert nicht		X
ER2	*Keine* Reaktion auf den Fehler, bleibt *aber* beim Thema des Kindes	PFK bleibt im Gespräch, ignoriert den sprachlichen Fehler	Thema Urlaub: Kind: „Wo ein ganz großes Schwimmbad ist und Kindern da sind Rutschen." PFK: „Und mit wem fährst du denn da in den Urlaub?"		X
ER3	*Imitation* der inkorrekten Äußerung	PFK imitiert die falsche kindliche Äußerung ohne Korrektur	Kind: „Hat put tetangen." PFK: „Genau, hat put tetangen."		X
ER4	*Implizite* Reaktion auf Fehler	Nur Nennung des richtigen (inhaltlichen) Begriffes	Kind: „Papa ist auch Kinderärztin." PFK: „Nein, Papa ist Neurologe."	X	

ER Fehler

Code	Reaktion auf Fehler	Beschreibung	Ankerbeispiel	SF	SH
ER5	*Explizite* Reaktion auf Fehler, auch bei Wiederholung des Fehlers	Das Kind wird direkt auf den Fehler aufmerksam gemacht und der Fehler wird berichtigt	„Nein, falsch, das heißt doch...", Kind: „Eine Grüne." PFK: „Das ist doch keine Grüne, das ist eine Erbse."		X
ER6	Korrektives Feedback	Verbesserte Wiederholung, kindlich Äußerung wird in verbesserter Form wiederholt (sowohl lautlich, semantisch und auch syntaktisch)	Kind: „Was gibt's zum Abendbrot?", PFK: „Zum Abendbrot weiß ich nicht, was Mutti und Papa für dich heute machen. Du meinst bestimmt zum Nachtisch."	X	
ER7	Modellierte Selbstkorrektur (Dannenbauer 2002)	Nachahmung kindlicher Fehler bzgl. der Zielstruktur mit sofortiger Korrektur durch die PFK	Kind: „Und du hol Teller." PFK: „Okay, und du hol ... nein falsch – und du holst Teller."	X	
ER8	Direkte Aufforderung zur Wiederholung der verbesserten Äußerung		Kind: „Dabel" PFK: „Das heißt Gabel, sag mal Gabel!"		X

Sprachliche Verhaltensweisen

V Verhalten

Code	Verhalten	Beschreibung	Ankerbeispiel	SF	SH
V1	Themawechsel, obwohl das Kind interessiert ist (= verpasste Chance)	Auf die kindliche Äußerung/das Verhalten folgt keine SLS, keine Frage, die beim Thema bleiben; PFK wechselt Thema, obwohl das Kind interessiert ist und sich korrekt geäußert hat	Alle sprechen über die Schärfe der Soße. PFK: Fängst du an zu essen?		X
V2	Grammatikalisch falsche Äußerung		„Obst und Gemüse ist gesund."		X

V Verhalten

Code	Verhalten	Beschreibung	Ankerbeispiel	SF	SH
V3	Aufforderung zu sprechen, ein Wort zu wiederholen, usw,		PFK: „Kannst du im ganzen Satz sprechen?"		X
V4	„Instruktions- qualität" (Prenzel et al. 2000) Imperativ	Befehl oder Aufforderung etwas zu tun oder zu unterlassen	„Bleib mal sitzen!"		X
V5	Unter- brechung, Sprechverbot	PFK unterbricht das Kind	„Pscht!", „Stopp, jetzt ist Lisa dran."		X
V6	Selbstbeant- wortete Frage	PFK wartet nicht ab, nachdem sie eine Frage gestellt hat, sondern liefert selbst sofort die Antwort (= verpasste Chance). Gibt keine Zeit/ Chance zum Antworten	„Was ist morgen? Morgen ist Wochen- ende, ne?"		X
V7	Bestäti- gung der kindlichen Äußerung	Bestätigung der sprach- lichen Äußerung, auch in Form von Inter- jektionen wie hmm, ja, ach	Kind: „Essenszeit ist stille Zeit." PFK: „Genau."	X	
V8	Indirekte Aufforderung zum Weiter- sprechen	Aufforderung zum Weitersprechen. PFK ist konzentriert, auch mit Interjektionen	Kind erzählt über das Töpfern. PFK: „Schön."	X	
V9	Kontrolliertes Sprechen (Buschmann und Jooss 2007)	PFK spricht langsam, deutlich und mit guter Betonung			X
V10	Entwick- lungsan- gepasstes Sprachniveau (Buschmann und Jooss 2007)	Sprechen in einfachen, kurzen Sätzen, ange- passt an das sprachliche Entwicklungsniveau des Kindes/der Kinder	PFK: „Ach, was ist da reingefallen? Da ist wohl ein Tröpfchen Soße reingefallen. Och, das schmeckt man gar nicht. Guck mal, das ist so winzig."	X	

V Verhalten

Code	Verhalten	Beschreibung	Ankerbeispiel	SF	SH
V11	Unspezifische Äußerung	PFK stimmt verbal zu, ist aber gedanklich nicht dabei, hört nicht zu, macht parallel etwas anderes	„Mmh. Ja, genau, ja stimmt."		X
V12	Ansprache eines Kindes mit Namen	PFK spricht ein Kind mit dessen Namen, mit Kosenamen oder konkret mit *Du* an, um die Aufmerksamkeit des Kindes zu bekommen oder als Aufforderung, um eine vorhergehende Frage/ Fragestellung zu beantworten, kann auch als Frageform vorkommen	PFK verteilt Brot und geht dabei um den Tisch von Kind zu Kind: „Felix?"	X	

Verhaltensweisen zur Kommunikationsförderung
Außersprachliche Verhaltensweisen zur Kommunikationsförderung (nonverbal)

KF kommunikationsförderlich, *KH* kommunikationshemmend, *K* Kommunikation

Code	Außersprachliche Verhaltensweisen (nonverbal)	Beschreibung	Ankerbeispiel	KF	KH
K1	Auf Augenhöhe des Kindes gehen (Buschmann und Jooss 2007)	PFK beugt sich zum Kind runter oder geht in die Hocke, sucht gleiche Augenhöhe; aber auch, wenn die PFK sitzt und sich um 180° dreht, um das Kind anzugucken	PFK guckt zu Kind und setzt sich in die Hocke links daneben	X	
K2	Abwenden, Ablenkung	PFK unterbricht das Gespräch, wird abgelenkt, Kind wird stehen gelassen, Gesprächssituation mit dem Kind wird vorzeitig abgebrochen	PFK und Kind 1 führen ein gemeinsames Gespräch. Kind 2: „Kann ich mir noch ein bisschen Milch holen." PFK: „Mh. Hast du schon einmal gehabt?"		X

KF kommunikationsförderlich, KH kommunikationshemmend, K Kommunikation

Code	Außersprach-liche Ver-haltensweisen (nonverbal)	Beschreibung	Ankerbeispiel	KF	KH
K3	**direkte Zuwendung zum Kind**	*Wird nicht codiert*	PFK lächelt (K3c) und schaut zum Kind (K3a) und fasst mit der rechten Hand den Oberschenkel vom Kind kurz an und streichelt diesen (K3b1)		
K3a	Blickkontakt (Buschmann und Jooss 2007)	Blickkontakt, Hinsehen Richtung Gesicht/Kopf des Kindes	PFK schaut zum Kind	X	
K3b1	Bestärkende, positive Berührung, Körperkontakt	Anfassen, streichelt, umarmen, etc.	PFK führt die rechte Hand an den Rücken vom Kind	X	
K3b2	Regulierende Berührung	Grobe, regulierende Berührung, z. B. schie-ben, ziehen, festhalten, zerren etc., ohne sprachliche Beglei-tung, die sich auf die Berührung bezieht	Die PFK legt ihre Hände auf Brust und Rücken vom Kind und dreht es zum Tisch		X
K3c	Unter-stützende Zuwendung	Lächeln, nicken	PFK nickt, PFK lächelt	X	
K4	Fehlender Blickkontakt	PFK spricht mit einem Kind und guckt aber woanders hin, handelt dabei weiter	PFK spricht mit einem Kind, schält dabei Äpfel und guckt auf den Teller		X
K5	Zuhören (Buschmann und Jooss 2007)	PFK hört aufmerksam und interessiert zu		X	
K6	Zeit geben (Buschmann und Jooss 2007)	PFK gibt dem Kind Zeit, um zu antworten und seine Antwort zu formulieren. PFK schafft/lässt Sprechpausen für das Kind zu		X	

KF kommunikationsförderlich, *KH* kommunikationshemmend, *K* Kommunikation

Code	Außersprach-liche Ver-haltensweisen (nonverbal)	Beschreibung	Ankerbeispiel	KF	KH
K7	Keine Unter-brechungen	PFK lässt das Kind aus-reden, unterbricht nicht, greift nicht vor		X	
K8	Peerinterak-tion PFK greift nicht ein	PFK beobachtet sprach-liche Interaktion von zwei oder mehr Kindern und unterbricht nicht oder greift nicht ein	Kinder verabreden sich zum Spielen auf dem Spielplatz am Nachmittag. PFK hört zu, blickt die Kinder an, mischt sich jedoch nicht ein	X	
K9	Mimische Unterstützung	PFK zeigt in der Mimik Gefühle, unterstreicht damit ihre Aussage oder reagiert mimisch auf die Rede des Kindes	PFK reißt die Augen staunend auf, als das Kind ein großes Stück Möhre in die Mund steckt	X	
K10	Stimmliche Unterstützung als Gefühls-ausdruck	PFK variiert den Stimm-klang und drückt somit Gefühle aus (Erstaunen, Bedauern, Anteilnahme, Hinwendung etc.)	PFK: „Jetzt kommt die Mama und du bist noch gar nicht fertig." Stimme drückt Bedauern aus	X	
K11	Gestische Unterstützung	PFK führt begleitende Geste an. Begleitende Bewegungen der Schultern, Hände und des Kopfes, meint aber nicht nicken oder Kopfschütteln	PFK: „Jetzt kommt die Mama und du bist noch gar nicht fertig." PFK hebt leicht die Schultern und die Hände mit den Handflächen nach oben an. Dabei neigt sie leicht den Kopf zur Seite	X	

Sprachliche Verhaltensweisen zur Kommunikationsförderung (verbal)

L Lob

Code	Sprachliche Verhaltensweisen (verbal)	Beschreibung	Ankerbeispiel	KF	KH
L1	Lob und Ermunterung, Ermutigung	Ehrlich und gezieltes Loben. Stärken, Interessen, Fähigkeiten und Bedürfnisse des Kindes wahrnehmen und verbalisieren	„Prima" „Hast du sehr schön gesagt und auch noch richtig."	X	
L2	Interesse der Kinder berücksichtigen	Wenn Kinder für spezifische Details Interesse zeigen oder zusätzliche themenbezogene Einfälle äußern, diese bestärken und gezielt nachfragen		X	
L3	Rückversicherung	Rückversicherung – PFK fragt mit ja? echt? hm? wirklich? nach einer vorhergehenden Frage oder Aussage nach. Sie versichert sich, dass das Kind sie verstanden hat oder sie versichert sich, dass sie das Kind richtig verstanden hat	PFK: „Ja. Bist du voll? Ich nehme deinen Teller schon mal weg."	X	
L4	Erklärung/ Begründung	Erklärung – PFK erklärt oder begründet ihre Handlung/ihre Aussage zum besseren Verständnis, zum Nachvollziehen ihrer Argumentation (zu jedem Gesprächspartner: Kind, andere PFK, Eltern etc.)	Manuel möchte etwas vom Essen der PFK abbekommen. PFK: „Manuel hat ja sein Mittag gehabt."	X	

II.1.2 Frühe mathematischen Bildung
Niedriges Anregungsniveau

nA = niedriges Anregungsniveau

Item	Name	Beschreibung	Ankerbeispiel
nA1	Anregen zu mathematisch bedeutsamem, motorischem oder praktischem Tun	Die PFK regt das Kind zu mathematisch bedeutsamem motorischem oder praktischem Tun an	„Zähle noch mal durch."
nA2	Wissensabfrage Mathe	Die PFK stellt gezielt Fragen, die mathematisches (Fakten-) Wissen abfragen	„Wo legen wir das Besteck hin?"
nA3	Verbaler Wissensinput Mathe oder Frage mit mathematischen Inhalt an das Kind (ohne vorheriges kindliches Handeln)	Die PFK vermittelt den Kindern mathematische Inhalte/ Wissen	„Ein Kind hast du vergessen."
nA4	Inhaltliches Reagieren/ Eingehen auf Wünsche und Fragen mathematischen Inhalts	Die PFK reagiert inhaltlich auf einen Wunsch/eine Frage mit math. Inhalt	Kind: „Wie viele Tassen brauchen wir?" PFK: „Fünf"
nA5	Inhaltliches Reagieren/ Eingehen auf das mathematische Vorwissen und Können	Die PFK reagiert inhaltlich auf das mathematische Vorwissen/Können der Kinder	„Kannst du dich noch an das Experiment erinnern und weißt, wie es geht?"
nA6	Inhaltliches Reagieren/ Eingehen auf mathematische Lösungsprozesse, Lösungsprodukte und Fehler	Die PFK reagiert inhaltlich auf mathematische Lösungsprozesse/ -produkte der Kinder	Kind zählt die Teller für die Kinder: „Elf" PFK: „Wir sind aber zwölf Kinder."
nA7	Vormachen/Vorzeigen von mathematisch bedeutsamen Handlungsabläufen	Die PFK macht einen mathematisch bedeutsamen Handlungsablauf vor oder bittet ein anderes Kind darum	„Guck mal, so geht ein Kreis." (PFK zeichnet einen Kreis.)

Hohes Anregungsniveau (kognitiv aktivieren)

hA hohes Anregungsniveau

Item	Name	Beschreibung	Ankerbeispiel
hA8	Anregen zum mathematischen Explorieren und Forschen	Die PFK regt an, Sachverhalte, Phänomene, Situationen und/oder Materialien auf deren mathematischen Inhalte und Eigenschaften hin zu untersuchen	Die Fachkraft fordert das Kind zum Nachdenken über bestimmte Materialien und deren spezifischen Eigenschaften auf
hA9	Anregen zum Formulieren eigener mathematischer Gedanken und Überlegungen	Die PFK regt an, eigene Gedanken zu mathematischen Lernprozessen oder Produkten zu formulieren	„Für wie viele Personen musst du zu Hause den Tisch decken?"
hA10	Anregen zum Nachdenken innerhalb einer mathematischen Situation	Die PFK regt an, über math. Zusammenhänge innerhalb einer Situation/eines Problems nachzudenken bzw. die Situation mathematisch zu analysieren	„Liegt bei allen großen Kindern ein großer Löffel?"
hA11	Anregen zum Weiterdenken über die Situation hinaus	Die PFK regt an, über die momentane Situation/das momentane Problem hinaus zu denken	„Was passiert, wenn neben der Holzkugel eine weitere Kugel rollt?"
hA12	Anregen zum Äußern/Einbeziehen und Fortführen von eigenen Erfahrungen und Erinnerungen	Die PFK regt die Kinder dazu an, über eigene Erfahrungen, Erinnerungen oder Präkonzepte aus einer zuvor selbst erlebten Situation zu erzählen	„Überleg noch mal, wie wir das mit dem Besteck immer gemacht haben."

II.1.3 Sozial-emotionale Entwicklung

Teil 1: Reaktion der PFK auf ein an sie gerichtetes kindliches Signal (bei P−K wird nur Promptheit codiert, ansonsten immer Promptheit/Eingehen/Involviertheit) **Promptheit nach kindlichem Signal** (in Anlehnung an Remsperger 2011)

P/PR Promptheit

Code	Verhalten	Beschreibung	Ankerbeispiel	EF	EH
PR+	Prompte Reaktion mit Blickrichtung zum Kind *verbal/ nonverbal*	PFK reagiert sofort auf kindliches Handeln/ kindliche Äußerung mit Blickrichtung zum Kind (innerhalb von drei Sekunden)	J1: „Unnnn dann möchte ich nen Schw Baby haben." PFK guckt zu J1. PFK: „Eine Schwester möchst du haben? Wünschst du dir eine Schwester?"	X	
PR−	Prompte Reaktion ohne Blickrichtung zum Kind *verbal/ nonverbal*	PFK reagiert sofort auf kindliches Handeln/ kindliche Äußerung ohne Blickrichtung zum Kind (innerhalb von drei Sekunden)	M3: „Das ist wie eine Wolke." PFK dreht sich zum Fenster:„Ja."		X
P−V	Verzögerte Reaktion *verbal/ nonverbal*	PFK reagiert verzögert auf kindliches Interaktionsangebot (erst nach drei Sekunden) oder nach mindestens zweimaliger Nachfrage/Aussage durch Kind (mit oder ohne Blickrichtung)	M1: „(xxx) mag keine Bolognese." M4: „Ich aber." PFK: „Das sieht total lecker aus."		X
P−U	Unterbrechung *verbal/ nonverbal*	Die PFK beginnt eine Handlung (verbal/nonverbal), während sich das Kind noch in Interaktion mit ihr befindet, ob das Kind daraufhin weiterredet oder seine Handlung unterbricht, ist unerheblich	„Sei still!" „Warte, stop!"		X

P/PR Promptheit

Code	Verhalten	Beschreibung	Ankerbeispiel	EF	EII
P−K	Keine Reaktion	PFK reagiert nicht auf kindliches Interaktionsangebot	Alle reden über Obst. Zwei Kinder rufen *Birne* und *Kiwi*. PFK reagiert nicht, sondern: „Und soll ich euch mal verraten, was bei mir jetzt im Garten noch wächst?"		X

Eingehen nach kindlichem Signal (in Anlehnung an Remsperger 2011)

E Eingehen

Code	Verhalten	Beschreibung	Ankerbeispiel	EF	EH
E+	Eingehen auf Signale des Kindes *verbal/ nonverbal*	Die PFK reagiert inhaltlich angemessen auf das kindliche Signal verbal: nachfragen + Aussage nonverbal: entgegenbeugen, lächeln, nicken, berühren, Hände reichen	„Wie bitte?", „Ja, das stimmt, das geht so nicht."	X	
E−V	Verzögertes Eingehen *verbal/ nonverbal*	Inhaltlich verzögerte Reaktion auf kindliche Äußerung, nach mehrmaliger Aufforderung durch Kind			X
E−R	Stark reduziertes oder kein Eingehen *verbal/ nonverbal*	Keine adäquate Reaktion, inhaltlich nicht angepasste Reaktion oder keine Reaktion	Kind: „Guck mal ich hab überall gedeckt", PFK daraufhin: „Möchtest du Fleisch?"		X

Involviertheit nach kindlichem Signal (in Anlehnung an Remsperger 2011)

IR Involviertheit

Code	Verhalten	Beschreibung	Ankerbeispiel	EF	EH
IR+A	Aufmerk-samkeit/ Interesse *verbal/ nonverbal*	Zugewandte Körperhaltung, Blickrichtung zum Kind, Körperkontakt, Hinabbeugen zum Kind, Zuhören, Verständnis zeigen. Dem Kind aufmerksam zuhören, Fragen stellen	„Mama hat zwei Kuchen gemacht?"	X	
IR+F	Freude/Begeisterung zeigen/ teilen *verbal/ nonverbal*	PFK zeigt ihre Freude/ Begeisterung durch Lachen, Anlächeln des Kindes, Schmunzeln oder drückt sie sprachlich aus	„Das finde ich toll"	X	
IR−D	Desinteresse/ Gleichgültigkeit *verbal/ nonverbal*	Sich dem Kind abwenden, unbewegt, teilnahmslos, abwesend wirken, gleichgültig, desinteressiert, abwendendes Blickverhalten (mind. 2 s.)	M3: „Weißt du was?" PFK: „Komm, setz dich nochmal richtig hin. Und ähm, Ayla, du gehst jetzt bitte schon mal auf Toilette, ja?"		X
IR−W	Abgelenkt sein *verbal/ nonverbal*	Verbale und nonverbale Reaktion der PFK auf das kindliche Signal sind nicht kongruent, der Aufmerksamkeitsfokus der PFK ist nicht primär beim Kind, z. B. gleichzeitig Gespräch mit anderen PFK oder Eltern	J2: „Was gibt es heute zum Mittag?" PFK schaut gleichzeitig runter zum Tisch und wischt		X

IR Involviertheit

Code	Verhalten	Beschreibung	Ankerbeispiel	EF	EH
IR−G	Ungeduldiges, gereiztes, grobes Verhalten *verbal/ nonverbal*	Grobe/schroffe Berührungen der PFK, drängendes Antippen, Kopf des Kindes zurückstoßen, Ellenbogen grob vom Tisch nehmen, Naserümpfen, Stirnrunzeln, Beschimpfungen/ Drohungen, abwertende Äußerungen, Drängen, Verziehen des Gesichts, Abwenden vom Kind	„Ich habe jetzt wirklich keine Zeit." (mit genervtem Tonfall)	X	

Teil 2: Aktion der PFK ohne vorheriges kindliches, an sie gerichtetes Signal (es werden immer Zugewandtheit und Involviertheit codiert)
Zugewandtheit ohne kindliches Signal (aktiv) (in Anlehnung an Remsperger 2011; König 2006)

Z Zuwendung

Code	Verhalten	Beschreibung	Ankerbeispiel	EF	EH
Z+	Zuwendung zum Kind *verbal/nonverbal*	Die PFK wendet sich dem Kind zu und blickt dabei in Richtung des Kindes. Zwischenzeitliches kurzes Zuwenden zu anderen Kindern der Gruppe ist möglich	Die PFK richtet sich mit einer Bitte an das Kind und blickt es dabei an	X	
Z−	Keine/eingeschränkte Zuwendung zum Kind *verbal/nonverbal*	Die PFK ist bei ihrem Handeln nicht primär dem Kind zugewandt, z. B. abgelenkt	Die PFK spricht mit dem Kind, wischt dabei gleichzeitig den Tisch		X

Involviertheit ohne kindliches Signal (aktiv) (in Anlehnung an Remsperger 2011; König 2006)

IA Involviertheit aktiv					
Code	Verhalten	Beschreibung	Ankerbei-spiel	EF	EH
IA+A	Aufmerksamkeit/ Interesse *verbal/nonverbal*	Zugewandte Körperhaltung, Blickrichtung zum Kind, Körperkontakt, Hinabbeugen zum Kind, Zuhören, Verständnis zeigen. Dem Kind aufmerksam zuhören, Fragen stellen	„Und was ist mit dir? Magst du nicht mehr?"	X	
IA+F	Freude/Begeisterung zeigen/teilen *verbal/nonverbal*	Freude/Begeisterung zeigen durch Lachen, Anlächeln des Kindes, Schmunzeln oder sprachliches Ausdrücken	„Prima!" PFK lächeln Kind aufmunternd an	X	
IA−D	Desinteresse/ Gleichgültigkeit *verbal/nonverbal*	Sich dem Kind abwenden, unbewegt, teilnahmslos, abwesend wirken, gleichgültig, desinteressiert, abwendendes Blickverhalten (mindestens 2 s.)			X
IA−W	Abgelenkt sein *verbal/nonverbal*	Verbale und nonverbale Reaktion der PFK auf das kindliche Signal sind nicht kongruent, der Aufmerksamkeitsfokus der PFK ist nicht primär beim Kind, z. B. gleichzeitig Gespräch mit anderen PFK oder Eltern	Frage an ein Kind: „Was gibt es heute zum Mittag?" Die PFK schaut gleichzeitig runter zum Tisch und wischt		X
IA−G	Ungeduldiges, gereiztes, grobes Verhalten *verbal/nonverbal*	Grobe/schroffe Berührungen der PFK, drängendes Antippen, Kopf des Kindes zurückstoßen, Ellenbogen grob vom Tisch nehmen, Naserümpfen, Stirnrunzeln, Beschimpfungen/ Drohungen, abwertende Äußerungen, Drängen, Verziehen des Gesichts, Abwenden vom Kind	Die PFK nimmt dem Kind ungefragt von hinten das Besteck aus der Hand und zerkleinert damit das Essen		X

Teil 3: Mögliche, zusätzlich förderliche Aspekte des Handelns der PFK bei jedem Interaktionsverhalten (wird zusätzlich zu Teil 1 bzw. 2 codiert, Mehrfachnennungen, jeweils eine pro Bereich, sind möglich) **Gruppenorientiertes Verhalten zur Unterstützung** (in Anlehnung an Ahnert 2005)

GO Gruppenorientiertes Verhalten

Code	Verhalten	Beschreibung	Ankerbeispiel	EF	EH
GO+1 *Redirects*	Verweis auf andere Kinder, die unterstützen können	Das Kind stellt eine Frage bzw. versucht, Interaktion mit der PFK aufzubauen und die PFK leitet diese an andere Kinder weiter	„Frag mal Tim."	X	
GO+2	Zuwendung zur Gruppe zur Unterstützung *verbal/ nonverbal*	Die PFK wendet sich von der Interaktion mit dem Kind anderen Kindern zu, um sie ins Thema einzubeziehen und spricht in offener Haltung die Gruppe an	„Weiß das vielleicht einer von euch?"	X	

Verweis auf andere Kinder ohne Einbezug in Interaktion (in Anlehnung an Ahnert 2005)

V Verweisen

Code	Verhalten	Beschreibung	Ankerbeispiel	EF	EH
V+	Verweis auf andere Kinder (ohne Gefühle)	Die PFK verweist auf ein anderes Kind (nicht auf dessen Gefühle, dann V+A), ohne es selbst in die Interaktion einzubeziehen	„Guck mal, ihr schmeckt das auch."	X	
V+G	Spezialfall: Verweis auf die Gefühle anderer Kinder	Die PFK verweist auf die Gefühle eines anderen Kindes, ohne es in die Interaktion einzubeziehen		X	
V−	Verweis auf andere Kinder in abwertender Form	Das Kind, auf das verwiesen wird, wird negativ/abwertend dargestellt			X

Unterstützung kindlicher Handlungen (in Anlehnung an Ahnert 2010)

Code	Verhalten	Beschreibung	Ankerbeispiel	EF	EH
U Unterstützung					
U+H	Helfende und unterstützende Handlungsimpulse bei Hilfebedarf *verbal/nonverbal*	Die PFK hilft dem Kind beim Ausführen von Handlungen, entweder geht es ihm unterstützend zur Hand oder leitet kindliche Handlung verbal an	„Und dann machst du das klein mit der Gabel und kannst essen." Hilft beim Fleisch schneiden, reicht Kind Teller/Tasse	X	
U−H	Vorwegnahme, Unterbrechung der Handlung *verbal/nonverbal*	Die PFK übernimmt ungefragt, ohne abzuwarten, Handlung des Kindes, unterbricht Versuch des Kindes und führt die Tätigkeit ungefragt zu Ende	„Das schaffst du noch nicht!" beim Stulle schmieren, Jacke ausziehen		X

Reaktion auf kindliche Gefühle (Wut, Trauer, Angst, Freude etc.) (in Anlehnung an Ahnert 2005)

Code	Verhalten	Beschreibung	Ankerbeispiel	EF	EH
G Gefühle					
G+S	Spiegeln kindlicher Emotionsinhalte	PFK erkennt und spiegelt kindliche Emotionen verbal	„Du bist aber fröhlich/traurig."	X	
G−N	Negative Gefühle des Kindes nicht zulassen/ ignorieren/leugnen	PFK zeigt keine Reaktion auf kindliche Gefühle	Traurigkeit des Kindes: „Das ist doch nicht so schlimm, dass Mama jetzt geht.", „Jetzt wird nicht geweint."		X

Gestaltung der Begrüßung mit Kind (und Erwachsenem) (in Anlehnung an Tietze et al. 2005)

Code	Verhalten	Beschreibung	Ankerbeispiel	EF	EH
B Begrüßung					
B+A	Ansprache	PFK begrüßt Kind (ggf. Erwachsenen) persönlich (persönliche Ansprache, gleichzeitig dem Kind zugewandt)	„Guten Morgen, Katharina."	X	

B Begrüßung

Code	Verhalten	Beschreibung	Ankerbeispiel	EF	EH
B−A	Fehlende Ansprache	PFK begrüßt Kind (ggf. Erwachsenen) nicht persönlich/nicht zugewandt			X

Triadische Interaktion Fachkraft-Kind-Elternteil (in Anlehnung an Fröhlich-Gildhoff 2013)

B Begrüßung

Code	Verhalten	Beschreibung	Ankerbeispiel	EF	EH
B+E	Triadische Interaktion Fachkraft-Kind-Elternteil	PFK bezieht Kind/ Erwachsenen in die Unterhaltung mit dem Erwachsenen/Kind ein	„Hast du gehört, was Mama gesagt hat. Heute wirst du schon früher abgeholt."	X	
B−E	Unangemessenes Nichteinbeziehen der dritten Person	PFK führt ein Gespräch mit dem Erwachsenen, ohne das sich in der Nähe aufhaltende Kind einzubeziehen			X

II. 2 Kategoriensystem zur Interaktionsbeobachtung in der Bilderbuchsituation

Verbale Interaktionen
Initiieren eines Dialogs (in Anlehnung an Whitehurst et al. 2003)

D Interaktion

Code	Verhalten	Beschreibung	Ankerbeispiel	SF	SH
D1	Aufmerksamkeitslenkung	Aufmerksamkeit auf bestimmte Aspekte von Abbildungen lenken	„Seht mal, hier sieht man…"	X	
D2	Teilen der Gefühle		„Der hat das Buch die Geschichte aufgeschrieben, weil der das so toll fand."	X	

D Interaktion

Code	Verhalten	Beschreibung	Ankerbeispiel	SF	SH
D3	Aufforderung zum Erzählen über die abgebildeten Darstellungen (niedriges Distanzierungsniveau)	Abbildungen sollen beschrieben und/oder Beziehungen und Abfolgen zwischen den Bildern und Episoden hergestellt werden	„Jetzt bist du mit dem Vorlesen an der Reihe."	X	
D4	Aufforderung zur Dekontextualisierung (mittleres Distanzierungsniveau)	Darstellungen und Inhalte sollen in Bezug zu Lebensumwelt des Kindes bzw. zur Welt außerhalb des Buches gesetzt werden	„Und ich möchte heute einmal von euch wissen (guckt in die Runde), ob ihr euch auch schon mal erschreckt habt."	X	
D5	Aufforderung zur Interpretation, zum Vorausdeuten der Geschichte, Ergründen des Handlungsverlaufs (hohes Distanzierungsniveau)	Möglicher weiterer Handlungsverlauf der Geschichte soll geschildert werden, Gründe sollen abgeleitet, Effekte vorausgesehen werden	„Warum verhält sich der Mann so? Wie wird die Geschichte wohl zu Ende gehen?"	X	

Peer- oder Fachkraft-Kind-Interaktion

I Interaktion

Code	Aktion der PFK	Beschreibung	Ankerbeispiel	SF	SH
I1	Fortgesetztes gemeinsames Denken („sustained shared thinking", Sylva et al. 2004)	Thema eines Kindes wird von der PFK oder einem anderem Kind aufgegriffen und beibehalten; es entspinnt sich ein Dialog über das Thema, welches nun im gemeinsamen Aufmerksamkeitsfokus der Dialogpartner steht	PFK: „Oh oh. Seht ihr das?" Kind1: „Das ist der Mensch." PFK: „Was ist das denn für ein Mensch?" Kind1: „Äh die Kuh (xxx) (xxx)." PFK: „Wer arbeitet denn da bei der Kuh?" Kind 2: „Der Mensch." PFK: „Hm, ein Mensch. Ich glaub, das ist sogar eine Frau."	X	

I Interaktion

Code	Aktion der PFK	Beschreibung	Ankerbeispiel	SF	SH
I2	Peer-PFK – Interaktion: PFK interagiert mit und bleibt beim Thema	Kinder unterhalten sich über ein Thema, PFK kommt hinzu und greift Thematik auf		X	
I3	Peerinteraktion PKF wechselt Thema	Zwei Kinder unterhalten sich über ein Thema, PFK unterbricht den Austausch	Alle reden über ein Müllauto. PFK: „Daniel [Kind 1: „Ein Müllauto."], du bist aber beim Essenauffüllen. [Kind 2: „Müllautos."] Dann musst du auf deinen Teller achten."		X
I4	Kind – PFK – Interaktion Themawechsel, obwohl das Kind interessiert ist (= verpasste Chance)	Auf die kindliche Äußerung/das Verhalten folgt keine SLS, keine Frage, die beim Thema bleibt; PFK wechselt Thema, obwohl das Kind interessiert ist und sich korrekt geäußert hat PFK erklärt etwas und Kind hat dazu eine Frage, PFK redet konsequent weiter	PFK: „Das ist kein ganz alter Name." Kind 1: „Ja, Alexanders Omi äh Oma." PFK: „Alexander Wiese genau. Das ist so ein Name wie Alexander Wiese." Kind 2: „Hey, es gibt auch ein´n Alexander B(xxx)." PFK: „Hm. So jetzt wollen wir mal gucken, was in dem Buch passiert."		X
I5	Umleitung PFK-gerichteter Interaktionsangebote an Peers („redirects", Schuele und Rice 1995)	Kind stellt Frage bzw. versucht Interaktion mit PFK aufzubauen und PFK leitet diese an andere Kinder weiter – Unterstützung der Peerinteraktion	Kind 1: „Wie heißt die Tuh?" PFK: „Was?" Kind 1: „Wie die Tuh heißt?" PFK: „Wie heißt die Kuh?" K(all): „Lieselotte."	X	
I6	Abgewiesenes Interaktionsangebot Ungenutzte Gelegenheit	PFK und Kinder sprechen über das Buch oder ein Thema, ein Kind macht eine Bemerkung, die die PFK ignoriert	PFK: „Ihr kennt Lieselotte noch nicht?", Kind 1: „Nein." Kind 2: „Doch Lieselotte." PFK: „Aha. Doch kennt ihr, ne?"		X

Aufforderungen und Fragen

F Aufforderungen und Fragen

Code	Fragen	Beschreibung	Ankerbeispiel	SF	SH
F1	Aufforde-rung, etwas zu zeigen	PFK fordert das Kind auf, etwas zu zeigen „Zeige mir …!", „Wo ist …?"	PFK: „Ja, da ist auch eine Schaufel dran. Das stimmt. Und wo ist Lieselotte?" Kind 1: „Da." Kind 2: „Lieselotte, da." PFK: „Und wo noch? Zeig mal, wo sie noch ist?"		X
F2	Aufforde-rung, etwas zu benennen	PFK fragt das Kind/ die Kinder gezielt „Was ist das?", „Wie heißt das?", „Wie nennt man das?", „Wer ist das?"	PFK: „Lieselotte! XXX, und was wird mit der grad gemacht?" Kind 1: „Xxx gemolkt." PFK: „Gemolken, ne? (.) Und was macht aber Lieselotte?"	X	
F3	Ja-Nein-Frage, geschlossene Frage	Fragen, die mit Kopfnicken oder mit Ja-Nein beantwortet werden können	„Seid ihr schon gespannt?" „Die versteckt sich überall?" „Könnt ihr alle schreien wie der Postbote?"		X
F3.1	Suggestiv-frage oder Rhetorische Frage	Frage suggeriert schon die Antwort Es wird keine Ant-wort erwartet	„Ich les mal weiter vor, ja?" „Sollen wir dann mal anfangen?"		X
F4	Alterna-tivfrage/ Auswahlfrage	Es werden mehrere Optionen gestellt	„Ist das ein Hund oder eine Katze?"	X	
F5	Aufforde-rung zur Satzergänzung	Kind wird verbal oder durch stimmliche Veränderungen auf-gefordert, den Satz zu ergänzen	PFK: „Und was macht Lieselotte hier?" Kind 1: „Die versteckt sich da." PFK: „Hinter…?" Kind 2: „Ein Baum."	X	
F6	Rück- & Erinnerungs-frage (Zeven-bergen und Whitehurst 2003)	Frage, die darauf abzielt, sich an Dinge zu erinnern und zu versprachlichen	„Wer weiß denn noch, wie die Kuh hieß?" „Wem fällt noch was ein, was die Lieselotte macht?"	X	

F Aufforderungen und Fragen

Code	Fragen	Beschreibung	Ankerbeispiel	SF	SH
F7	Offene Frage (Zevenbergen und Whitehurst 2003)	Frage, die eine beschreibende Antwort verlangt, z. B. W- Fragen: warum, was, wie, wodurch? …etc.	„Was siehst du hier?", „Was ist hier los?", „Was passiert hier?", „Was tut jemand?" „Was könnte das sein?"	X	
F8	Kettenfragen	PFK stellt viele Fragen hintereinander, so dass eine präzise Antwort nicht möglich ist	„Wer weiß das noch, was das war? Warum lauert die, was heißt das: lauern."		X

Sprachlehrstrategien

S Sprachlehrstrategien

Code	Sprachlehrstrategie	Beschreibung	Ankerbeispiel	SF	SH
Den kindlichen Äußerungen nachfolgende Sprachmodelle					
S1	Hilfestellung durch Benennen	PFK benennt als Reaktion auf wortlosen kindlichen Fingerzeig, fragenden Blick ein Wort. Kind fragt „Was ist das?" oder Kind rätselt herum oder sucht nach Formulierung und PFK antwortet	PFK: „Das mag sie nämlich am liebsten. Diesen Postboten erschrecken. Guckt mal." Kind 1: „Die macht so." PFK: „Mhm. Die lässt Luft. Genau."	X	

Grundsätzlich: S2–S6 wird nur bei **korrekter Äußerung** eines Kindes vergeben. Wenn Äußerung des Kindes nicht korrekt ist, wird „Reaktion auf Fehler" kodiert. → Bei der Kodierung muss sofort über Korrektheit der kindlichen Äußerung entschieden werden

| S2 | Imitation/Wiederholung einer korrekten kindlichen Äußerung: Exakte Reproduktion | Exakte Reproduktion der kindlichen Äußerung, auch von Lautmalereien; Wiederholung ohne Veränderung der kindlichen Äußerung. *Ja und nein werden nicht als Imitation kodiert* | Kind 1: „Da ist ein Traktor." PFK: „Da isn Traktor." | X | |

S Sprachlehrstrategien

Code	Sprachlehrstrategie	Beschreibung	Ankerbeispiel	SF	SH
S3	Reduzierte Reproduktion Imitation/Wiederholung einer korrekten kindlichen Äußerung	Kindliche Äußerung wird wiederholt, aber etwas reduziert	Kind 1: „Da is' die Kuh." PFK: „Ah. Da is' die Kuh wieder." Kind 2: „Weißt du, da war die Kuh nich'." PFK: „Da war die Kuh."	X	
S4	**Erweiterung mit Wiederholung,** Vervollständigung auf *korrekte* kindliche Äußerung mit Aufgreifen der Wortwahl des Kindes (Zevenbergen und Whitehurst 2008)	*Wird nicht kodiert* Alle Erweiterungen, die sich auf eine kindliche Äußerung beziehen und darüber hinausgehen (syntaktisch und/oder semantisch)			
S4.1	**Expansion** (Ausdehnung) (Dannenbauer 2002)	Die kindliche Äußerung wird unter Einbau der korrekten Zielstruktur vervollständigt. Erweiterung kindlicher Aussagen, indem die PFK wiederholt, was das Kind gesagt hat und neue Informationen hinzufügt	PFK: „Und was macht aber Lieselotte?" Kind 1: „Die guckt!" PFK: „Die guckt hinaus auf den Hof." Kind 1: „Die geht hier rein." PFK: „Genau, die geht in die Tonne rein."	X	
S4.2	**Extension** (Erweiterung) (Dannenbauer 2002)	Die PFK wiederholt und knüpft *semantisch* an die kindliche Äußerung an und führt diese logisch unter Verwendung der Zielstruktur weiter	PFK: „Wer arbeitet denn da bei der Kuh?" Kind 1: „Der Mensch." PFK: „Hm, ein Mensch. Ich glaub, das ist sogar eine Frau." Kind 1: „Eine Frau."	X	

S Sprachlehrstrategien

Code	Sprachlehrstrategie	Beschreibung	Ankerbeispiel	SF	SH
S5	Inhaltliche Reaktion **ohne** Wiederholung oder Erweiterung	Inhaltliche Reaktion auf korrekte verbale kindliche Äußerung, **ohne** diese zu wiederholen oder zu erweitern. Thema wird weitergeführt, geben von Zusatzinformation/neuer Aspekt, auch in Form einer Frage	PFK: „Und wo drückt die? Weißt du, wie man das hier nennt?" Kind 1: „Unten." PFK: „Das ist das Euter von der Kuh. Da kann man drücken und dann kommt die Milch raus."	X	
S8	Umformung (Dannenbauer 2002)	Die Äußerung des Kindes wird aufgenommen, aber umgeformt. Kindliche Äußerungen werden in veränderter Form wiedergegeben, wobei die Zielstruktur eingeführt oder variiert wird	Kind: „Ich möchte, ich mein das." PFK: „Du meinst das?"	X	
Den kindlichen Äußerungen vorausgehende Sprachmodelle					
S6	Handlungen sprachlich begleiten	Handlungen der PFK oder der Kinder werden von der PFK sprachlich begleitet	„Wir müssen mal auspacken, was da drin ist." PFK packt mit den Kindern das Paket aus	X	
S6.1	Handlung wird nicht sprachlich begleitet (verpasste Chance)	Dies bezieht sich nicht auf Handlungen in der konkreten Bilderbuchsituation wie Umblättern, Buch zeigen etc, sondern eher auf zusätzliche Handlungen wie Aufstehen und das Fenster schließen etc.	PFK: „Na klar, das kennt ihr ja (.) Ich les immer eine Seite vor und dann zeig ich die Bilder." PFK zieht das Buch weg, als J1 versucht, in dieses zu gucken		X

S Sprachlehrstrategien

Code	Sprachlehrstrategie	Beschreibung	Ankerbeispiel	SF	SH
S7	Präsentation (Dannenbauer 2002) Vorausgehende Sprachmodelle	Sprachentwicklungs-relevantes Wort, Wortform oder grammat. Zielform wird demonstriert *ohne* vorhergehende Äußerung eines Kindes, und gehäufte Einführung eines Wortes oder einer gramm. Struktur	„Obst und Gemüse ist gesund. Wenn man immer Obst und Gemüse isst, dann wird man nicht krank."	X	

Reaktion auf sprachliche Fehler

ER Fehler

Code	Reaktion auf Fehler	Beschreibung	Ankerbeispiel	SF	SH
ER1	*Keine* Reaktion auf sprachliche Fehler, auf das Thema des Kindes	PFK wendet sich ab oder wechselt das Thema	Kind 1: „Und in diesem Buch hat Lieselotte sich in den Baum versteckt." PFK: „Wir gucken mal kurz rein. Wer weiß denn noch, wer..."		X
ER2	*Keine* Reaktion auf den Fehler, bleibt *aber* beim Thema des Kindes	PFK bleibt im Gespräch, ignoriert den sprachlichen Fehler	Kind 1: „Weil Frau Meier uns hat vorgelesen hat." PFK: „Hmm, hat sie schon mal reingeguckt mit euch? Ich will euch mal die Geschichte von Lieselotte erzählen."		X
ER3	*Imitation* der inkorrekten Äußerung	PFK imitiert die falsche kindliche Äußerung ohne Korrektur	PFK: „Was seht ihr denn hier drauf?" Kinder: „Eine Kuh. Eine Kuh." Kind 1: „Und ein Hahn." PFK: „Und ein Hahn."		X
ER4	*Implizite* Reaktion auf Fehler	Nur Nennung des richtigen (inhaltlichen) Begriffes	Kind: „Papa ist auch Kinderärztin." PFK: „Nein, Papa ist Neurologe."	X	

ER Fehler

Code	Reaktion auf Fehler	Beschreibung	Ankerbeispiel	SF	SH
ER5	*Explizite* Reaktion auf Fehler, auch bei Wiederholung des Fehlers	Das Kind wird direkt auf den Fehler aufmerksam gemacht und der Fehler wird berichtigt	„Nein, falsch, das heißt doch...", Kind: „Eine Grüne." PFK: „Das ist doch keine Grüne, das ist eine Erbse."		X
ER6	Korrektives Feedback	Verbesserte Wiederholung, kindlich Äußerung wird in verbesserter Form wiederholt (lautlich, semantisch, syntaktisch)	Kind 1: „Wie die Tuh heißt?" PFK: „Wie heißt die Kuh?"	X	
ER7	Modellierte Selbstkorrektur (Dannenbauer 2002)	Nachahmung kindlicher Fehler bzgl. der Zielstruktur mit sofortiger Korrektur durch die PFK	Kind: „Und du hol Teller." PFK: „Okay, und du hol … nein falsch – und du holst Teller."	X	
ER8	Direkte Aufforderung zur Wiederholung der verbesserten Äußerung		Kind: „Tuh" PFK: „Das heißt Kuh, sag mal Kuh!"		X

Weitere sprachliche Verhaltensweisen

V Verhalten

Code	Verhalten	Beschreibung	Ankerbeispiel	SF	SH
V1	Grammatikalisch falsche Äußerung		„Obst und Gemüse ist gesund."		X
V2	Umgangssprache	PFK spricht umgangssprachlich, sowohl in Wortwahl, Morphologie und Syntax	„Nee, nich' anfassen."		Ohne Bewertung

V Verhalten

Code	Verhalten	Beschreibung	Ankerbeispiel	SF	SH
V3	Aufforderung zu sprechen, ein Wort zu wiederholen		PFK: „Was, was machen, was war das eben? Sag nochmal."		X
V4	„Instruktions-qualität" (Prenzel et al. 2000) Imperativ	Befehl oder Auffor-derung, etwas zu tun oder zu unterlassen. Wird *nicht* kodiert, wenn es um Fokus-lenkung geht	„Bleib mal sitzen!"		X
V5	Unterbrechung, Sprechverbot	PFK unterbricht Kind	PFK: „Pschtt. Nicht verraten." „Stopp, jetzt ist Gina dran."		X
V6	Selbstbeantwor-tete Frage	PFK wartet nicht ab, nachdem sie eine Frage gestellt hat, sondern liefert selbst sofort die Antwort (= ver-passte Chance), gibt keine Zeit/Chance zum Antworten	PFK: „Und wisst ihr, wie die Kuh hier heißt? Liese-lotte heißt die."		X
V7	Bestätigung der kindlichen Äußerung	Bestätigung der sprachlichen Äuße-rung, auch in Form von Interjektionen wie hmm, ja, ach	Kind 1: „Wie eine ein Traktorstall. Ein Kuhstall." PFK: „Die Kuh steht im Kuhstall, genau."	X	
V8	Indirekte Auf-forderung zum Weitersprechen	Aufforderung zum Weitersprechen. PFK ist konzent-riert, auch mit Inter-jektionen ja, hm	Kind 1: „Die ist die erschreckt den Postboten." PFK: „Mhm." Kind 1: „Und und die versteckt sich überall." PFK: „Die versteckt sich überall?"	X	
V9	Vorlesen, mehr oder weniger wörtlich aus Buch	Jeder vorgelesene Satz wird codiert			X

V Verhalten

Code	Verhalten	Beschreibung	Ankerbeispiel	SF	SH
V11	Unspezifische Äußerung	PFK stimmt verbal zu, ist aber gedanklich nicht dabei, hört nicht zu, macht parallel etwas anderes	PFK guckt zu anderen Kindern draußen und sagt: „Mmh. Ja, genau, ja stimmt."		X
V12	Ansprache eines Kinder mit Namen	PFK spricht ein Kind mit dessen Namen, Kosenamen oder konkret mit *Du* an, um die Aufmerksamkeit des Kindes zu bekommen oder als Aufforderung, um eine Frage/ Fragestellung zu beantworten, kann auch als Frageform vorkommen	PFK: „Was ist, Kathi, wenn einer lauert? Was ist das?"	X	
V13	Stimmliche Unterstützung als Gefühlsausdruck	PFK variiert den Stimmklang und drückt somit Gefühle aus (Erstaunen, Bedauern, Anteilnahme, Hinwendung etc.)	„Wir müssen mal auspacken, was da drin ist. Vielleicht wissen wir dann. Vielleicht wissen wir dann, was passiert ist. Mal gucken. UiUiUi, ich krieg den gar nicht heil raus."	X	

Sprachliche Verhaltensweisen zur Kommunikationsförderung (verbal)

KF Kommunikationsförderlich, *KH* kommunikationshemmend,
Kf Kommunikationsförderung

Code	Sprachliche Verhaltensweisen (verbal)	Beschreibung	Ankerbeispiel	KF	KH
Kf1	Lob und Ermunterung, Ermutigung	Ehrlich und gezielt loben. Stärken, Interessen, Fähigkeiten und Bedürfnisse des Kindes wahrnehmen und verbalisieren	„Das habt ihr gut gezählt." „Toll."	X	

KF Kommunikationsförderlich, *KH* kommunikationshemmend,
Kf Kommunikationsförderung

Code	Sprachliche Verhaltensweisen (verbal)	Beschreibung	Ankerbeispiel	KF	KH
Kf2	Interesse der Kinder berücksichtigen	Wenn Kinder für spezifische Details Interesse zeigen oder zusätzliche themenbezogene Einfälle äußern, diese bestärken und gezielt nachfragen	Kind 1: „Jetzt fall'n die Tasse mit Teller runter." PFK: „Meinst du, das sind Tassen und Teller?"	X	
Kf3	Rückversicherung	Rückversicherung – PFK fragt mit ja? echt? hm? wirklich? nach einer vorhergehenden Frage oder Aussage nach, sie versichert sich, dass das Kind sie verstanden hat oder sie versichert sich, dass sie das Kind richtig verstanden hat	PFK: „Was ist mit dem Postboten?" Kind 1: „Jagen. Den Postboten jagen." PFK: „Jagen?" Alle Kinder: „Ja. Jaha. Ja."	X	
Kf4	Erklärung/ Begründung	Erklärung: PFK erklärt oder begründet ihre Handlung/ihre Aussage zum besseren Verständnis, zum Nachvollziehen ihrer Argumentation (zu jedem Gesprächspartner: Kind, andere PFK, Eltern etc.)	PFK: „Wir lesen das mal. Vielleicht wissen wir dann, warum mein Brief heute so schmutzig war."	X	

Literacy-Förderung verbal (in Anlehnung an Piasta et al. 2012)

L Literacy-Förderung					
Code	Verhalten	Beschreibung	Ankerbeispiel	SF	SH
L1	Verweis auf Reihenfolge der Buchseiten	z. B. „Ich lese erst die Seite und dann diese."	„Das ist die erste Seite."	X	
L2	Verweis auf Autor des Buches	z. B. „Der Autor. hat dieses Buch geschrieben."	„Dieses Buch hat Alexander Steffensmeier geschrieben."	X	

L Literacy-Förderung

Code	Verhalten	Beschreibung	Ankerbeispiel	SF	SH
L3	Verweis auf Organisation der Buchseite	z. B. „Ich muss hier oben zu lesen beginnen."		X	
L4	Verweis auf Buchtitel	z. B. „Hier ist der Titel des Buches. Da steht, wie das Buch heißt/der Name des Buches."	„Das Buch heißt Lieselotte lauert."	X	
L5	Verweis auf Leserichtung	z. B. „Hier fange ich an und dann lese ich in diese Richtung."	„Hier steht, die Liselotte lauert."	X	
L6	Verweis auf Funktion von Schrift (Beziehung zwischen Wortbedeutung und Schrift)		PFK: „Hier (wird von PFK gezeigt) stehen die Worte der Kuh. Die Kuh sagt: ‚Muh'"	X	
L7	Verweis auf einzelne Buchstaben	„Guckt mal, hier ist ein L wie Leo oder Lotte auch am Anfang ihres Namens haben."	PFK: „Wisst ihr noch, wie die hieß?" Kinder rufen alle durcheinander. PFK: „Mit L fängt er an."	X	

Literacy – Förderung: (nonverbale Interaktionen)
Initiierung eines Dialoges (in Anlehnung an Whitehurstet al. 2003)

nD nonverbale Initiierung zum Dialog

Code	Verhalten	Beschreibung	Ankerbeispiel	SF	SH
nD1	Aufmerksamkeit auf bestimmte Aspekte des Buches lenken	Zeigen auf Bild, Schrift, etc.	PFK: „Und was macht aber Lieselotte?" PFK zeigt auf die Stelle im Buch	X	

Nonverbale Verhaltensweisen zur Kommunikationsförderung
Außersprachliche Verhaltensweisen zur Kommunikationsförderung (nonverbal)

KF kommunikationsförderlich, *KH* kommunikationshemmend, *K* Kommunikation

Code	Außersprachliche Verhaltensweisen (nonverbal)	Beschreibung	Ankerbeispiel	KF	KH
K1	Auf Augenhöhe des Kindes gehen (Buschmann und Jooss 2007)	PFK beugt sich zum Kind runter oder geht in die Hocke, sucht gleiche Augenhöhe; aber auch, wenn die PFK sitzt und sich um 180° dreht, um das Kind anzugucken	PFK: „Was sieht sie da?" PFK guckt zu J1, beugt sich zu J1	X	
K2	Abwenden, Ablenkung von außen (nicht an der Bilderbuch beteiligte Person)	PFK unterbricht das Gespräch, wird abgelenkt, Gesprächssituation mit dem Kind ist vorzeitig abgebrochen. Das bezieht sich auf das Hinzukommen von Außenstehenden, z. B. wenn eine andere PFK kommt und etwas fragt oder Eltern etc.	Kind 1: „Wie wie uns're Lotta." PFK: „So schüchtern wie uns're Lotta?" Kind 2: „Wo is' die eigentlich heute?" PFK: „Weiß gar nich' (xxx) fehlt die."		X
K3	direkte Zuwendung zum Kind	*Wird nicht kodiert*	PFK *lächelt* (K3c) und *schaut zum Kind* (K3a) und fasst mit der rechten Hand den Oberschenkel vom Kind kurz an *und streichelt diesen* (K3b1)		
K3a	Blickkontakt (Buschmann und Jooss 2007) (Eingehen/Involviertheit nach Remsperger 2011)	Blickkontakt, Hinsehen Richtung Gesicht/Kopf des Kindes	PFK schaut zum Kind	X	

KF kommunikationsförderlich, *KH* kommunikationshemmend, *K* Kommunikation

Code	Außersprachliche Verhaltensweisen (nonverbal)	Beschreibung	Ankerbeispiel	KF	KH
K3b	Bestärkende, positive Berührung, Körperkontakt	Anfassen, streicheln, umarmen, etc.	PFK führt die rechte Hand an den Rücken vom Kind	X	
K3c	Regulierende Berührung	Grobe, regulierende Berührung, z. B. schieben, ziehen, festhalten, zerren etc., ohne sprachliche Begleitung, die sich auf die Berührung bezieht	Die PFK schiebt das Kind zur Seite weg		X
K3d	Unterstützende Zuwendung	Lächeln, nicken	PFK nickt, PFK lächelt	X	
K4	Fehlender Blickkontakt	PFK spricht mit einem Kind und guckt aber woanders hin, handelt dabei weiter	PFK: „Und die hat Hörner." PFK guckt dabei auf das Buch und nicht zu den Kindern		X
K7	Peerinteraktion PFK greift nicht ein	PFK beobachtet sprachliche Interaktion von zwei oder mehr Kindern und unterbricht nicht oder greift nicht ein			X
K8	Mimische Unterstützung	PFK zeigt in der Mimik Gefühle, unterstreicht damit ihre Aussage oder reagiert mimisch auf die Rede des Kindes	„Und sie riecht, genau. Sie lauert. Sie wartet. Und auf was die Lieselotte jetzt wartet,." M1, „(.) das werden wir jetzt mal heraus finden." PFK macht dabei große Augen	X	
K9	Gestische Unterstützung	PFK führt begleitende Geste an. Begleitende Bewegungen der Schultern, Hände und des Kopfes, meint aber nicht nicken oder Kopfschütteln	PFK: „Jeden Morgen schaute die Kuh Lieselotte schon beim Melken ungeduldig auf den Hof hinaus" (blickt in die Runde, hält Hand über Augen, zieht Mundwinkel runter)	X	

Literacy-Förderung nonverbal (in Anlehnung an Piasta et al. 2012)

nL nonverbal zur Literacy-Förderung

Code	Verhalten	Beschreibung	Ankerbeispiel	SF	SH
nL1	Verweis auf Autor des Buches	PFK zeigt auf entsprechende Schrift	PFK nennt den Autor und zeigt mit dem Finger auf die Schrift	X	
nL2	Verweis auf Organisation der Buchseite	PFK zeigt, wie Buchseite aufgebaut ist		X	
nL3	Verweis auf Buchtitel	PFK zeigt auf entsprechende Schrift	„Hier steht: Lieselotte lauert."	X	
nL4	Verweis auf Leserichtung	PFK zeigt Leserichtung, fährt mit Finger entlang der Schrift beim Lesen	PFK zeigt mit dem Finger auf die Schrift und geht mit ihrem Zeigefinger in der Leserichtung mit	X	
nL5	Verweis auf einzelne Buchstaben	PFK zeigt auf einen einzelnen Buchstaben	PFK: „Hier ist ein A wie Alexander."	X	

Anhang III: Elternfragebogen im KOMPASS-Projekt

Liebe Eltern,
bitte lesen Sie sich die folgenden Informationen aufmerksam durch!
Die Kindertagesstätte Ihres Kindes nimmt seit Juli 2013 an einer landesweiten Studie zur Fortbildung von pädagogischen Fachkräften im Rahmen des Projektes KOMPASSS teil. Diese Studie wird vom sonderpädagogischen Institut (ISER) der Universität Rostock im Auftrag des Ministeriums für Bildung, Wissenschaft und Kultur Mecklenburg-Vorpommerns durchgeführt.

Im Zuge der ersten Erhebungen sind wir auf Ihre Expertise in der Einschätzung der Emotional-sozialen-Entwicklung Ihres Kindes angewiesen.

Gleichermaßen ist auch die familiäre Situation wichtig für eine sinnvolle Auswertung der Daten Ihres Kindes.

Da wir für den Erfolg der Studie ein umfassendes Bild der Lebenssituation der teilnehmenden Kinder benötigen, möchten wir Sie bitten alle anhängenden Fragebögen möglichst vollständig auszufüllen.

Datenschutz
Das Ausfüllen dieser Fragebögen ist freiwillig. Der Erfolg der Untersuchung hängt jedoch davon ab, dass möglichst **alle** an der Bildung und Sozialisation der Kinder beteiligten Personen an den Befragungen teilnehmen.

In diesen Fragebögen werden Angaben zu Ihrer Person, Ihrer Familie und Ihren Kind erfragt. Die Auswertung von Angaben erfolgt generell **ohne** die Zuordnung zu Personen. Wir versichern Ihnen, dass Ihre sämtlichen persönlichen Daten **anonym und streng vertraulich** behandelt werden sowie nur für den mit der Untersuchung verbundenen Zweck verarbeitet werden.

Hinweise zum Ausfüllen und zur Rücksendung des Fragebogens
Die Fragebögen sollten von einem oder beiden Elternteilen bzw. Erziehungsberechtigten des Kindes ausgefüllt werden.

Bitte übergeben Sie den verschlossenen Umschlag mit den ausgefüllten Fragebögen möglichst innerhalb einer Woche, spätestens aber nach zwei Wochen an die verantwortliche pädagogische Fachkraft in der Gruppe Ihres Kindes. Die Umschläge werden erst durch verantwortliche Mitarbeiter der Universität Rostock zur anonymisierten Eingabe geöffnet. Bis zum Abschluss der Datenaufbereitung werden die Fragebögen an der Universität Rostock gesichert aufbewahrt und anschließend vernichtet.

1a. Wie viele im Haushalt lebende Geschwister hat das teilnehmende Kind und wie alt sind diese?

Anzahl der Geschwister	0	1	2	3	4	___
	☐	☐	☐	☐	☐	☐

1b. Stellung des teilnehmenden Kindes in der Geschwisterreihe?

1. ☐   2. ☐   3. ☐   4. ☐   _. ☐

2. Wie viele Personen leben im Haushalt?

_____

3. Seit wann wird Ihr Kind in der Kindertageseinrichtung betreut?

Seit _____ . 20___

4. Wie viele Stunden besucht Ihr Kind die Kindertageseinrichtung <u>wöchentlich</u>?

_____

5. Welchen beruflichen Ausbildungsabschluss haben Sie?

Mutter:

☐ noch in beruflicher Ausbildung

☐ keinen beruflichen Abschluss und nicht in beruflicher Ausbildung

☐ Berufsausbildung (Lehre, Berufsfach-/ Handelsschule) abgeschlossen

☐ Ausbildung an einer Fachschule, Meister- / Technikerschule, Berufs-/ Fachakademie abgeschlossen

☐ Fach- / Hochschulabschluss

☐ anderer Abschluss/ Schulabschluss:

_____

Vater:

☐ noch in beruflicher Ausbildung

☐ keinen beruflichen Abschluss und nicht in beruflicher Ausbildung

☐ Berufsausbildung (Lehre, Berufsfach-/ Handelsschule) abgeschlossen

☐ Ausbildung an einer Fachschule, Meister- / Technikerschule, Berufs-/ Fachakademie abgeschlossen

☐ Fach- / Hochschulabschluss

☐ anderer Abschluss/ Schulabschluss:

_____

6. **In welcher beruflichen Stellung sind Sie tätig?** (Wenn Sie **zurzeit nicht berufstätig** sind, geben Sie bitte **zusätzlich** an, welche berufliche Stellung Sie in Ihrem letzten Beruf hatten.)

Mutter:
- ☐ zurzeit nicht berufstätig
- ☐ Selbstständige
- ☐ Beamte
- ☐ Angestellte
- ☐ nie berufstätig gewesen

Vater:
- ☐ zurzeit nicht berufstätig
- ☐ Selbstständiger
- ☐ Beamter
- ☐ Angestellter
- ☐ nie berufstätig gewesen

7. **Wie hoch ist das monatliche Nettoeinkommen in Euro Ihres Haushalts insgesamt?** (inkl. aller Einnahmen, Zuschüsse, z.B. Kindergeld, Wohngeld, ALG II)

_____ **(Bitte tragen Sie eine konkrete Summe ein. Falls Sie dies nicht möchten, kreuzen Sie bitte einen entsprechenden Bereich in der untenstehenden Tabelle an.)**

☐		unter	500	☐	3000	bis unter	5000
☐	500	bis unter	1000	☐	5000	bis unter	7500
☐	1000	bis unter	1500	☐	7500	bis unter	10.000
☐	1500	bis unter	2000	☐	10.000	bis unter	20.000
☐	2000	bis unter	3000	☐	20.000	und mehr	

8. **Ist Deutsch die einzige in der Familie gesprochene Sprache?**
- ☐ nein   ☐ ja

(_____)

9a. **Welche Sprache hat Ihr Kind als erstes erlernt?**

_____

9b. **Welche Sprache wird in der Familie hauptsächlich gesprochen?**

_____

9c. Wenn Deutsch nicht die Erstsprache Ihres Kindes ist, wann hat es begonnen , die deutsche Sprache zu erlernen? (z.B. mit 3 Jahren und 6 Monaten)

mit _____ Jahren und _____ Monaten

10. Erhält Ihr Kind therapeutische Maßnahmen?

☐ nein   ja, und zwar:

	Maßnahmen	Im Alter von... bis...	Intensität in h/Woche
☐	Sprachtherapie/ Logopädie	–	
☐	Psychotherapie	–	
☐	Ergotherapie	–	
☐	Physiotherapie	–	
☐	Frühförderung	–	
☐	Andere:	–	

11. Wie oft machen Sie oder jemand anderes zu Hause die folgenden Dinge mit dem Kind?

	Jeden oder fast jeden Tag	Ein- bis zweimal in der Woche	Ein- bis zweimal im Monat	nie oder fast nie
1) Ein Bilderbuch anschauen und dem Kind die Geschichte erzählen/ das Kind erzählen lassen.	☐	☐	☐	☐
2) Dem Kind vorlesen.	☐	☐	☐	☐
3) Mit dem Kind darüber sprechen, was man vorgelesen hat/ im Kindergarten vorgelesen wurde/ andere Familienmitglieder lesen.	☐	☐	☐	☐
4) Sprachspiele, wie Raten, Reime oder Kinderlieder singen.	☐	☐	☐	☐
5) Über Konflikte oder Probleme sprechen.	☐	☐	☐	☐

12. Wie viele Bücher gibt es ungefähr in Ihrem Haushalt?

	0 – 10	11 – 25	26 – 50	51 – 100	Über 100
1) Bücher (ohne Zeitschriften, Zeitungen oder Kinderbücher)	☐	☐	☐	☐	☐
2) Kinderbücher	☐	☐	☐	☐	☐

13. Wie oft macht Ihr Kind folgende Dinge in der Freizeit?

	Jeden Tag mehr als eine Stunde	Jeden Tag bis zu einer Stunde	Fast jeden Tag	Ein- bis zweimal in der Woche	Ein- bis zweimal im Monat	Nie oder fast nie
1) Fernsehen, DVD oder Videos anschauen, Videospiele	☐	☐	☐	☐	☐	☐
2) Computer**lern**spiele spielen	☐	☐	☐	☐	☐	☐
3) mit Freunden spielen	☐	☐	☐	☐	☐	☐
4) Bilderbuch anschauen	☐	☐	☐	☐	☐	☐
5) Kinderspiele (Würfel-, Kartenspiele).	☐	☐	☐	☐	☐	☐

Literatur

Ahnert, L. (2005). *Bildung, Betreuung und Erziehung von Kindern unter sechs Jahren.* München: Verlag Deutsches Jugendinstitut.

Ahnert, L. (2010). *Wieviel Mutter braucht ein Kind? Bindung – Bildung – Betreuung: öffentlich und privat.* Heidelberg: Spektrum.

Buschmann, A., & Jooss, B. (2007). Frühintervention bei verzögerter Sprachentwicklung: „Heidelberger Elterntraining zur frühen Sprachförderung". *Forum Logopädie, 5,* 6–11.

Dannenbauer, F. M. (2002). Grammatik. In S. Baumgartner & I. Füssenich (Hrsg.), *Sprachtherapie mit Kindern* (5. Aufl.) (S. 123–203). München: Ernst Reinhardt Verlag.

Fröhlich-Gildhoff, K. (2013). Die Zusammenarbeit von pädagogischen Fachkräften und Eltern im Feld der frühkindlichen Bildung, Betreuung und Erziehung. *Bildungsforschung, 10*(1), 11–25.

König, A. (2006). *Dialogisch-entwickelnde Interaktionsprozesse zwischen ErzieherIn und Kind(-ern). Eine Videostudie aus dem Alltag des Kindergartens.* Wiesbaden: VS Verlag für Sozialwissenschaften.

Piasta, S. B., Justice, L. M., McGinty, A. S., & Kaderavek, J. N. (2012). Increasing young children's contact with print during shared reading: Longitudinal effects on literacy achievement. *Child Development, 83*(3), 810–820.

Prenzel, M., Lankes, E. M., & Minsel, B. (2000). Interessenentwicklung in Kindergarten und Grundschule: Die ersten Jahre. In U. Schieferle & K. Wilde (Hrsg.), *Interesse und Lernmotivation. Untersuchung zur Entwicklung, Förderung und Wirkung* (S. 11–30). Münster: Waxmann.

Remsperger, R. (2011). *Sensitive Responsivität. Zur Qualität pädagogischen Handelns im Kindergarten.* Wiesbaden: VS Verlag für Sozialwissenschaften.

Schuele, M. C., & Rice, M. L. (1995). Redirects. A strategy to increase peer interaction. *Journal of Speech and Hearing Research, 38,* 1319–1333.

Sylva, K., Melhuish, E., Sammons, P., Siraj-Blatchford, I., & Taggart, B. (2004). The effective provision of pre-school education (EPPE) project: Findings from preschool to end of key stage 1. University of London: Institute of Education.

Tietze, W., Schuster, K. M., Grenner, K., & Roßbach, H. G. (2005). *Kindergarten-Skala (KES-R). Revidierte Fassung* (3. Aufl.). Berlin: Cornelsen.

Zevenbergen, A., & Whitehurst, G. J. (2008). Dialogic reading: A shared picture book reading intervention for preschoolers. In A. v. Kleeck, S. A. Stahl, & E. B. Bauer (Hrsg.), *On reading books to children: Parents and teachers* (S. 177–202). Mahwah: Lawrence Erlbaum Associates.

Ulrike Morawiak (Jahrgang 1971) Diplom-Sprechwissenschaftlerin Studium der Sprechwissenschaften an der HU Berlin, Schwerpunkt Stimme und Sprachtherapie, akademische Sprachtherapeutin, wissenschaftliche Mitarbeiterin am Institut für Sonderpädagogische Entwicklungsförderung und Rehabilitation (ISER) der Universität Rostock. Forschungsschwerpunkte: Professionalisierung pädagogischer Fachkräfte im Bereich Sprache und Literacy und alltagsintegrierte sprachliche Förderung

The manufacturer's authorised representative in the EU is Springer
Nature Customer Service Centre GmbH, Europaplatz 3, 69115 Heidelberg,
Germany. If you have any concerns regarding our products, please
contact ProductSafety@springernature.com

Printed and bound by CPI Group (UK) Ltd, Croydon, CR0 4YY

27/04/2026

02097650-0003